U0847039

明清之際西方傳教士漢籍叢刊

【第三輯】

⑥

周振鶴 主編

新製靈臺儀象志（卷十至卷十四）
附新製靈臺儀象圖

南懷仁 著

鳳凰出版社

第六册目録

新製靈臺儀象志（卷之十——卷之十四）

附　新製靈臺儀象圖

新製靈臺儀象志卷之十

從九品項帶天文生蕭盡禮

治理曆法極西南懷仁纂著　博士李文蔚同受

從九品項帶天文生馮方慶

黃道儀表　降婁宮至鶉尾宮

黃道經緯儀表

黃道經緯儀表者。以黃道經緯儀。所測恒星之度分也。今其表内之度分。與康熙壬子歲諸星在天所列之度分脗合無庸逸加分杪焉蓋恒星依黃道經度漸次東移其本行細微歷七十餘年而行天一度其緯度古今相同而經度則大不同也今恒星表内所列諸星之次第皆以黃道經度為主經度少者在前多者在後悉依黃道宮度自西徂東而順列之庶便循序而推究焉假如求某節氣曰何星隨太陽在本地平之東西南北則查表內某節氣曰太陽躔某宮度即本度同行得其所求之星名也因之而安定星球星圖等器即是普天之星於地平在何方位及離地平之上下遠近瞭如指掌焉

降婁宮星名	黃道經度	分	黃道緯度	分	向等
天鉤二 土水	初度	二十一分	七十一度	四十九分	北四
天鉤一 土水	初度	五十四分	七十四度	〇分	北四
天溷四 金土	初度	五十七分	十四度	〇分	南五
天溷三 金土	一度	十七分	十三度	〇分	南五
天囷四 土	二度	〇分	五十七度	五十分	南三
天廚南六 增木	二度	四分	七十七度	三十二分	北五
天溷二 金土	二度	三十七分	十三度	四十分	南五
車府一 金水	二度	四十五分	十八度	二十分	北四

降婁宮	星名	黃道經度	分	黃道緯度	分	向等
土公二	金木	三度	二十九分	五度	二十八分	北六
螣蛇南	增金	三度	三十七分	四十四度	○分	北三
天溷一	金土	三度	三十七分	十一度	四十分	南五
壁宿一	火水	四度	三十八分	十二度	三十五分	北二
造父六	土木	五度	四十七分	六十四度	○分	北五
天倉二	金土	七度	十二分	十六度	五十五分	南三
天鉤三	土木	八度	十三分	六十八度	五十四分	北三
造父三	土木	八度	五十三分	五十九度	五十九分	北四

造父四	土木	九度	二十九分	六十一度	三分	北四
外屏一	土木	九度	三十六分	二度	十一分	北四
天園五	土	九度	四十分	五十四度	二十五分	南三
壁宿二	火水	九度	四十七分	二十五度	四十二分	北二
螣蛇七	金	十度	二十七分	四十度	五十七分	北四
造父二	土木	十度	五十七分	六十一度	三十分	北五
天倉三	金木	十一度	四十三分	十五度	四十七分	南三
造父五	土木	十二度	三十分	六十五度	十分	北五
螣蛇八	金	十二度	四十六分	四十一度	四十四分	北四

降婁宮

星名		黄道經度	分	黄道緯度	分	向	等
外屏二	土木	十二度	五十八分	一度	六分	北	四
天倉五	金土	十三度	二十五分	二十五度	一分	南	四
外屏南八	增土水	十三度	二十五分	一度	三十一分	南	六
天廚一	木	十三度	二十七分	八十二度	四十九分	北	三
螣蛇十	金	十三度	四十七分	四十三度	五十分	北	四
造父一	土木	十四度	三十九分	五十八度	四十六分	北	四
外屏南九	土水	十四度	四十六分	四度	二十分	南	六
天倉六	金土	十四度	五十分	三十一度	四分	南	四

外屏三	土水	十五度十九分	初度五十八分	北四
螣蛇九	金	十五度二十三分	四十二度八分	北五
天厩三	金	十五度五十八分	三十一度三十三分	北五
天倉內七	增金土	十六度五分	二十一度五十五分	南五
奎宿二	金	十六度九分	十七度四十八分	北四
天廚五	木	十六度二十一分	七十八度十分	北四
奎宿四	金	十六度二十五分	二十三度四分	北四
天園六	土	十六度二十五分	五十四度四十分	南三
天廄一	金	十六度四十六分	三十三度二十一分	北四

降婁宮星名		黃道經度	分	黃道緯度	分	向	等
天廄二	金	十七度	七分	三十二度	十五分	北	五
奎宿五	金	十七度	二十分	二十四度	二十分	北	三
天倉四	土金	十七度	二十五分	二十度	十九分	南	三
奎宿一	金	十七度	四十四分	十五度	五十八分	北	五
奎宿三	火金	十八度	四分	二十度	二十四分	北	六
奎宿六	金	十八度	七分	二十七度	七分	北	五
外屏四	水土	十八度	三十八分	三度	三分	南	五
奎宿十五	火	十九度	三分	十二度	二十二分	北	六

新製靈臺儀象志卷之十

奎宿十六 火 十九度七分 十三度二十一分 北五
奎宿內十九 火金 十九度七分 十九度二十四分 北六
奎宿南三十一 火 十九度九分 十一度二十一分 北六
天鉤四 木土 十九度四十六分 六十五度四十二分 北五
奎宿南三十 火增 二十度 分 十二度二十八分 北五
奎宿內十八 火金 二十度二十三分 二十度五十五分 北六
外屏五 水土 二十度五十六分 四度四十一分 南五
奎宿十四 火 二十度五十九分 十五度三十分 北五
右更三 火 二十度六分 一度五十二分 北五

降婁宮	星名	黄道經度	分	黄道緯度	分	向	等
右更二	火	二十二度	十六分	五度	二十一分	北	四
右更一	火	二十二度	三十七分	九度	二十二分	北	五
奎宿十七	增火	二十二度	四十一分	二十三度	三分	北	六
外屏六	土水	二十二度	五十八分	七度	五十六分	南	五
右更四	火	二十三度	十二分	一度	三十九分	北	五
奎宿十一	火	二十三度	五十分	二十度	四十三分	北	五
右更五	土木	二十四度	十分	三度	〇分	南	五
奎宿十	火	二十四度	十五分	二十二度	〇分	北	六

奎宿十三	火	二十四度	十八分	十七度	二十六分	北五
奎宿七	金	二十四度	三十六分	三十二度	三十一分	北四
外屏七	火水	二十四度	四十八分	九度	五分	南三
奎宿八	金	二十五度	七分	三十度	三十四分	北四
天苑西十七增 赤名蒭藁	金土	二十五度	九分	二十五度	十七分	南四
奎宿十二	火	二十五度	十一分	十八度	三十一分	北六
天苑西十八 赤名蒭藁	金土	二十五度	三十二分	二十八度	三十一分	南四
螣蛇六		二十五度	三十九分	四十九度	二十五分	北六
奎宿九	金	二十五度	四十九分	二十五度	五十九分	北一

降婁宮 星名		黃道經度	分	黃道緯度	分	向	等
螣蛇四		二十六度	三十二分	五十二度	三十九分	北	六
螣蛇五		二十六度	三十四分	五十一度	八分	北	六
閣道十一	金土	二十六度	五十五分	三十八度	九分	北	六
天苑八	土	二十七度	七分	三十二度	四十七分	南	四
天囷十	金土	二十七度	二十分	十四度	四十分	南	四
天廐二	木	二十七度	四十四分	八十度	五十四分	北	四
閣道六	金土	二十七度	五十六分	三十九度	十六分	北	六
天苑九	土	二十七度	五十七分	三十四度	五十分	南	四

婁宿二	火土	二十八度	三十七分	七度	九分	北	四
天廚三	木	二十八度	四十七分	七十九度	二十五分	北	三
天苑西十九	金土 亦名蒭藁	二十八度	四十八分	二十五度	五十八分	南	三
天鉤五	土木	二十八度	五十四分	六十二度	三十五分	北	四
婁宿南七	增	二十八度	五十七分	五度	二十四分	北	五
閣道西十	增 金土	二十八度	五十七分	四十一度	二十六分	北	六
天苑七	金土	二十九度	十二分	二十八度	十七分	南	四
婁宿一	火土	二十九度	二十三分	八度	二十九分	北	四
天囷五	金土	二十九度	三十分	四度	十九分	南	四

大梁宮星名		黄道經度	分	黄道緯度	分	向	等
王良五	金土	初度	十	四十五度	三十八分	北	五
王良一	金土	初度	二十六分	五十一度	十五分	北	三
閣道五	金土	初度	三十二分	四十一度	十五分	北	六
附路星		初度	三十五分	四十四度	四十一分	北	四
天苑十	土	初度	四十七分	三十八度	三十分	南	四
天廚南七增	木	一度	十三分	七十一度	七分	北	三
軍南門	金	一度	五十六分	三十六度	二十分	北	五
天大將軍西十二	木	二度	十九分	十六度	五十分	北	四

天苑二十一土木名芻藁二度二十七分二十三度十五分南四

婁宿南四增火二度四十一分九度十三分北六

天囷六金土二度五十四分五度三十二分南四

天囷九金土三度二分十四度三十二分南三

婁宿三火三度六分九度五十七度北三

王良四金土三度十八分四十六度三十六分北三

婁宿五土三度三十四分七度二十三分北六

天園七土三度四十七分五十二度○分南四

天囷七金土三度五十分九度十三分南四

大梁宮

星名		黃道經度	分	黃道緯度	分	向	等
天苑六	土	四度	十分	二十四度	三十四分	南	三
婁宿六	土水	四度	二十分	五度	四十三分	北	六
天大將軍六	金	四度	二十三分	二十七度	五十五分	北	五
天大將軍西十一	增金	四度	三十七分	三十四度	三十分	北	五
天囷八	土金	四度	五十四分	十二度	三分	南	三
王良三	土金	五度	三十八分	四十七度	五分	北	四
天大將軍七	水	五度	四十分	二十三度	三十五分	北	五
天苑十一	土	五度	四十七分	三十八度	十分	南	四

九

天鉤六 木土 六度○分 六十一度四十五分 北五

天大將軍五 金 六度六分 二十八度五十九分 北五

天大將軍四 金 六度七分 三十二度三十分 北五

閣道中七 增金土 六度十六分 四十三度二十八分 北五

天苑北二十 增土 六度二十六分 二十三度五十八分 南四

天園八 土 六度四十七分 五十三度三十分 南四

金魚一 七度○分 七七六度○分 南四

天囷四 金土 七度七分 五度三十六分 南四

閣道四 金土 七度十五分 四十三度七分 北四

大梁宮 星名		黃道經度	分	黃道緯度	分	向	等
天大將軍八	水	七度	五十分	二十度	三十三分	北	四
天大將軍三	金	七度	五十二分	三十五度	二十二分	北	四
策西一	增 金土	七度	五十二分	四十七度	三十二分	北	六
容星		七度	五十四分	五十三度	四十五分	北	六
王良二	金土	八度	六分	五十二度	十四分	北	四
左更三	火	八度	五十二分	初度	三十九分	南	六
天大將軍十	水	八度	五十八分	十八度	五十七分	北	四
天大將軍九	水	八度	五十九分	十九度	二十九分	北	五

天苑五　土　九度十六分　二十五度　五十九分　南三

天苑十二　土　九度二十七分　三十八度　○分　南四

策星　金土　九度二十八分　四十八度　四十六分　北三

左更五　火　九度三十六分　六度　七分　北六

天大將軍一　金　九度三十九分　二十七度　四十七分　北二

左更四　火　九度四十六分　四度　一分　北六

天園一　金土　九度四十七分　十二度　三十七分　南二

天園九　土　九度四十七分　五十三度　○分　南四

天大將軍二　金　十度七分　三十六度　五十分　北五

大梁宮

星名	黃道經度	分	黃道緯度	分	向	等
左更二 火	十度	二十三分	一度	三十分	南	六
天囷三 金火	十度	三十一分	七度	五十分	南	四
左更一 火	十度	三十五分	一度	七分	北	六
閣道八 土金	十一度	○分	四十五度	五分	北	六
胃宿西四 增	十一度	三十五分	十度	五十一分	北	五
左更七 火	十二度	二十二分	一度	十二分	北	六
胃宿一	十二度	二十三分	十一度	十六分	北	四
天苑十三 土	十三度	十七分	四十一度	三十分	南	四

閣道三	金土	十三度二十一分	四十六度二十二分	北	三
天苑十四	土	十三度二十七分	四十二度三十分	南	四
昴宿二		十三度四十分	十度二十四分	北	三
天囷二	金土	十三度四十五分	十四度三十分	南	五
天苑四	土	十三度四十五分	二十七度四十七分	南	三
昴宿三		十三度五十一分	十二度二十六分	北	四
左更東六	增金	十三度五十七分	四度九分	北	五
閣道九	增金土	十三度五十八分	四十四度五十八度	北	六
天苑十五		十四度七分	四十三度二十分	南	四

大梁宮

星名	黃道經度	分	黃道緯度	分	向	等
天苑三　土	十六度	七分	二十八度	四十七分	南	三
天陰一　金	十六度	十五分	一度	四十七分	北	四
少弼外九　增	十六度	十八分	八十三度	五分	北	四
天苑二　土	十六度	二十三分	三十一度	九分	南	四
天廩四　火土	十六度	三十六分	九度	二十三分	南	四
天苑十六　土	十六度	三十七分	四十三度	二十分	南	四
大陵八　金土	十七度	十六分	二十度	五十三分	北	四
天廩三　火土	十七度	十八分	八度	五十分	南	四

大陰二 金 十七度 二十四分 二度 五十分 北五
九州西八 增土 十七度 二十五分 十八度 二十六分 南四
天園十 土 十七度 四十七分 五十三度 十分 南四
天廩二 火土 十八度 三十分 七度 二十九分 南六
天廩東五 增土 十八度 三十三分 九度 三十五分 南六
天陰三 金 十八度 五十一分 二度 三十六分 北六
天廩一 火土 十九度 〇分 五度 五十七分 南五
天苑一 土 十九度 十八分 三十三度 十四分 南三
積尸十 金土 十九度 二十分 二十一度 三十五分 北四

大梁宮星名	黃道經度	分	黃道緯度	分	向等
大陵一 金土	十九度	三十一分	三十九度	一分	北六
大陵西九 增 金土	二十度	五分	三十一度	三十五分	北四
天囷十一 土	二十度	七分	五十三度	五十分	南四
閣道二 金土	二十度	十四分	四十七度	二十九分	北三
大陵七 金土	二十度	十八分	二十度	三十三分	北四
傳舍四	二十度	二十八分	五十二度	四十八分	北六
步阿十	二十度	四十一分	八十度	三十八分	北四
天廩七 土火	二十度	五十七分	十三度	三十分	南六

九列九	土	二十一度七分	二十二度四十五分	南	四
大陵六	金土	二十一度三十一分	二十度五十四分	北	五
大陵五	金土	二十一度三十七分	二十二度二十二分	北	三
大囷六	金月	二十二度四十六分	八度四十一分	南	五
大陵二	金土	二十二度五十分	三十四度二十七分	北	五
傳舍一	金土	二十二度五十八分	五十二度九分	北	六
傳舍二	金土	二十三度二十一分	五十六度十三分	北	六
金魚二		二十三度四十分	八十四度三十五分	南	四
大陵四	金土	二十四度六分	二十六度四分	北	四

大梁宮 星名	黄道經度	分	黄道緯度	分	向等
天船一 金土	二十四度	十分	三十七度	二十九分	北四
大陵三 金土	二十四度	三十三分	三十三度	三十六分	北四
昴宿一 火月	二十四度	三十八分	四度	十分	北五
九斿一 土	二十四度	四十分	三十度	二十五分	南五
昴宿二 火月	二十四度	四十八分	四度	三十二分	北六
九斿二 土	二十四度	五十三分	二十七度	三十二分	南四
昴宿三 火月	二十四度	五十四分	三度	五十四分	北六
昴宿四 火月	二十四度	五十五分	四度	二十四分	北六

昴宿五	火月	二十五度十四分	四度　分	北	三
天廩八	增	二十五度十九分	四度三十一分	南	四
天節九	土	二十五度十九分	十四度三十一分	南	四
少衛	土水	二十五度二十三分	六十四度二十八分	北	二
天船二	金土	二十五度二十七分	三十四度三十分	北	三
昴宿六	火月	二十五度三十八分	三度四十五分	北	六
昴宿七	火月	二十五度四十二分	三度五十四分	北	六
九州七	土	二十五度五十八分	二十八度九分	南	四
畢宿六		二十六度一分	八度三分	南	四

大梁宮

星名		黃道經度	分	黃道緯度	分	向	等
天囷十三	土	二十六度	七	五十度	二十分	南	四
卷舌四	金土	二十六度	三十三分	十二度	八分	北	四
九斿三	土	二十六度	三十七分	二十六度	○分	南	四
天園十二	土	二十六度	五十七分	五十一度	四十五分	南	四
天船三	金土	二十七度	十七分	三十度	五分	北	二
九斿內六	土	二十七度	三十七分	二十七度	○分	南	四
閣道一	金土	二十七度	三十九分	四十八度	五十四分	北	四
傳舍三	金土	二十七度	四十五分	四十二度	二十六分	北	五

天讒六	金土	二十八度	〇分	十二度	四十分	北六
天船西十	增金土	二十八度	五分	二十七度	五十九分	北五
上衛	土水	二十八度	三十三分	七十五度	二十七分	北四
卷舌五	金土	二十八度	三十六分	十一度	十八分	北三
九州四	土	二十八度	四十六分	二十五度	三分	南五
月星	土水	二十八度	五十一分	十四度	十二分	北五
天節西八	增土	二十八度	五十九分	十二度	十四分	南四
卷舌一	金土	二十九度	十一分	二十二度	六分	北四
天船四	金土	二十九度	十四分	二十七度	五十五分	北五

實沈宮星名		黃道經度	分	黃道緯度	分	向	等
天船五	土金	初度	十五分	二十七度	十四分	北	三
天節三	火	初度	二十三分	六度	三十三分	南	五
卷舌三	土金	初度	二十四分	十四度	五十四分	北	五
礪石一	水土	初度	四十六分	七度	五十五分	北	五
礪石二	水土	一度	四分	五度	十六分	北	六
卷舌二	土金	一度	八分	十九度	四分	北	三
天節七	土	一度	十分	十二度	一分	南	六
畢宿二	火	一度	十三分	五度	四十七分	南	三

天衢二 土水 一 度 二十九分 初 度 四十七分 南六
金魚三 二 度 ○分 八十八度 十五分 南五
九列五 土 二 度 十五分 二十五度 十二分 南四
畢宿三 火 二 度 十七分 四 度 二分 南三
卷舌東七 增金土 二 度 三十七分 十八度 ○分 北六
天節一 火 二 度 四十二分 六 度 五十七分 南五
天節四 火 二 度 五十九分 八 度 四十一分 南五
上丞七 土 三 度 十八分 四十五度 十 分 北六
畢宿四 火 三 度 二十二分 五 度 五十三分 南四

實沈宮 星名	黃道經度	分	黃道緯度	分	向等
礪石內四 增土水	三度	二十六分	五度	四十六分	北五
積水九 金土	三度	三十二分	二十九度	三十一分	北五
礪石三 土水	三度	三十四分	三度	五十七分	北五
天街一 土水	三度	三十八分	初度	三十五分	北四
畢宿一 火	三度	五十三分	二度	三十七分	南三
天街北三 增土水	三度	五十四分	一度	四分	北五
天節六 土	四度	十一分	十一度	四十八分	南五
天節二 火	四度	二十八分	七度	五分	南五

九斿一　金土　四　度四十六分　二十五度　二十四分　南四

天船六　金土　四　度五十五分　二十六度　十一分　北五

天節五　土　五　度九分　九度　三十二分　南五

天船内十二　增金土　五　度十二分　二十八度　五十分　北四

畢宿五　火　五　度十三分　五度　三十一分　南一

華蓋二　金土　五　度四十一分　四十九度　二十七分　北六

附耳星　火　五　度五十五分　六度　十八分　南五

華蓋一　金土　六　度二分　四十八度　七分　北六

天船七　金土　六　度十四分　二十六度　三十九分　北四

實沈宮 星名		黃道經度	分	黃道緯度	分	向等
九斿二	土	六度	三十六分	二十七度	五十二分	南五
柱史	土	六度	三十一分	八十四度	四十八分	北四
少弼	木	六度	三十七分	八十三度	三十分	北四
天船南十一 增	金土	七度	○分	二十四度	三十五分	北六
天船八	金土	七度	十四分	二十八度	二十三分	北五
少丞八	金土	七度	十五分	五十三度	三十七分	北六
參旗六	土木	七度	二十三分	十五度	二十七分	南四
屏星二	水土	七度	二十六分	四十五度	○分	南四

參旗	七	土木	七	度	三十三分	十六度	五十分	南四
諸王	四	火水	七	度	三十五分	初度	四十分	北五
參旗	五	土木	七	度	四十九分	十三度	四分	南四
參旗	八	土木	七	度	五十八分	二十度	二分	南四
勾陳上	七	增金土	八	度	二十二分	六十七度	四十三分	北六
玉井	二	土	八	度	三十九分	二十九度	五十二分	南五
參旗	一	土木	八	度	五十三分	八度	十七分	南四
參旗	九	土木	八	度	五十七分	二十度	五十六分	南四
參旗	四	土木	九	度	一分	十二度	二十六分	南四

實沈宮

星名		黃道經度	分	黃道緯度	分	向等
卷舌八	金土	九度	一分	十八度	五十六分	北五
參旗三	木土	九度	十分	十一度	六分	南六
天高二	水火	九度	十二分	三度	四十分	南六
參旗二	木土	九度	四十八分	九度	七分	南四
玉井一	五	十度	四十分	三十一度	三十六分	南四
玉井三	土	十度	四十二分	二十七度	五十五分	南三
屏星一	木土	十度	四十九分	三十九度	四分	南五
勾陳六	火金	十度	五十七分	六十七度	二十二分	北六

五車十六 金土 十一度四分 十四度五十一分北五
軍井一 水土 十一度十五分 三十四度三十四分南五
軍井二 水土 十一度二十一分 三十五度五十四分南五
五車十七 金土 十一度三十一分 十四度二分北五
天高五 火水 十一度五十七分 二度○分南六
參旗十二 木土 十二度○分 十四度二十四分南六
天高一 火水 十二度四分 一度五十分南四
五車一 火水 十二度五分 十度二十二分北四
參宿七 土木 十二度十七分 三十一度十二分南一

實沈宮

星名			黄道經度	分	黄道經度	分	向	等
參旗	十一	土木	十二度	三十三分	十三度	八分	南	六
參宿	十五	土木	十二度	五十八分	二十度	八分	南	四
五車西	十五	增火水	十三度	分	十五度	三分	北	五
天高內	四	增火水	十三度	十四分	二度	三十一分	南	六
軍井	四	土	十三度	十四分	三十六度	十四分	南	五
玉井	四	土	十三度	十六分	二十九度	五十三分	南	四
軍井	三	水土	十三度	二十七分	三十五度	十八分	南	六
西柱	七	火水	十四度	六分	十八度	九分	北	四

文人	二	金	十四度	七分	五十九度	三十分	南	四
西柱	六	火水	十四度	九分	二十度	五十二分	北	四
參旗東十		增木土	十四度	三十六分	十一度	四十五分	南	六
西柱	八	火水	十四度	五十分	十八度	十二分	北	四
參宿十七		土木	十四度	五十九分	二十三度	三十二分	南	五
伐南	六	增土木	十五度	二分	三十一度	○分	南	五
厠	二	水土	十五度	七分	四十三度	五十八分	南	三
參宿十四		土木	十五度	三十四分	十九度	四十分	南	六
參宿十九		土木	十五度	三十八分	二十五度	三十七分	南	三

實沈宮	星名	黃道經度	分	黃道緯度	分	向	等
參宿十八	土木	十五度	四十五分	二十四度	六分	南	六
參宿十六	土木	十五度	五十七分	二十一度	二十三分	南	五
天潢三	火水	十五度	五十八分	十五度	二十一分	北	五
天高三	火水	十六度	三分	一度	四分	南	六
天皇大帝	火金	十六度	七分	六十八度	四分	北	六
參宿五	土木	十六度	二十三分	十六度	五十三分	南	二
參宿西十三	增土木	十六度	三十四分	二十度	九分	南	五
厠一	水土	十六度	五十分	四十一度	六分	南	三

天潢二 火水 十七度六分 十六度 五十九分 北五
五車二 火水 十七度十六分 二十二度 五十二分 北一
伐南五 增 土木 十七度二十分 三十度 三十八分 南四
五車內十三 增 火水 十七度三十九分 十一度 十五分 北六
參宿十二 土木 十七度四十六分 十九度 五十三分 南六
觜宿南四 增 土木 十七度四十七分 十七度 二十二分 南五
參宿一 土木 十七度五十一分 二十三度 三十八分 南二
天潢一 火水 十七度五十二分 十八度 三十四分 北六
諸王七 火水 十七度五十六分 一度 二十分 南六

實沈宮星名		黃道經度	分	黃道緯度	分	向	等
文人一	金	十七度	五十七分	五十七度	四十分	南	二
五車五	火水	十八度	○分	五度	二十分	北	二
天潢四	火水	十八度	九分	十四度	四分	北	六
八穀五		十八度	十七分	三十五度	五十分	北	六
伐二	土水	十八度	二十五分	二十八度	四十五分	南	三
伐一	土木	十八度	二十八分	二十八度	十分	南	五
伐三	土木	十八度	二十八分	二十九度	十七分	南	五
八穀三	金土	十八度	二十八分	三十七度	二十分	北	六

參宿十一	土木	十八度四十分	十九度三十七分	南	六
八穀四	金土	十八度四十五分	四十度十三分	北	六
參宿二	土木	十八度五十四分	二十四度三十四分	南	二
諸王三	木水	十八度五十七分	二度四十分	北	五
屎	金	十八度五十七分	五十五度三十分	南	四
竹衛六	土	十九度三分	四十二度五十六分	北	六
觜宿二	火水	十九度七分	十三度五十四分	南	五
觜宿一	火水	十九度十二分	十三度二十六分	南	四
伐四	土木	十九度二十三分	三十度三十八分	南	五

實沈宮 星名		黄道經度	分	黄道緯度	分	向等
觜宿三	火水	十九度	三十三分	十四度	五分	南五
南柱十二	火水	十九度	三十四分	八度	五十一分	北五
參宿內八	增土水	十九度	三十九分	二十六度	一分	南四
參宿十	土水	十九度	五十七分	十九度	十八分	南五
參宿二	土木	二十度	七分	二十五度	二十二分	南二
天關	火水	二十度	十二分	二度	十四分	南三
厠三	水土	二十度	二十二分	四十五度	二十分	南三
參宿九	土木	二十度	四十五分	二十一度	五十八分	南五

諸王二	火水	二十度	五十二分	二度	二十八分	北四
諸王六	火水	二十度	五十七分	一度	〇分	北五
天關南一	增火水	二十度	五十七分	六度	二十分	南五
天關二	火水	二十度	五十七分	七度	四十分	南五
子二	金	二十度	五十七分	五十九度	四十分	南五
厠北五	增木土	二十一度	二十七分	三十八度	十六分	南四
參宿六	土水	二十一度	五十分	三十三度	八分	南三
子一	金	二十二度	十七分	五十七度	四十分	南四
厠四	水土	二十二度	三十六分	四十四度	十八分	南三

實沈宮	星名	黃道經度	分	黃道緯度	分	向等
諸王南五	增土水	二十二度	五十五分	一度	六分	北四
勾陳九	火金	二十二度	五十五分	七十度	四十二分	北六
東柱九	火水	二十三度	十二分	十五度	四十二分	北五
東柱十	火水	二十三度	十四分	十五度	四十三分	北五
參宿二十	土木	二十三度	二十五分	二十一度	三十九分	南五
東柱十一	火水	二十三度	三十五分	十三度	四十九分	北六
諸王一	火水	二十三度	五十八分	四度	六分	北四
勾陳大星一	火金	二十四度	三分	六十六度	二分	北一

司怪四	木土	二十四度	九分	三度	十三分	南五
參宿四	水火	二十四度	十二分	十六度	六分	南一
子東三	金增	二十四度	十七分	五十九度	三十分	南四
厠六	土木	二十四度	二十八分	三十七度	四十一分	南四
八穀二	水火	二十四度	三十八分	三十二度	十五分	北六
司怪一	木土	二十四度	五十八分	二度	二十六分	北四
參宿二十	木土	二十五度	十分	二十二度	五十七分	南五
八穀一	水火	二十五度	十四分	三十度	五十分	北四
五車北十四	水火增	二十五度	二十五分	二十七度	二十七分	北五

實沈宮	星名	黃道經度	分	黃道緯度	分	向等
勾陳八	金土	二十五度	三十一分	六十九度	三分	北六
孫南三	增金	二十五度	五十七分	六十五度	五十分	南四
五車四	火水	二十五度	五十九分	十三度	四十四分	北四
觜宿東五	土木	二十六度	五分	十四度	五十一分	南四
司怪二	土木	二十六度	二十二分	初度	十三分	南四
司怪三	土木	二十六度	二十二分	三度	十二分	南五
勾陳二	火金	二十六度	三十六分	六十九度	五十一分	北四
五車三	火水	二十六度	五十二分	二十一度	二十八分	北二

水府二	水土	二十七度 二十一分	八度 四十四分	南四
廁七	土水	二十七度 二十二分	三十八度 二十六分	南四
四輔一	金火	二十七度 三十分	六十三度 五十五分	北六
水府三	木土	二十八度 二十二分	七度 二十一分	南六
水府一	木土	二十八度 二十四分	九度 十五分	南四
五車東十八	增 水火	二十八度 二十七分	五度 五十分	北四
鉞	水金	二十八度 五十三分	初度 五十八分	南四
水府四	木土	二十九度 九分	七度 十九分	南六
水府南五	增 木土	二十九度 三十一分	十一度 三十分	南六

實沈宮　星名　黃道經度　分　黃道緯度　分　向　等

參宿二十二　木土　二十九度　四十四分　二十九度　三十一分　南　四

鶉首宮

星名		黃道經度	分	黃道經度	分	向等
井宿一	金水	初度	四十五分	初度	五十三分	南三
上衛一	木土	一度	三十分	四十五度	三十分	北六
孫二	金	一度	五十七分	六十一度	三十分	南四
軍市南九	增土	二度	七分	五十一度	四十七分	南三
四瀆四		二度	八分	十八度	四十七分	南四
井宿二	金水	二度	十四分	三度	八分	南四
軍市一	金	二度	四十三分	四十一度	十九分	南二
孫一	金	三度	十七分	五十八度	四十五分	南四

鶉首宮 星名		黃道經度	分	黃道緯度	分	向	等
參宿東三十五	增	三度	二十二分	二十八度	四分	南	五
參宿東二十四	增	三度	四十三分	二十九度	五十九分	南	四
四瀆三		三度	五十八分	十五度	十六分	南	四
四瀆南五	增	三度	五十八分	十八度	二十四分	南	五
勾陳三	火金	四度	二十四分	七十三度	五十分	北	四
井宿三	金水	四度	三十一分	六度	四十九分	南	二
天樞南八	增	四度	三十八分	五十七度	五十五分	北	六
軍市南十一	土	四度	五十七分	五十七度	〇分	南	四

井宿五	土	五	度二十二分	二度十一分	北三
四瀆十		五	度五十分	十三度十五分	南四
軍市南十	土	六	度七分	五十六度○分	南四
井宿四	水金	六	度三十分	十度九分	南四
五諸侯一	火	六	度三十二分	十度五十八分	北五
四瀆二		六	度三十六分	十四度五十九分	南五
軍市五	金	六	度三十七分	四十六度三十分	南五
井宿六	水	七	度二十四分	一度十二分	南六
野鷄七	土	七	度二十六分	四十二度三十分	南五

鶉首宮

星名		黄經度	分	黄緯度	分	向	等
女史	木土	七度	三十五分	八十三度	五分	北	四
野鶏六	金火	七度	四十分	四十二度	五十五分	南	五
軍市二	金	八度	○分	四十一度	三十分	南	五
野鶏十二		八度	七分	四十五度	五十分	南	五
闕丘一		八度	十四分	二十度	三十三分	南	四
天櫃（北極亦名天櫃）		八度	三十五分	六十七度	二十分	南	六
四瀆（水亦名井九）		八度	五十六分	九度	四十一分	南	六
老人	土	九度	七分	七十五度	○分	南	一
天狼	火木	九度	三十六分	三十九度	三十分	南	一

天罇三　火　九度　三十八分　一度　三十一分　北六
四瀆一　十度　十七分　十一度　四十五分　南五
井宿七　土　十度　二十六分　二度　七分　南三
五諸侯二　火　十度　五十四分　七度　四十三分　北四
天狼北二　增　十二度　二分　三十四度　五十分　南四
老人北三　金　十二度　七分　六十五度　四十分　南三
天狼北三　金　十二度　二十七分　三十六度　四十三分　南五
軍市三　金　十二度　二十七分　四十二度　三十分　南五
天狼北五　金　十三度　三分　三十九度　三十分　南四

鶉首宮星名		黃道經度	分	黃道緯度	分	向	等
軍市四	金	十三度	三十七分	四十六度	四十分	南	五
天罇二	土	十三度	五十六分	初度	十四分	南	三
井宿八	土	十四度	十三分	五度	四十三分	南	四
天罇一	火	十四度	十八分	二度	五十六分	北	六
五諸侯三	火	十四度	二十四分	五度	四十三分	北	四
北河一	水	十四度	二十九分	九度	四十二分	北	五
弧矢八	金	十四度	五十七分	五十五度	十分	南	四
闕丘二		十五度	○分	二十二度	四十七分	南	四

天狼北四 金 十五度六分 三十八度三分 南三
北河南五 火 十五度十分 六度一分 北六
北河二 水 十五度四十一分 十度二分 北二
弧矢七 金 十六度二十二分 五十一度二十五分 南三
軍市東八 增 土 十六度三十一分 四十六度十分 南五
五諸侯四 十六度四十七分 五度十分 北五
內階三 火 十七度八分 四十四度二十二分 北五
南河二 水火 十七度四十分 十三度三十四分 南三
水位一 十七度四十二分 九度四十六分 南六

鶉首宮

星名	黄道經度	分	黄道緯度	分	向	等
南河一 火水	十八度	四十九分	十二度	五十一分	南	六
積薪南二 增 金水	十八度	二分	五度	五十二分	南	六
北河南四 增 火	十八度	五分	七度	二十四分	北	五
内階二 火	十八度	十分	四十三度	五十六分	北	四
内階一 火	十八度	三十七分	四十度	三分	北	四
北河三 火	十八度	四十三分	六度	三十八分	北	二
弧矢三 土	十八度	五十五分	四十八度	三十分	南	三
上台南七 增	十八度	五十七分	二十二度	十五分	北	六

積薪	火	十九度六分	三度三分	北四
積薪南三	金水	十九度六分	三度四十八分	南六
三師一		十九度二十五分	四十七度五十一分	北四
積薪南四	金水	二十度三十分	二十度四十二分	南六
五諸侯五	火	二十度四十二分	五度四十四分	北五
三師二		二十度四十五分	四十七度四十五分	北四
三師南五	增	二十度四十九分	四十七度三十分	北六
老人北二	增	二十度五十七分	七十一度五十分	南三
南河三	火水	二十一度十九分	十五度五十七分	南二

鶉首宮 星名		黃道經度	分	黃道緯度	分	向	等
水位二		二十一度	五十七分	十度	十九分	南	五
積薪南五	金水	二十二度	二十八分	初度	五十七分	南	六
少輔北九增 亦名陰德二		二十二度	二十九分	五十八度	八分	北	六
勾陳四	火金	二十二度	二十九分	七十五度	○分	北	四
闕丘東三 增		二十四度	○分	三十度	○分	南	五
少輔	金土	二十四度	○分	五十二度	三十分	北	六
三師南六		二十四度	十七分	四十六度	五十分	北	六
內階四	火	二十四度	五十分	四十二度	三十分	北	五

三師南四	增	二十四度五十五分	四十七度十四分	北六
爟南二	水金增	二十四度五十六分	一度十六分	北五
弧矢二	土	二十五度十二分	五十一度二十五分	南三
三師三		二十五度四十三分	五十一度三十七分	北五
勾陳北十	金火增	二十五度五十二分	七十七度三十九分	北五
弧矢內十四	土	二十五度五十七分	五十三度◎分	南四
弧矢九	金	二十五度五十七分	五十八度四十分	南三
內階五	火	二十六度二分	四十五度三分	北四
水位三		二十六度四分	七度五分	南五

鶉首宮	星名	黄道經度	分	黄道緯度	分	向	等
上台一	火	二十六度	五十六分	二十九度	十六分	北	三
内階六	火	二十七度	◯分	四十一度	三十分	北	五
弧矢北十六	土增	二十七度	十七分	四十五度	三十分	南	四
弧矢内十	土增	二十七度	二十七分	四十九度	四十五分	南	四
爟一	水火	二十七度	三十七分	五度	八分	南	五
水位四		二十七度	五十分	二度	十五分	南	四
文昌五	火	二十八度	七分	三十三度	三十分	北	五
上台二	火	二十八度	十分	二十八度	三十八分	北	三

后　宮　火金　二十八度　二十分　七十度　十八分　北六

夾昌六　火　二十八度　二十六分　三十六度　六　分　北五

文昌一　火　二十九度　〇　分　四十六度　二十二分　北五

弧矢六　土　二十九度　〇　分　四十七度　二十八分　南三

水位東九　增金　二十九度　十三分　一　度　四　分　南六

水位東六　二十九度　四十四分　十　度　十九分　南四

星名		黃道經度	分	黃道緯度	分	向	等
鶉火宮							
弧矢十二	土	初度	十七分	四十九度	十五分	南	四
軒轅一	火土	初度	四十二分	二十三度	四十二分	北	四
弧矢内十五	土	初度	四十七分	四十六度	○分	南	四
鬼宿二	火日	初度	四十九分	一度	三十二分	北	五
鬼宿一	火日	一度	十分	初度	四十八分	南	五
弧矢内十一	增	一度	十七分	四十九度	五十分	南	四
文昌四	火	一度	三十二分	三十四度	三十五分	北	三
弧矢五	土	一度	三十六分	四十四度	五十九分	南	三

文昌二 火 一度 三十八分 四十二度 三十六分 北四

軒轅西二十四 水火 一度 四十四分 十度 二十三分 北五

弧矢內十七 土 二度 七分 五十五度 三十分 南五

弧矢北十八 二度 十七分 四十二度 四十分 南五

文昌南七 火增 二度 四十一分 三十五度 四十分 北六

積尸氣 日火 二度 四十七分 一度 十四分 北

鬼宿三 日火 二度 五十七分 三度 八分 北四

軒轅二 土火 二度 五十七分 二十度 五十一分 北四

天社西十 增 三度 三十七分 六十三度 〇分 南四

鶉火宮	星名	黃道經度	分	黃道緯度	分	向	等
庶子	金火	三度	五十四分	七十一度	二十三分	北	六
弧矢南二	土	四度	七分	五十八度	三十分	南	五
鬼宿四	火日	四度	八分	初度	四分	南	四
外廚一		四度	十分	二十三度	◎分	南	三
文昌三	火	四度	三十九分	三十八度	十六分	北	四
天樞西增	即大昌八	四度	五十八分	四十七度	五十五分	北	六
外廚南三	增	五度	六分	二十三度	七分	南	四
弧矢南三	土	五度	十七分	五十七度	十五分	南	四

外厨南四 五度 二十七分 三十八度 三十一分 南四
上輔 土 五度 三十八分 五十七度 七分 北三
柳宿一 土金 五度 四十六分 十二度 二十七分 南四
弧矢內十三 土 五度 五十七分 四十九度 五十分 南四
軒轅三 土火 六度 ○分 二十度 五分 北四
酒旗西八 六度 二十七分 七度 十四分 南六
柳宿二 土金 六度 四十分 十四度 三十七分 南五
弧矢四 土 六度 五十四分 四十三度 十九分 南三
弧矢一 土 七度 七分 五十四度 三十分 南二

鶉火宮

星名		黃道經度	分	黃道緯度	分	向等
軒轅四	火土	七度	十七分	十七度	五十五分	北三
近黃極六	增	七度	二十六分	八十六度	五十三分	北四
柳宿三	金土	七度	四十六分	十四度	十七分	南四
酒旗西七		七度	四十八分	一度	五十四分	南六
柳宿四	金土	七度	四十八分	十一度	八分	南四
帝星	火金	八度	十七分	七十二度	五十二分	北二
柳宿五	金土	八度	二十三分	十一度	三十六分	南五
弧矢南四	土	八度	二十七分	五十七度	四十五分	南四

軒轅西二十三 火木 八度 三十七分 五度 二十分 北六

酒旗西六 火木 九度 四分 五度 八分 南三

中台南十三 火卯酉平四 九度 十分 二十度 四十二分 北四

弧矢南一 增土 九度 二十七分 五十一度 十五分 南二

柳宿六 金土 十度 一分 十一度 一分 南四

弧矢南六 土 十度 七分 六十度 ○分 南五

天樞 火 十度 三十四分 四十九度 四十分 北二

軒轅七 火土 十度 四十二分 十度 二十三分 北四

大社十一 十度 五十七分 六十四度 三十分 南六

鶉火宮 星名		黃道經度	分	黃道緯度	分	向等
外厨二		十一度	一分	二十四度	二十九分	南四
少尉	土	十一度	二十六分	六十一度	三十三分	北三
酒旗西五	火木	十二度	三十六分	五度	三十六分	南五
柳宿七	金土	十二度	五十二分	十一度	六分	南六
弧矢南七	土	十二度	五十七分	五十九度	二十分	南五
弧矢南五	土	十三度	七分	五十八度	二十分	南二
軒轅八	火土	十三度	十七分	七度	五十二分	北四
外厨南五		十三度	二十六分	三十二度	五十六分	南六

酒旗西四 水火增 十三度三十七分 五度四十分 南四

外厨南六 十三度五十一分 三十度十八分 南四

天璇 火 十四度四十四分 四十五度四分 北二

中台三 火 十四度五十七分 二十九度五十二分 北四

弧矢南八 土 十五度七分 五十六度四十分 南五

内平一 十五度十二分 二十一度五十三分 北四

太子 火金 十五度四十一分 七十五度二十四分 北三

柳宿八 土金 十五度四十二分 十三度五分 南四

軒轅九 土火 十六度五分 九度四十分 北三

鶉大宮星名		黃道經度	分	黃道緯度	分	向等
中台四	火	十六度	五分	二十八度	四十五分	北四
弧矢南九	土	十六度	十七分	五十七度	○分	南五
軒轅十	火土	十六度	五十一分	十二度	二十一分	北四
酒旗三	火木	十七度	二分	五度	四十三分	南五
酒旗二	火木	十七度	四分	三度	十分	南四
軒轅西二十一	火木	十七度	十三分	十度	四十七分	北六
軒轅西二十二	火木	十七度	三十二分	四度	四十八分	南六
酒旗一	金水	十八度	五十五分	初度	十六分	北五

軒轅十五　火木　十九度四十分　三度四十七分　南四
中台南七　火增　十九度五十五分　二十五度四分　北四
天狗六　土　十九度五十七分　四十三度二十分　南四
星宿二　金土　二十度五十四分　十六度四十六分　南五
中台南八　火　二十度五十七分　二十四度五十分　北四
天狗七　土　二十度五十七分　四十三度三十分　南四
星宿西五　增金土　二十一度七分　十九度四十五分　南六
中台南十　火　二十一度九分　二十度四十四分　北四
星宿三　金土　二十一度十二分　十五度〇分　南五

鶉火宮星名	黃道經度	分	黃道緯度	分	向	等
天狗五 土	二十一度	十七分	四十九度	〇分	南	四
天社一	二十一度	五十七分	六十三度	五十分	南	二
天牢 火	二十二度	二分	三十三度	一分	北	五
天狗四 土	二十二度	七分	五十一度	三十分	南	四
軒轅西十九 增 火木	二十二度	四十四分	初度	一分	北	四
星宿一 金土	二十二度	四十六分	二十二度	二十四分	南	一
軒轅十一 火土	二十二度	五十八分	十一度	五十分	北	三
星宿四 金土	二十三度	四分	十四度	十八分	南	四

軒轅十三	金土	二十三度	二十分	四度	五十二分	北三
軒轅西二十增	火木	二十三度	二十四分	二度	十分	北六
太尊	火	二十三度	三十三分	三十五度	十四分	北四
中台南九	火	二十四度	二十二分	二十一度	二十八分	北四
張宿八	金土	二十四度	四十四分	三十度	三十分	南三
御女十六	火木	二十四度	四十六分	三度	五十五分	南四
軒轅十二	火土	二十四度	五十九分	八度	四十七分	北二
軒轅十四	火木	二十五度	十七分	初度	二十七分	北一
天璣	火	二十五度	四十五分	四十七度	七分	北二

鶉火宮 星名		黃道經度	分	黃道緯度	分	向	等
軒轅南十八	增 木火	二十五度	五十一分	一度	二十六分	南	五
天狗三	土	二十五度	五十七分	五十七度	十分	南	四
中台南十一	火	二十六度	十九分	二十四度	五十八分	北	四
天權	火	二十六度	二十六分	五十一度	三十七分	北	二
少微西五	增	二十七度	二十二分	十七度	四十分	北	五
天狗一	土	二十七度	三十七分	五十一度	三十分	南	四
天狗二	土	二十八度	七分	五十五度	四十分	南	四
張宿五	金土	二十八度	十二分	二十六度	三十四分	南	四

太陽守一 大 二十九度 十 分 四十一度 三十分 北 四

鶉尾宮

星名		黄道經度	分	黄道緯度	分	向	等
天一	木土	初度	十七分	六十五度	十八分	北	五
張宿西七	增 金土	初度	二十六分	二十一度	三十九分	南	四
天社南十二	增	初度	二十七分	六十九度	四十分	南	二
尚書四	土	初度	四十五分	八十一度	五分	北	三
少微二	火木	初度	五十七分	十六度	三十分	北	五
天社二	土	初度	五十七分	六十一度	十五分	南	四
張宿一	金	一度	九分	二十六度	十二分	南	五
少微四	火木	一度	十四分	一度	十七分	北	六

天社八	土	一度十五分	六十度〇分	南四
軒轅十六		一度四十八分	初度八分	北四
下台五	火	一度五十五分	二十六度十四分	北四
下台六	火	二度三十六分	二十四度五十四分	北四
天相		二度五十七分	十六度〇分	南三
長垣二	火木	三度六分	五度五十六分	北六
右樞	水	三度十一分	六十六度三十六分	北二
張宿内六增	金	三度四十八分	二十三度十二分	南五
玉衡	火	四度十分	五十四度十八分	北二

鶉尾宮

星名		黄道經度	黄道緯度	向等
上相西六	金土	四度十四分	十二度五十三分	北五
張宿二	金	四度五十二分	二十一度二十五分	南四
長垣三	火木	五度五分	二度五十分	北六
虎賁	金土	五度五十四分	十六度四十七分	北五
西上相	金水土	六度四十一分	十四度二十分	北二
相	火	七度〇分	四十八度四十分	北六
天記		七度〇分	五十五度三十分	南二
天社三	土	七度七分	六十五度四十分	南三

相北三		七度十九分	四十九度	四十二分	北六
相北二		七度三十分	四十九度	四十二分	北六
靈臺二	火土	九度三十分	初度	九分	南五
西次相	金水土	九度五十分	九度	四十二分	北三
靈臺一	火土	九度五十八分	一度	二十分	北四
次相南七	金水土	十度八分	七度	五十一分	北六
靈臺三	火土	十度二十分	二度	二十九分	南五
張宿三	金	十度三十二分	二十四度	三十八分	南四
開陽	火	十度五十七分	五十六度	二十二分	北二

鶉尾宮	星名	黃道經度	分	黃道緯度	分	向等
次將	金水	十二度	五十九分	六度	七分	北三
常陳西二	火	十三度	十六分	四十度	三十分	北五
天社北七	增土	十三度	十七分	六十五度	五十分	南三
張宿四	金	十三度	四十二分	二十三度	三十一分	南五
上將	金水	十四度	九分	一度	四十分	北四
太子		十四度	二十二分	十七度	十九分	北四
翼宿二	金水	十五度	五十一分	二十一度	四十九分	南四
明堂南四	增金水土	十六度	五十三分	七度	三十九分	南四

明堂一	金水土	十六度	五十七分	初　度	三十三分	南五
三公北四	增	十七度	二　分	五十二度	二十五分	北六
五帝座	金水土	十七度	三　分	十二度	十八分	北一
海石一	增	十七度	三十分	七十二度	○分	南三
天社四	土	十七度	五十七分	六十五度	五十分	南二
内屏一	火水	十八度	四十四分	六　度	七　分	北三
常陳一	火	十八度	四十四分	四十度	六　分	北二
郎位七	水土	十九度	一　分	二十三度	三十分	北四
三公二		十九度	一　分	四十九度	二十七分	北六

鶉尾宫	星名	黄道經度	分	黄道緯度	分	向等
翼宿一	金水	十九度	十三分	二十二度	四十一分	南四
郎位一	水土	十九度	十八分	二十八度	二十五分	北三
郎位五	水土	十九度	二十五分	二十五度	五十一分	北四
内屏二	火水	十九度	三十三分	四度	三十七分	北五
郎位三	水土	十九度	三十八分	二十七度	二十分	北四
郎位二	水土	十九度	四十二分	二十七度	二十四分	北四
郎位六	水土	十九度	四十九分	二十六度	七分	北四
明堂三	金水土	十九度	五十分	五度	四十一分	南五

四十三

三公一		二十度	五分	四十九度	○分	北六
郎位四	水土	二十度	十九分	二十七度	七分	北四
明堂二	金水土	二十度	二十七分	三度	三分	南四
翼宿六	金水	二十一度	二十七分	十三度	十分	南四
郎位九	水土	二十一度	三十八分	二十四度	五十六分	北四
郎位八	水土	二十二度	十分	二十五度	十六分	北四
翼宿四	金水	二十二度	十一分	十七度	二十五分	南四
搖光	火	二十二度	十二分	五十四度	二十五分	北二
右執法	火水	二十二度	三十二分	初度	四十三分	北三

鶉尾宮	星名	黃道經度	分	黃道緯度	分	向等
天社五	土	二十二度	五十七分	六十二度	五十分	南三
内屏四	金木	二十二度	五十八分	六度	十分	北五
内屏三	金水	二十三度	七分	八度	三十四分	北五
郎位十	水土	二十三度	五十二分	二十四度	一分	北四
内屏南五	增	二十三度	五十七分	三度	二十三分	北六
翼宿十	金水	二十四度	一分	二十五度	三十六分	南四
翼宿七	金水	二十四度	二分	十一度	十六分	南四
翼宿三	金水	二十四度	四十三分	十九度	三十九分	南四

翼宿十一 水金 二十四度四十九分 三十度十七分 南五
天槍一 土火 二十五度十分 五十八度五十三分 北四
卽將 土水 二十五度十七分 三十度十六分 北四
翼宿五 水金 二十五度五十五分 十四度九分 南五
天槍二 土火 二十六度三十三分 五十八度五十一分 北四
三公三 二十六度四十二分 四十八度十一分 北六
上弼 土 二十七度五十二分 八十四度四十六分 北三
天槍三 土火 二十八度分 六十度五分 北四
諸者 木金 二十八度四十六分 五度◎分 北六

鶉尾宮 星名	黃道經度	分	黃道緯度	分	向等
周昴二	二十八度	五十分	二十一度	四十二分	北四
周昴三	二十九度	十五分	二十八度	三十二分	北五
尚書二 土	二十九度	二十一分	八十三度	十八分	北五
尚書三 土	二十九度	二十二分	○度	四十一分	北五
翼宿八 金水	二十九度	三十分	十八度	十六分	南四
天杜六 土	二十九度	五十七分	六十二度	十五分	南三
周昴一	二十九度	五十九分	三十二度	四十六分	北四

新製靈臺儀象志卷之十一

治理曆法極西南懷仁纂著

從九品頂帶天文生席以恭
博士李穎謙同受
從九品頂帶天文生張文臣

黃道儀表

壽星宮至娵訾宮

壽星宮	星名	黃道經度	分	黃道緯度	分	向等
左執法	火水	初度	十六分	一度	二十五分	北四
左樞	土	初度	二十二分	七十一度	四分	北三
九卿一	火水	初度	五十三分	十三度	三十七分	北五
翼宿九	金水	一度	三十三分	十六度	二分	南四
海石二		一度	四十分	六十六度	四十分	南三
玄戈	水土	二度	十八分	五十四度	四十分	北四
九卿三		二度	二十一分	十度	二十六分	北六
九卿二	火水	二度	五十二分	十一度	三十七分	北六

壽星宮星名	黃道經度	分	黃道緯度	分	向等
青丘一 金土	四度	七分	三十一度	二十分	南四
東上將 水土	四度	三十分	二十度	三十分	北五
東次將 水土	五度	二十四分	十六度	十六分	北三
東上相 金水	五度	三十六分	二度	五十分	北三
軫宿一 金土	六度	十三分	十四度	二十五分	南三
青丘二 金土	六度	二十七分	三十四度	十分	南四
東次相 金水	六度	五十五分	八度	四十一分	北三
軫宿二 金土	七度	八分	十九度	三十九分	南四

進賢南二 增 七度 三十八分 三度 二十五分 南五
右轄五 金土 七度 三十八分 二十一度 四十六分 南四
青丘三 金上 八度 七分 三十一度 四十分 南三
海石三 八度 三十分 六十五度 二十分 南五
軫宿三 金土 八度 五十五分 十二度 七分 南二
少宰 土 八度 五十五分 七十八度 三十二分 北三
長沙 金土 九度 十三分 十八度 十四分 南五
左轄 金土 九度 二十一分 十一度 二十八分 南五
次將東六 增 九度 二十五分 十六度 十四分 北六

壽星宮 星名	黃道經度	分	黃道緯度	分	向	等
進賢一 金水	十度	二十九分	二度	二十四分	北	六
次將東七	十一度	十一分	十二度	四十一分	北	五
飛魚二	十一度	十二分	七十五度	四十分	南	六
進賢三	十一度	三十九分	三度	二十二分	南	五
海石四	十二度	十五分	六十六度	五十分	南	五
軫宿四 金土	十二度	四十九分	十七度	五十九分	南	三
玄戈北二 增	十二度	四十九分	六十度	四十分	北	六
馬尾西五 增金水	十三度	○分	四十八度	二十分	南	四

右攝提二	水土	十三度二十五分	二十六度三十三分	北四
上宰	土	十三度二十九分	七十四度十二分	北三
玄戈三		十三度三十三分	六十度五十七分	北六
平道一	金水	十三度三十七分	一度四十五分	北四
招搖一	水土	十四度六分	四十九度三十四分	北三
右攝提三	水土	十四度三十七分	二十五度十四分	北四
右攝提一	水土	十四度四十二分	二十八度九分	北三
進賢四		十五度八分	三度十三分	南五
海山三		十五度三十分	五十八度四十五分	南五

壽星宮星名	黃道經度	分	黃道緯度	分	向等
天田一	十六度	四十六分	十二度	三十五分	北六
南船二	十六度	二十分	六十一度	四十五分	南四
角宿二 水土	十六度	二十三分	八度	十分	北三
飛魚一	十八度	⊙分	七十二度	三十分	南五
天門一	十八度	十三分	七度	五十一分	南五
攝河三 水土	十八度	十八分	四十二度	三十六分	北四
角宿東五 金火	十八度	五十七分	初度	十分	北六
角宿東三 增 金土	十八度	五十九分	三度	十一分	北六

角宿一	金火	十九度十六分	一度五十九分	南一
梗河二	水土	十九度十六分	四十二度十一分	北四
南船一		十九度三十五分	六十度四十分	南四
大角		十九度四十分	三十一度三分	北一
七公西八增	水土	十九度四十四分	五十四度十六分	北三
天田南四	木土	十九度五十七分	八度三十分	北五
海山二		二十度二十分	五十八度十分	南四
平星西三增	金木	二十度二十四分	十四度三十七分	南六
天門南三增		二十度三十五分	九度十六分	南五

壽星宮 星名	黃道經度	黃道緯度	分向等
角宿東四 金火	二十度四十四分	一度○分	南六
馬尾四 金木	二十一度○分	五十度○分	南四
海山一	二十一度十分	五十六度三十分	南五
天門二	二十一度三十五分	六度十六分	南五
平道二 金水	二十二度十分	一度四十六分	北六
平星一 金水	二十二度二十四分	十三度四十三分	南三
海石五	二十二度三十分	六十八度○分	南四
天甲南三 增水土	二十二度三十八分	九度四十一分	北六

馬尾	三	金木	二十三度	○分	四十九度三十分	南二
飛魚	三		二十三度	○分	七十七度三十五分	南六
天田	二	水土	二十三度	十一分	十三度八分	北五
搜河	一	水土	二十三度	三十分	四十度四十分	北三
庫樓	八	金木	二十四度	三十七分	四十一度○分	南五
馬尾	一	金木	二十四度	三十七分	四十六度十分	南二
馬尾	三	金木	二十五度	十七分	四十六度四十五分	南四
九宿	四五	增	二十五度	四十四分	二度二十五分	北六
庫樓	七	金木	二十六度	五十七分	四十度二十分	南三

壽星宮

星名		黃道經度	分	黃道緯度	分	向	等
七公五	水土	二十七度	六分	五十七度	十六分	北	四
南船三		二十七度	十分	六十一度	五十四分	南	四
左攝提二	水土	二十七度	十四分	三十度	二十八分	北	四
南船五		二十七度	十五分	七十二度	六分	南	三
金魚四	增	二十七度	四十五分	八十七度	○分	南	五
庫樓六	金木	二十七度	四十七分	四十度	○分	南	三
庫樓西九	增	二十八度	七分	二十五度	四十分	南	三
左攝提三	水土	二十八度	十一分	三十一度	二十二分	北	四

海山四		二十八度十七分	五十五度十分	南四
左攝提一	水土	二十八度二十七分	二十七度五十七分	北三
七公七	水土	二十八度三十分	四十九度一分	北三
七公六	水土	二十八度三十二分	五十三度二十七分	北四
亢宿二	金水	二十八度四十九分	十一度三分	北五
左攝提四	增 水土	二十八度五十二分	三十三度五十二分	北四
挭河六	水土	二十八度五十三分	四十二度十六分	北五
亢宿三	金水	二十九度九分	七度十九分	北四
梗河東四	增 水土	二十九度十一分	四十度十四分	北五

壽星宮		黄道經度	分	黄道緯度	分	向等
星名						
椶河九	水土	二十九度	三十七分	四十六度	十分	北四
亢宿一	金水	二十九度	五十一分	二度	五十八分	北四

大火宮

星名		黃道經度	分	黃道經度	分	向	等
㮤河東七	水土	初度	十六分	四十一度	五十五分	北	六
八		初度	三十四分	四十五度	六分	北	五
㮤河東五	增	初度	四十分	四十度	三十一分	北	五
亢宿東五	增金水	初度	五十二分	十一度	四十八分	北	四
海山五	增	初度	五十五分	五十六度	三十分	南	四
柱二	金水	一度	七分	二十度	三十分	南	四
庫樓四	金水	一度	七分	二十七度	三十分	南	四
柱三	金水	一度	五十七分	二十度	○分	南	五

大火宮星名		黄道經度	分	黄道緯度	分	向	等
庫樓五	水金	一度	五十七分	二十七度	三十分	南	五
十字二	木金	一度	五十七分	五十一度	一分	南	二
柱四	水金	二度	十五分	十八度	五十分	南	五
亢宿四	水金	二度	二十二分	初度	三十二分	北	四
柱一	水金	二度	二十七分	二十一度	四十分	南	五
十字四	木金	三度	七分	五十五度	四十分	南	二
七公四	火	三度	二十九分	六十度	十六分	北	四
貫索北十增		三度	三十五分	五十四度	○分	北	四

七公西九	增	三度四十三分	六十四度	二十三分	北四
桂十	金水	四度七分	三十三度	五十分	南五
貫索三	金水	四度十分	四十八度	二十五分	北五
南船四	增	四度三十五分	六十六度	五十分	南四
貫索二	金水	四度三十七分	四十六度	八分	北四
衡一	金水	五度十七分	二十八度	三十分	南四
平星二	金水	五度二十七分	十七度	四十分	南四
九斿東六	金水	五度三十分	九度	四十九分	北四
衡二	金水	五度五十七分	二十九度	二十分	南四

大火宮

星名	附注	黄道經度	分	黄道緯度	分	向等
飛魚四	增	六度	十分	七十六度	四十五分	南六
飛魚五		六度	三十分	八十三度	二十分	南五
十字一	增 金木	六度	三十七分	四十九度	十分	南四
貫索四	金水	六度	五十六分	五十度	○分	北六
七公三	火	六度	五十七分	六十三度	五十一分	北四
衡三	金水	七度	七分	二十八度	○分	南四
十字三	金木	七度	十七分	五十一度	四十分	南二
海山六		七度	三十分	五十七度	四十分	南四

庫樓	三	金水	七	度	三十七分	二十二度	三十分	南	三
貫索	一	金水	七	度	三十九分	四十四度	二十三分	北	二
衡	四	金水	八	度	十七分	二十六度	三十分	南	四
馬腹	一	金木	八	度	十七分	四十三度	○分	南	二
柱	八	金木	八	度	二十七分	三十度	二十分	南	五
柱	七	金水	九	度	三十七分	三十一度	○分	南	五
馬腹	二	金木	九	度	三十七分	四十三度	四十五分	南	三
氐宿內	八	水	九	度	四十二分	一度	五十五分	北	五
七公	二	水	九	度	四十四分	六十五度	五十五分	北	四

大火宮

星名	黃道經度	分	黃道緯度	分	向等
庫樓一	金水 九度	五十七分	三十三度	三十分	南三
柱五	金水 十度	七分	二十二度	二十分	南四
貫索五	金水 十度	十五分	四十四度	三十三分	北四
南門一	金木 十度	十七分	四十度	四十五分	南四
氐宿一	水木 十度	三十一分	初度	二十六分	北二
氐宿內五	增火土 十度	四十一分	八度	十九分	北四
柱六	金水 十一度	七分	二十三度	四十五分	南四
貫索六	金水 十二度	二十五分	四十四度	五十二分	北四

貫索南十一	增	十二度	三十五分	三十八度	十二分 北五
七公一	火	十三度	二十五分	六十八度	○分 北五
氐宿內六	木土	十三度	二十七分	一度	十四分 北五
泰	火土	十三度	四十七分	二十八度	五十八分 北三
騎官十一	火土	十三度	四十七分	三十度	○分 南四
陽門一	金水	十三度	五十七分	十八度	十五分 南四
騎官十	火土	十三度	五十七分	三十一度	二十分 南五
貫索八	金水	十四度	二分	四十八度	二十四分 北六
貫索七	金水	十四度	三十二分	四十六度	十分 北四

大火宮

星名	黃道經度	分	黃道緯度	分	向	等
庫樓二 金水	十四度	四十七分	二十五度	十五分	南	三
氐宿四 火土	十四度	四十八分	八度	三十五分	北	二
騎官十二 火土	十四度	五十七分	二十九度	二十分	南	四
周 火土	十五度	二十二分	三十四度	二十八分	北	二
貫索十二	十五度	二十五分	三十九度	七分	北	三
陽門二 金水	十五度	二十七分	二十度	五十分	南	四
馬腹三 金木	十六度	七分	四十五度	二十分	南	二
貫索十三	十六度	十分	三十七度	二十九分	北	四

氐宿二	木	十六度二十七分	一度四十八分	南	三
陣車一	水火	十六度二十七分	七度三十七分	南	三
西咸八	水	十六度四十六分	八度七分	北	四
氐宿内七	水木	十七度十九分	二度五十九分	北	六
蜀	火土	十七度三十分	二十五度三十六分	北	二
貫索南十四	增	十七度三十二分	四十二度三十七分	北	四
女牀西八	火	十七度三十二分	六十二度二十九分	北	五
蜀北十四	增	十七度四十八分	二十六度三十六分	北	四
騎宮十三	火土 即頓頑大星	十七度五十四分	二十九度十分	南	三

大火宮

星名		黃道經度	分	黃道緯度	分	向等
鄭	火土	十八度	七分	三十五度	二十五分	北三
陳車二	火土	十八度	二十七分	十度	〇分	南四
女牀西七	火	十八度	四十分	六十三度	十四分	北四
陣車一	火土	十九度	十七分	十一度	三十分	南四
騎官一	火土	十九度	二十七分	二十四度	〇分	南三
蜂一	增	十九度	三十分	五十五度	十八分	南五
巴	火土	十九度	四十七分	二十四度	六分	北二
騎官六	火土	十九度	五十七分	二十四度	五十分	南三

天棓西六		增	十九度	五十七分	七十六度	十七分	北四
蜂	二		二十九度	○分	五十三度	十分	南六
西咸西七		增木火	二十度	二十七分	二度	二十一分	北四
氐宿	三	水木	二十度	三十三分	四度	二十八分	北三
晉		火土	二十一度	七分	三十七度	十九分	北四
梁西十	三	增	二十一度	二十七分	十六度	二十七分	北四
騎官	二	火土	二十一度	四十五分	二十一度	十五分	南四
騎官	五	火土	二十二度	七分	二十七度	○分	南五
蜂	三		二十二度	十五分	五十七度	三十分	南六

大火宮星名	黃道經度	分	黃道緯度	分	向	等
騎官七 火土 卽車騎大星	二十二度	四十七分	二十九度	○分	南	二
西咸一 水	二十二度	四十九分	四度	四分	北	四
天輻一 火土	二十三度	七分	八度	十分	南	四
二 火土	二十三度	五十七分	九度	四十分	南	四
女牀西六 增 火	二十四度	九分	六十度	二十三分	北	三
小斗四	二十四度	二十五分	六十六度	三十分	南	六
蜂四	二十四度	三十分	五十五度	四十分	南	六
河間 火	三十四度	三十六分	四十度	六分	北	三

騎官四	火土	二十四度五十七分	二十五度十分	南四
小斗七		二十五度○分	七十五度十分	南六
日	水	二十五度十一分	初度二分	北四
西咸二	水	二十五度十六分	三度三十三分	北四
騎官九	火土 卽車騎	二十五度三十七分	三十度○分	南五
西咸三	水	二十五度四十八分	六度十一分	北四
日北六 增		二十六度三分	初度七分	北四
騎官三	火土	二十六度七分	二十一度○分	南四
河中	火	二十六度二十七分	四十二度四十八分	北三

大火宮

星名		黃道經度	分	黃道緯度	分	向	等
小斗一	增	二十六度	三十五分	六十二度	二十分	南	六
騎官八	火土	二十六度	三十七分	二十八度	三十分	南	五
西咸四	水	二十六度	四十一分	九度	十九分	北	四
天紀二	火	二十七度	二分	五十三度	十一分	北	三
騎陳將軍	火土	二十七度	十七分	三十三度	十分	南	五
從官一		二十七度	三十七分	十三度	三十分	南	四
梁	金土	二十七度	四十五分	十七度	十九分	北	三
房宿四	火土	二十七度	五十九分	一度	五十五分	南	三

小斗六 二十八度 十二分 七十二度 五十分 南六

西咸北九增 二十八度 十九分 十度 五十七分 北五

房宿一 火土 二十八度 二十五分 五度 二十三分 南三

房宿三 金土 二十八度 三十六分 一度 五分 北二

從官二 二十八度 三十七分 十二度 五十分 南四

房宿二 火土 二十八度 四十四分 八度 二十八分 南四

楚 金土 二十八度 五十七分 十六度 三十一分 北三

鈎鈐 金土 二十九度 七分 初度 十四分 北五

析木宮

星名		黄道經度	分	黄道緯度	分	向	等
鍵閉	土金	初度	四分	一度	四十二分	北	四
楚南十五	增	初度	七分	十六度	十五分	北	五
南門二	木金	初度	十七分	四十一度	十分	南	一
小斗五		初度	四十分	七十度	四十分	南	六
積卒一	土火	初度	四十七分	十七度	○分	南	四
小斗二	增	一度	○分	六十二度	十五分	南	六
小斗三		一度	○分	六十六度	五十分	南	六
列肆二	土金	一度	三分	二十三度	四十分	北	四

積卒二	火	一度	十七分	十二度	二十分	南	四
東咸三	金	一度	四十七分	一度	四十分	北	五
心宿南四	增木火	一度	四十七分	六度	三十八分	南	五
韓西十二	增	一度	五十七分	十三度	十九分	北	五
女牀西四	增水	一度	五十七分	五十六度	十分	北	五
心宿五		二度	二十七分	六度	四十分	南	五
東咸四	金	二度	三十七分	初度	四十五分	北	四
東咸二	金	二度	三十七分	三度	十分	北	五
女牀五	水	三度	七分	五十八度	三十分	北	五

星名	黃道經度	分	黃道緯度	分	向	等
析木宮						
心宿一	大火三度	十一分	三度	五十五分	南	四
東咸一	金三度	三十七分	五度	二十分	北	五
天紀三	火三度	四十六分	五十三度	二十一分	北	三
東咸東五	增金四度	十七分	初度	四十分	北	五
韓	金土四度	三十九分	十一度	三十分	北	三
心宿二	大火五度	十三分	四度	二十七分	南	一
天棓一	木五度	十五分	七十八度	十五分	北	四
斛一	金六度	○分	二十二度	三十六分	北	四

心宿三　火木　六度四十三分　五度五十分　南四

三角形一　金木　六度五十四分　四十七度五十分　南二

斛二　七度十六分　三十一度五十六分　北四

天棓二　木　七度二十分　七十五度二十一分　北三

女牀一　火　七度二十二分　五十九度三十八分　北四

天棓南七　增　八度六分　七十一度二十分　北六

女牀二　火　八度十六分　六十度十二分　北四

三角形內四　增金木　八度三十分　四十五度八分　南五

異雀七　九度二十五分　五十八度二十五分　南六

析木宮

星名		黃道經度	分	黃道緯度	分	向等
三角形二	金木	十度	三十五分	四十度	二十分	南二
魏一	火	十度	九分	四十七度	四十七分	北三
尾宿二	火水	十度	二十七分	十一度	○分	南三
尾宿一		十度	四十四分	十五度	○分	南四
異雀六	火	十度	四十五分	六十一度	○分	南六
女牀三	火	十度	四十八分	六十度	十四分	北四
尾宿三	水火	十一度	五十七分	十八度	四十分	南四
神宮一	金土	十二度	七分	十八度	○分	南三

天棓八 十二度七　分 七十一度四十分北六
帝座一 金土 十二度三十分 三十七度二十三分北三
龜一 金水 十二度三十七分 三十度二十分南五
三角形東五 增金土 十二度四十分 四十度四十分南五
龜四 金木 十二度四十七分 三十四度十　分南四
宋 土 十三度二十四分 七　度十八分北三
天江一 金 十五度一　分 二　度十二分南三
天棓五 木 十五度十七分 六十九度二十二分北三
趙二 火 十五度二十二分 四十九度二十三分北四

析木宮星名		黃道經度	分	黃道緯度	分	向	等
天江六		十五度	二十三分	二度	十二分	北	三
異雀五		十五度	三十五分	六十一度	十分	南	五
車肆一	火土	十五度	四十九分	十度	二十一分	北	四
天江二	金	十六度	四十二分	一度	三十二分	南	四
龜三	金水	十六度	五十七分	三十三度	二十分	南	四
三角形三	金木	十七度	○分	四十六度	⊙分	南	二
尾宿四	水火	十七度	七分	十九度	三十分	南	二
龜二	金水	十七度	七分	三十四度	十分	南	四

天江北五　增　十七度　二十三分　初度　二十分　南四
魚　金土　十七度　二十七分　六度　十分　南五
巽雀三　十七度　三十五分　五十四度　十分　南六
南海南十七　增　十七度　五十分　七度　十分　北五
候　一　金土　十七度　五十分　三十五度　五十七分　北三
杵　二　金水　十八度　七分　二十六度　三十分　南四
天江三　金　十八度　十二分　初度　二十九分　南五
四　金　十八度　三十六分　初度　五十八分　南五
尾宿九　火月　十八度　五十七分　十三度　三十分　南四

析木宮星名		黃道經度	分	黃道緯度	分	向	等
天棓九		十九度	○	七十一度	五	北	◌
尾宿八	火月	十九度	二十七	十二度	二十	南	三
杵一	金水	十九度	三十七	二十二度	四十	南	五
異雀四		十九度	四十四	六十度	三十	南	六
市樓二	金土	十九度	四十五	十五度	十八	北	四
南海十	火土	十九度	五十七	八度	四	北	三
天棓三	木	二十度	三	八十度	二十二	北	四
尾宿五	水火	二十度	七	十八度	五十	南	三

異雀二		二十度二十五分	四十七度四十分	南五
市樓一	土金	二十度三十三分	十五度十九分	北四
九河三	火	二十度三十六分	五十一度十七分	北四
宗正一	土金	二十度四十五分	二十八度一分	北三
車肆二		二十度四十八分	十度三十五分	北四
尾宿七	月火	二十度五十七分	十五度十分	南三
異雀一	增	二十一度○分	四十四度三十分	南六
[illegible]	土金	二十一度二十七分	四度十分	南五
宗正二	土金	二十二度五分	二十六度十一分	北三

析木宮

星名		黃道經度	分	黃道緯度	分	向	等
杵東三	金水	二十二度	十七分	二十五度	四十五分	南	四
尾宿六	水火	二十三度	二十七分	十六度	四十分	南	三
天江東七	增	二十二度	四十五分	四度	二十分	北	六
傳說		二十三度	七分	十三度	十五分	南	[illegible]
天棓四	木	二十三度	二十四分	七十五度	三十一分	北	三
天紀九	火	二十三度	五十六分	六十度	四十七分	北	三
帛度一	火	二十四度	○分	四十三度	四十分	北	四
中山十三	水	二十四度	三十八分	五十二度	四十七分	北	四

中山西十二	增火	二十四度	三十九分	五十三度	四十六分	北	四
燕　九	火土	二十五度	十四分	十三度	四十七分	北	四
宗人一	金土	二十五度	三十分	二十七度	五十五分	北	四
宗人南十五	增	二十五度	三十五分	十九度	五十七分	北	三
宗人二	金土	二十五度	三十八分	二十六度	二十三分	北	四
宗人三	金土	二十五度	五十三分	二十四度	五十分	北	四
燕東十六	增	二十六度	十五分	十五度	二十分	北	五
屠肆二	火水	二十六度	十五分	四十四度	四十分	北	五
箕宿一	火月	二十六度	二十分	六度	三十分	南	三

析木宮星名		黃道經度	分	黃道緯度	分	向等
帛度二	火水	二十六度	三十分	四十二度	十分	北四
宗人四	金木	二十六度	五十八分	二十六度	三十分	北四
孔雀一	增	二十七度	十分	四十度	三十分	南四
候二	增金土	二十七度	三十一分	三十三度	三十分	北四
箕宿四	土木	二十八度	七分	十三度	三十分	南三
中山四	土木	二十八度	十九分	五十二度	十九分	北四
斗宿三	火木	二十八度	四十二分	二度	二十八分	北四
箕宿二	火木	二十九度	三十七分	六度	三十分	南三

孔雀二　二十九度　四十　分　三十九度　二十　分南五

箕宿三木火　二十九度　五十七分　十　度　五十　分南三

星紀宮

星名		黃道經度	黃道緯度	向	等
鼈十三	火土	一度七分	十八度三十分	南	五
鼈一	金水	一度七分	二十一度三十分	南	四
東海	火土	一度十三分	二十度三十八分	北	三
孔雀三	增	一度三十五分	三十八度三十四分	南	五
鼈二	火土	一度三十七分	十五度五十分	南	五
斗宿二	火土	一度四十八分	二度〇分	南	四
孔雀五		二度二十五分	四十八度十分	南	四
屠肆	火水	二度三十分	四十五度十五分	北	四

鼈二 金水 三 度 三十七分 二十一度 ○分 南五

鼈十一 火土 三 度 四十七分 十四度 四十分 南五

鼈三 金水 五 度 七分 二十度 三十分 南五

蛇尾十五 五 度 三十分 六十三度 五十分 南五

斗宿一 火日 五 度 四十分 三度 五十分 南五

孔雀四 六 度 二十分 三十八度 四十分 南五

鼈十 火土 六 度 三十七分 十四度 五十分 南六

鼈四 金水 六 度 四十七分 二十度 ○分 南四

建星南七 增火日 七 度 七分 初度 四十五分 北六

星紀宮	星名	黄道經度	分	黄道緯度	分向等
鼈九	火土	七度	七分	十五度	五十分南六
孔雀六		七度	十五分	四十三度	三十分南四
斗宿四	金木	七度	五十一分	三度	三十一分南四
鼈五	火土	八度	七分	十八度	三十分南五
斗宿六	金木	八度	十七分	六度	四十五分南三
鼈八	火土	八度	二十七分	十五度	二十分南四
蛇尾十四		八度	三十五分	六十四度	二十分南五
鼈七	火土	八度	四十七分	十六度	○分南四

建星一 火日 八度 五十七分 一度 四十五分 北四

天淵二 土水 八度 五十七分 十八度 ○分 南二

鼈六 火土 九度 十七分 十七度 十分 南四

斗宿五 金木 九度 三十七分 四度 三十分 南四

天淵一 土木 九度 三十七分 三十三度 ○分 南二

宗一 火 十度 十二分 四十三度 三十三分 北四

織女一 金水 十度 十七分 六十一度 四十八分 北一

宗二 火 十度 十八分 四十一度 五分 北四

建星二 火日 十度 二十八分 初度 五十九分 北四

星紀宮星名		黃道經度	分	黃道緯度	分	向	等
齊	火	十度	三十分	四十五度	五十三分	北	四
徐	土火	十一度	十分	二十六度	五十九分	北	三
孔雀七		十一度	二十分	五十度	○分	南	四
天弁二	水火	十一度	三十九分	十六度	五十七分	北	四
建星三	日火	十一度	四十三分	一度	三十一分	北	四
狗西三	增	十一度	五十七分	二度	三十分	南	五
天弁一	木火	十二度	四十六分	十七度	四十一分	北	三
蛇尾十三		十二度	五十分	六十二度	四十五分	南	五

織女	三	金水	十三度二十六分	六十度二十六分	北五
建星	四	金水	十三度四十四分	三度七分	北六
吳越西十四		增	十三度四十四分	三十七度四十分	北三
蛇尾十二			十四度〇分	五十五度五十分	南五
漸臺南五		增金水	十四度四分	五十五度十六分	北五
織女	二	金水	十四度十四分	六十二度二十七分	北六
狗	二	土木	十四度十七分	一度五十分	南五
漸臺	二	金水	十四度十七分	五十六度五分	北五
孔雀	八		十四度二十五分	四十四度五十四分	南四

星紀宮星名	黄道緯度	分	黄道緯度	分	向等
建星五 金木	十四度	五十五分	四度	十七分	北四
建星六 金木	十五度	廿一分	六度	十分	北五
吳越 火木	十五度	十六分	三十六度	十七分	北三
蛇尾十一	十六度	○分	五十七度	四十五分	南六
夾白二 增	十六度	四十分	八十二度	三十分	南五
波斯一 增	十六度	五十四分	三十三度	十分	南六
漸臺四 金水	十七度	十一分	五十五度	六分	北三
漸臺一 金水	十七度	十一分	五十九度	二十六分	北四

漸臺南六	增 水金	十七度	二十分	五十四度	三十二分	北五
狗一	木土	十七度	二十六分	三度	○分	南六
孔雀九		十七度	四十分	四十六度	三十分	南四
右旗四	木火	十八度	○分	二十二度	○分	北四
扶筐三	木	十八度	四分	八十一度	五十三分	北五
天淵四	木土	十八度	三十七分	二十度	十分	南三
右旗三	木火	十九度	一分	二十四度	五十六分	北三
天淵三	木土	十九度	十七分	十三度	三十分	南三
蛇尾十		十九度	二十六分	五十九度	四十分	南五

星紀宮	星名	黃道經度	分	黃道緯度	分	向等
狗國一	金土	十九度	三十七分	四度	五十分	南五
孔雀十		二十度	○分	四十一度	十二分	南六
天雞一		二十度	九分	五度	八分	北六
右旗六	火木	二十度	十七分	十四度	二十八分	北三
天雞二		二十度	二十四分	一度	二十五分	北六
狗國二	金土	二十度	二十七分	四度	五十分	南五
狗國三	金土	二十度	二十七分	五度	五十分	南五
孔雀十一		二十度	五十五分	三十七度	五分	南三

右旗	五	火木	二十一度十八分	二十度十五分	北三
狗國	四	金土	二十一度二十七分	六度三十分	南五
扶筐	二	木	二十一度三十四分	七十九度五十二分	北五
漸臺	三	金水	二十一度五十二分	五十八度六分	北五
右旗	一	火木	二十二度十七分	二十八度四十七分	北四
右旗	二	火木	二十三度十四分	二十六度三十五分	北五
天雞東	三	增	二十三度五十三分	五度十二分	北六
左旗北	八	金火	二十四度五十七分	四十六度三分	北四
波斯	二		二十五度五分	二十八度四十五分	南五

星紀宮星名		黃道經度	分	黃道緯度	分	向等
扶筐一	木	二十五度	三十一分	七十七度	五十七分	北五
輦道一	金水	二十五度	三十三分	六十度	四十六分	北五
孔雀十二		二十五度	三十五分	四十七度	十五分	南四
右旗東七	增火木	二十五度	五十分	二十一度	三十八分	北三
河鼓東五	火木	二十五度	五十二分	三十度	五十五分	北六
輦道二	金水	二十六度	二分	五十九度	四十一分	北五
波斯六		二十六度	十五分	三十六度	三十分	南六
波斯三		二十六度	二十分	三十四度	○分	南六

蛇尾	九	增	二十六度二十五分	六十四度三十分	南四
河鼓	三	木火	二十六度二十六分	三十一度十八分	北三
左旗	三	火金	二十六度三十一分	三十八度五十三分	北四
左旗	四	火金	二十六度三十九分	三十八度十八分	北四
左旗	九	火金	二十六度四十四分	四十九度二分	北三
河鼓	六	木火	二十七度七分	三十度四十分	北六
河鼓	二	木火	二十七度九分	二十九度二十三分	北二
河鼓東	四	增 木火	二十七度九分	三十一度五十九分	北五
河鼓	一	木火	二十七度五十三分	二十六度五十分	北三

星紀宮	星名	黃道經度	分	黃道緯度	分	向等
牛宿三	金火	二十八度	八分	七度	十六分	北六
牛宿西八	增	二十八度	十三分	初度	二十四分	北[illegible]
左旗二	金火	二十八度	五十五分	三十八度	五十九分	北五
牛宿二	金火	二十九度	十八分	七度	三分	北三
牛宿一	金火	二十九度	三十一分	四度	四十一分	北三
左旗北五	增金火	二十九度	三十一分	三十九度	五十一分	北六
波斯四		二十九度	五十分	三十二度	二十分	南四
牛宿東七	增	二十九度	五十一分	六度	五十三分	北六

牛宿四 金火 二十九度 五十七分 初度 四十九分 北

九坎一 二十九度 五十七分 二十二度 二十分 南三

玄枵宮星名		黃道經度	分	黃道緯度	分	向	等
左旗北十	金火	初度	二十分	五十度	四十二分	北	五
右旗東八	火木	初度	二十二分	十八度	四十八分	北	三
牛宿六	金火	初度	三十七分	一度	二十分	北	六
牛宿五	金火	初度	四十一分	初度	二十八分	北	氣
夾白三增		一度	○分	八十六度	四十分	南	四
左旗北增	金火	一度	十三分	四十二度	四十三分	北	四
波斯五增		一度	二十分	三十四度	○分	南	四
左旗一	金火	二度	三十二分	三十九度	十三分	北	四

左旗七 增 金火 二 度 三十六分 四十四度 二 分 北四
越 火 二 度 四十七分 六 度 五十八分 南六
羅堰二 火 三 度 六 分 初 度 五十分 北五
九坎二 土 三 度 七 分 二十二度 十 分 南三
齊二 三 度 二十八分 九 度 二 分 南六
羅堰一 金火 三 度 四十九分 三 度 二十五分 北六
九坎四 土 三 度 五十七分 二十度 五十分 南五
波斯七 四 度 ○ 分 三十五度 ○ 分 南四
波斯九 五 度 ○ 分 三十八度 二十分 南四

玄枵宮

星名		黄道經度	分	黄道緯度	分	向等
附白一	增	五度	二十分	七十六度	三十分	南四
鳥喙一	增	五度	二十五分	四十五度	〇分	南二
離瑜二		五度	四十七分	十四度	五十分	南四
離喻一		五度	四十七分	十六度	〇分	南四
波斯八		五度	五十四分	三十七度	六分	南四
鳥喙二		五度	五十五分	五十一度	〇分	南四
九坎	土	五度	五十七分	二十一度	〇分	南三
楚	火	七度	十三分	八度	八分	南六

女宿一	木土	七度十三分	八度十分	北	四
蛇腹八		七度三十五分	六十四度三十分	南	五
周	火	八度十八分	三度一分	南	五
女宿二		八度二十九分	八度十九分	北	五
魏	火	八度三十一分	四度二十七分	南	六
天津西十一	增 金水	八度三十三分	五十四度十九分	北	四
女宿南一	增	八度三十七分	三度三十三分	北	六
女宿四		八度四十二分	十二度十三分	北	六
秦	火	九度二十一分	初度二十九分	南	五

玄枵宮　星名	黃道經度	分	黃道緯度	分	向等
女宿三	九度	三十分	十一度	六分	北六
數瓜一　火土	九度	三十二分	二十九度	八分	北三
敗瓜三　火土	十度	十八分	三十度	四十二分	北六
韓　火	十度	二十三分	四度	二十五分	南六
扶筐四　木	十度	二十九分	八十度	五十四分	北四
奚仲三　金水	十度	三十七分	七十三度	五十分	北四
敗瓜五　火土	十度	四十二分	二十七度	三十四分	北六
敗瓜二　火土	十度	四十八分	二十八度	五十三分	北六

瓠瓜	五	火土	十一度	十七分	三十二度	九分	北五
鶴	一	增	十一度	三十分	三十二度	三十分	南二
敗瓜	四	火土	十一度	四十二分	三十度	四十一分	北六
女宿南	二		十一度	五十一分	四度	五十分	北五
天津	二	金水	十一度	五十三分	六十四度	二十八分	北三
瓠瓜	一	火土	十一度	五十六分	三十二度	八分	北三
燕		火	十二度	二十五分	六度	五十六分	南五
瓠瓜	二	火土	十二度	五十一分	三十三度	五分	北三
天錢	三	土	十二度	五十七分	十八度	十分	南四

星名		黄道經度	分	黄道緯度	分	向	等
玄枵宮							
晉	火	十三度	○分	六度	二十九分	南	六
敗白一		十三度	○分	二十三度	五分	南	三
代	火	十三度	七分	一度	十七分	南	五
奚仲一	水金	十三度	二十一分	六十九度	四十二分	北	四
奚仲二	水金	十三度	四十分	七十一度	三十一分	北	四
天錢二	土	十三度	四十七分	十六度	三十分	南	四
敗白二		十四度	○分	二十五度	○分	南	四
鳥喙四		十四度	三十五分	五十四度	四十五分	南	四

瓠瓜	三	火土	十四度	三十七分	三十二度	〇分	北	三
瓠瓜	四	火土	十四度	五十二分	三十二度	四十七分	北	三
壘壁陳	一	火	十五度	二十五分	四度	四十八分	南	四
鳥喙	三		十五度	三十分	五十六度	四十五分	南	三
鶴	八		十七度	〇分	四十七度	五十六分	南	二
壘壁陳	一	火	十七度	六分	四度	四十九分	南	五
天錢	一	土	十七度	七分	十五度	十五分	南	四
鶴	三		十七度	十分	四十三度	二十五分	南	五
壘壁陳	三	土木	十七度	十四分	二度	二十六分	南	三

玄枵宮 星名		黃道經度	分	黃道緯度	分	向等
鶴 四		十七度	五十分	四十一度	十分	南四
鶴 二		十八度	○分	三十五度	五十分	南二
虛宿 二	火木	十八度	三十三分	二十度	十三分	北四
虛宿 一	水土	十八度	五十一分	八度	四十二分	北三
司非 一	火木	十八度	五十四分	二十五度	十六分	北四
壘壁陳 四	土木	十九度	○分	二度	二十九分	南三
天壘城 三	土水	十九度	十四分	二度	二十二分	北五
鳥喙 六		十九度	十五分	六十度	二十五分	南四

天壘城一	土水	十九度	三十八分	六度	一分	北五
司非二	火木	十九度	五十五分	二十四度	五十二分	北四
天津一	金木	二十度	二十五分	五十七度	十分	北三
鶴五		二十度	四十分	四十二度	二十分	南四
鳥喙五		二十度	四十分	五十六度	四十四分	南二
天錢六	土	二十度	四十七分	十四度	三十分	南四
天壘城二	土水	二十度	五十四分	四度	十七分	北六
司危一	火木	二十度	五十五分	二十一度	六分	北四
蛇腹七		二十一度	二十分	六十四度	○分	南五

玄枵宮

星名		黄道經度	分	黄道緯度	分	向等
天錢七	土	二十二度	三十七分	二十一度	二十分	南四
天錢五	土	二十三度	七分	十五度	十分	南五
天錢四	土	二十三度	七分	十九度	三十分	南五
天津九	金水	二十三度	十分	四十九度	二十六分	北三
司祿一		二十三度	二十七分	十五度	二十三分	北六
天津三	金水	二十三度	五十分	六十三度	三十七分	北四
鶴六		二十四度	○分	三十六度	三十五分	南四
羽林軍一	木土	二十四度	七分	四度	○分	南六

星名	性	經度		緯度		方位等
壘壁陳五		二十四度	十三分	二度	○分	南四
鶴　七		二十四度	三十分	三十四度	四十分	南五
天津內十	增金水	二十五度	十八分	五十一度	四十一分	北四
蛇螣六		二十五度	二十分	六十七度	二十五分	南五
天津北十二	增金水	二十五度	三十五分	六十四度	十七分	北四
人星一		二十五度	五十一分	三十三度	二十一分	北四
天錢八	土	二十六度	七分	二十二度	十五分	南四
羽林軍三	土	二十六度	十七分	十六度	十五分	南四
泣一	水土	二十六度	三十一分	二度	四十六分	北四

玄枵宮星名		黄道經度	分	黄道緯度	分	向	等
危宿三	火水	二十七度	二十二分	二十二度	八分	北	三
蓋屋一	水土	二十七度	三十六分	九度	十二分	北	五
天錢九	土	二十七度	三十七分	二十二度	三十分	南	四
羽林軍二	水土	二十七度	五十六分	十度	四十九分	南	五
蛇腹五		二十八度	三十五分	七十度	二十分	南	五
天津八	金水	二十八度	四十三分	四十四度	四十四分	北	三
泣一	水土	二十八度	四十五分	二度	三十分	北	六
危宿一	水土	二十八度	五十分	十度	四十二分	北	三

北落師門土 二十九度 十二分 二十一度◯分南一

火鳥三增 二十九度 十五分 四十度◯分南四

人星二 二十九度 四十七分、三十六度 十一分北四

娵訾宮

星名		黄道經度	分	黄道緯度	分	向	等
人星三		初度	三十分	二十九度	○分	北	四
羽林軍一	水土	初度	四十分	五度	四十分	南	六
火鳥二		初度	四十分	三十六度	五十分	南	五
危宿西八	增 水土	初度	四十六分	十五度	四十三分	北	五
羽林軍二	水土	初度	五十分	九度	五十八分	南	六
壘壁陣六	水	初度	五十三分	一度	十分	南	五
天津四	金水	初度	五十四分	五十九度	五十六分	北	二
天津五	金水	一度	三十二分	五十四度	五十九分	北	四

蛇首四　一度四十五分　七十度五十分南四
火鳥一　增　二度〇分　三十二度三十分南五
墳墓四　木　二度十分　八度十八分北三
危宿二　水土　二度十六分　十六度二十五分北四
天津七　金水　二度三十分　四十八度十分北四
水委三　二度四十五分　五十二度五十分南四
天津六　金水　四度四分　五十度三十三分北四
羽林軍四　金土　四度五分　五度三十七分南五
墳墓五　水　四度五分　十度三十一分北五

娵訾宮

星名		黄道經度	黄道緯度	分向等
天津北十三	增 金水	四度七分	六十三度四十五分	北五
羽林軍二十	土木	四度十七分	十五度五十三分	南五
火鳥四		四度二十分	四十一度五十分	南四
羽林軍三	金土	四度二十二分	八度十分	南三
墳墓六	水	四度二十三分	八度五十三分	北四
臼一	火水	四度二十三分	三十六度四十三分	北四
虛梁一		四度五十二分	四度九分	北四
羽林軍十九	土木	五度二分	十五度四十分	南五

羽林軍十八	土木	五度	二十五分	十四度	二十六分南五
臼三	火水	五度	四十分	三十八度	○分北四
墳墓七	金土	五度	五十三分	八度	十分北四
車府南六	增金水	五度	五十四分	五十一度	三十一分北四
水委二		六度	○分	五十五度	○分南四
火鳥七		六度	三十五分	四十五度	五十分南四
火鳥八		六度	四十分	四十六度	四十分南四
車府四	金水	六度	五十二分	五十六度	三十六分北四
蛇首一	增	七度	○分	六十四度	二十五分南二

娵訾宮星名	黃道經度分	黃道緯度分	向等
壘壁陣七 土木	七度四分	初度二十分	南四
火鳥五	七度十七分	四十度〇分	南三
土公吏一	七度二十八分	二十度五十一分	北四
火鳥九	七度三十五分	四十五度三十分	南四
水委一 增 金木	八度四十九分	五十九度〇分	南一
羽林軍十五 土木 卽鐵鉞	八度五十五分	十四度四十五分	南五
火鳥六	八度五十六分	四十四度十分	南四
羽林軍十六 土木 卽鐵鉞	九度二十一分	十五度三十分	南五

臼	二	火水	九度五十分	三十四度十九分	北四
羽林軍五		土木	十度〇分	一度二十四分	南六
羽林軍十七		土木 即鐵鉞	十度五十分	十六度三十一分	南五
雷電	二	火水	十一度四十分	十七度四十七分	北三
羽林軍七		土木	十一度四十三分	三度五十九分	南五
蛇首	三		十一度五十分	七十一度二十五分	南四
羽林軍八		土木	十二度十一分	四度十一分	南五
羽林軍九		土木	十二度十五分	四度四十四分	南五
羽林軍六		土木	十二度三十三分	二度四十九分	南五

娵訾宮 星名	黃道經度	分	黃道緯度	分	向等
壘壁陣八 土木	十三度	三十八分	一度	○分	南五
蛇首二	十三度	十五分	七十度	○分	南四
雷電三 火水	十三度	二十五分	十八度	二十九分	北五
火鳥十	十三度	二十五分	四十七度	四十分	南四
車府二 金水	十三度	三十分	五十七度	三十分	北四
雷電一	十三度	四十四分	十五度	四十四分	北六
雷電南四 增	十四度	○分	十四度	三十一分	北六
霹靂二 金土	十四度	二分	九度	四分	北四

羽林軍十二 土木 十四度三分 十四度二十九分 南五

羽林軍十三 土木 十四度四十六分 十五度十七分 南六

杵一 火水 十五度三分 四十一度一分 北四

羽林軍十 土木 十五度七分 十度五十九分 南五

羽林軍十一 土木 十五度三十八分 十一度三十三分 南五

羽林軍十四 土木 十五度四十四分 十六度二十三分 南六

室宿西九 增 十六度十五分 二十三度十六分 北四

霹靂二 金土 十六度五十一分 七度十八分 北四

天園一 土 十七度四十五分 五十三度○分 南四

娵訾宮

星名		黃道經度	分	黃道緯度	分	向	等
雲雨一	金木	十八度	二十一分	四度	二十七分	北	五
離宮三		十八度	三十一分	二十八度	四十九分	北	四
霹靂北六	增金土	十八度	三十一分	八度	五十五分	北	六
羽林軍二十一		十八度	三十七分	十五度	三十分	南	四
室宿一	火木	十八度	五十七分	十九度	二十六分	北	二
螣蛇二	金水	十九度	○分	六十度	四十分	北	四
螣蛇一	金水	十九度	二十分	六十二度	五十三分	北	四
離宮四	火木	十九度	五十四分	二十九度	二十五分	北	四

離宮六	火水	二十度二十五分	三十四度二十五分	北	三
天園二	土	二十度三十五分	五十六度四十五分	南	四
霹靂三	金土	二十度四十二分	九度三分	北	五
羽林軍二十三		二十度四十七分	十八度十五分	南	四
離宮五	火水	二十一度十一分	三十五度八分	北	三
羽林軍二十二		二十一度三十七分	十四度二十分	南	四
雲雨二	金土	二十二度五分	三度二十五分	北	五
壘壁陣十二		二十二度三十七分	五度五十分	南	四
霹靂四	金木	二十二度五十七分	七度十四分	北	五

娵訾宮

星名	黄道經度	分	黄道緯度	分	向	等
壘壁陣九	二十三度	七分	二度	四十分	南	四
壘壁陣十一	二十四度	十七分	五度	二十分	南	四
壘壁陣十	二十四度	二十二分	二度	三十分	南	四
天園三 土	二十四度	四十五分	五十九度	○分	南	四
室宿二	二十四度	五十分	三十一度	八分	北	二
螣蛇三 金水	二十五度	○分	五十七度	十九分	北	四
天倉一 金土	二十六度	二十三分	十度	一分	南	三
離宮七 火水	二十六度	三十三分	二十五度	三十五分	北	六

土司空七		二十七度	五十六分	二十度	四十七分	南二
霹靂五	木金	二十八度	二分	六度	二十四分	北五
離宮八	木火	二十八度	六分	二十四度	五十一分	北六
土公一	木金	二十九度	二十七分	七度	二十七分	北六
天廚四	木	二十九度	三十三分	八十一度	五十七分	北四

新製靈臺儀象志卷之十二

治理曆法極西南懷仁纂著

右監副劉藴德筆受
春官正孫有本
秋官正徐瑚　詳受

赤道儀表

自初度至一百七十九度

赤道經緯儀表

恒星之本行。自西而東。以黄道極爲本動之極焉。故其經度每年加有一定之秒數。而緯度。則從古迄今。未之有變也至其赤道之經緯度。皆有移易。則有時加時減之秒微。而其加減則每年多寡彼此有同有不同之數也。其所以然之故。詳載新法恒星曆指諸書。今從春分赤黄兩交起算將週天有名之數星。而以康熙癸丑歲所歷天上赤道之經緯度立表。又本表之後依

載有每年應加減分秒若干。而依比例法。可以
類推相近諸星應加減之數。凡此加減諸數。皆
從歷年中比例法。可推而定焉。

星名		赤道經度	分	赤道緯度	分	向等
天廐一	金	初度	○分	三十六度	五十分	北四
坨尾九	增	初度	○分	七十九度	三分	南四
天廐三	金	初度	二十分	三十四度	五十二分	北五
天倉一	土金	初度	四十分	十度	四十分	南三
土公二	木金	一度	○分	六度	二十分	北五
天廐二	金	一度	四分	三十六度	一分	北五
客星		一度	十二分	六十二度	十五分	北六
鳥喙五		六度	二十五分	六十四度	五十五分	南二

星名	赤道經度	分	赤道緯度	分	向等
火鳥八	二度	四十六分	五十度	十分	南四
火鳥六	三度	二十三分	四十七度	五十分	南四
火鳥九	三度	二十三分	四十九度	三十四分	南四
王良五 金土	三度	二十八分	五十二度	四十四分	北五
王良二 金土	三度	二十九分	六十一度	十五分	北四
火鳥七	三度	三十分	五十二度	二十七分	南四
附路星	四度	三十五分	五十二度	十一分	北四
奎宿六 金	四度	四十六分	三十一度	五十一分	北五

奎宿四	金	五	度十四分	二十七度	三十三分	北四
王良四	土金	五	度二十分	五十四度	五十分	北三
奎宿五	金	五	度三十五分	二十九度	二分	北三
閣道四十增	土金	五	度四十五分	四十八度	四十五分	北六
閣道十一	土金		度二十分	四十五度	五分	北六
閣道六	土金	六	度二十三分	四十六度	三十二分	北六
天溷三	土金	六	度二十三分	十一度	二十二分	南五
天溷四	土金	六	度三十分	十二度	二十五分	南五
水委三		六	度三十分	五十七度	十五分	南四

星名		赤道經度	分	赤道緯度	分	向	等
土司空七		六度	三十五分	十九度	四十八分	南	二
王良三	金土	七度	十分	五十六度	九分	北	四
閣道五	金土	七度	三十分	四十九度	十三分	北	六
奎宿二	金	七度	三十三分	二十二度	三十七分	北	四
奎宿七	金	七度	五十五分	三十九度	十五分	北	四
天溷二	金土	七度	五十五分	十一度	二十六分	南	五
外屏一	土木	七度	五十六分	五度	四十六分	北	四
天溷一	金土	八度	○分	九度	十五分	南	五

奎宿三	火金	八度八分	二十五度四十六分	北	六
策西一	增 土金	八度五十六分	五十七度二十三分	北	六
策星	土金	九度九分	五十九度二分	北	三
虵腹八		九度二十分	七十四度四十分	南	五
鳥喙六		九度二十一分	六十八度三十分	南	四
奎宿八	金	九度二十二分	三十七度四十分	北	四
奎宿内十九	火金	九度三十六分	二十五度十四分	北	六
奎宿十	金	九度五十分	二十一度三十六分	北	五
奎宿内十八	火金	十度二分	二十七度十三分	北	六

星名		赤道經度	分	赤道緯度	分	向	等
火鳥十		十度	十七分	四十九度	○分	南	四
奎宿內十七	增火	十一度	九分	三十度	一分	北	六
閣道中七	增金土	十一度	二十五分	五十三度	二十三分	北	五
外屏二	土木	十一度	三十三分	六度	十分	北	四
勾陳火星一	火金	十一度	三十六分	八十七度	二十分	北	二
水委二		十一度	五十三分	五十七度	四十分	南	四
奎宿十六	火	十二度	十五分	十九度	四十五分	北	五
軍南門	金	十二度	三十二分	四十五度	三十分	北	五

奎宿十五	火	十二度	三十七分	十八度	五十三分 北六
奎宿九	金	十二度	四十二分	三十四度	○分 北二
閣道四	土金	十二度	五十分	五十三度	三十二分 北四
傳舍一	土金	十二度	五十二分	七十度	二分 北六
外屏南八		十二度	五十二分	三度	五十五分 北六
奎宿二十一	火	十三度	七分	十八度	○分 北六
奎宿十	火	十三度	七分	二十九度	四十五分 北六
天倉二	土金	十三度	二十分	十二度	四十分 南三
奎宿十二	火	十三度	二十三分	二十八度	二十分 北五

星名		赤道經度	分	赤道緯度	分	向	等
奎宿南二十增	火	十三度	二十六分	十九度	二十二分	北	五
外屏三	土水	十三度	四十六分	六度	五十分	北	四
奎宿十四	火	十四度	一分	二十三度	○分	北	五
閣道八	金土	十四度	四十四分	五十六度	三十五分	北	六
外屏南九	土水	十五度	十五分	一度	五十五分	北	六
奎宿十三	火	十五度	二十五分	二十五度	三十六分	北	五
奎宿十二	火	十五度	四十三分	二十六度	五十五分	北	六
傳舍四		十五度	四十三分	六十六度	二十一分	北	六

閣道三 金土 十五度 五十六分 五十八度 三十五分 北三
天大將軍西十一 增金 十六度 二十五分 四十五度 二分 北五
天倉三 金土 十六度 五十三分 九度 五十分 南三
蛇腹七 十六度 五十三分 六十九度 七分 南五
右更一 火 十七度 十四分 十七度 三十五分 北五
天倉南二十 十七度 四十分 二十六度 二分 南四
閣道九 增金土 十八度 三分 五十七度 三十五分 北六
外屏四 水土 十八度 十五分 四度 三十分 北五
右更二 火 十八度 二十五分 十三度 四十分 北四
天園一 土 十八度 五十分 五十一度 三十五分 南四

星名	赤道經度	分	赤道緯度	分	向等
天大將軍三 金	十九度	十六分	四十七度	○ 分	北四
水委一	十九度	十六分	五十九度	二十五分	南一
天大將軍四 金	十九度	二十三分	四十三度	四十六分	北五
右更三 火	十九度	四十分	十度	二十二分	北五
傳舍二 土金	十九度	四十六分	六十六度	四十九分	北六
天大將軍六 金	二十度	十分	三十九度	⊙ 分	北五
右更四 火	二十度	四十八分	十度	三十五分	北五
天大將軍二 金	二十度	四十八分	四十九度	十一分	北五

外房五　水土　二十一度三分三度五十五分北五

天大將軍五　金　二十一度二十五分四十度三十四分北五

天倉五　金土　二十二度十五分十七度四十五分南四

閣道二　金土　二十二度四十三分六十二度四分北三

天倉內七　增金土　二十三度十七分十三度四十八分南五

右更五　木土　二十三度三十分六度四十分北五

天大將軍四十一　木　二十三度三十三分二十八度三分北四

天大將軍七　水　二十三度四十五分三十五度三十分北五

婁宿二　火土　二十三度五十分十七度四十五分北四

星名		赤道經度	分	赤道緯度	分	向等
天倉四	金土	二十三度	五十分	十一度	五十五分	南三
外屏六	土水	二十四度	○分	一度	四十分	北五
婁宿一	火土	二十四度	○分	十九度	二十分	北四
婁宿南七	增	二十四度	四十七分	十六度	十五分	北五
天囷二	土	二十四度	五十分	五十三度	二十三分	南四
天大將軍一	金	二十五度	四十五分	四十度	五十八分	北二
天倉六	金木	二十六度	○分	二十二度	四十五分	南四
外屏七	火水	二十六度	十五分	一度	十二分	北三

蛇首一　增　二十六度　五十分　六十三度　三十五分　南二
婁宿南四　火增　二十六度　五十五分　二十一度　七分　北六
婁宿三　火　二十七度　十分　二十一度　五十七分　北三
天大將軍八　水　二十七度　二十五分　三十三度　三十分　北四
蛇腹六　二十七度　二十五分　六十九度　十分　南五
婁宿五　土　二十八度　三十七分　十九度　四十三分　北六
天囷五　金土　二十八度　五十四分　七度　二十二分　北四
天大將軍九　水　二十九度　六分　三十二度　四十五分　北五
天大將軍十　水　二十九度　十八分　三十二度　二十三分　北四

星名	赤道經度	分	赤道緯度	分	向等
大陵一 金土	二十九度	四十五分	五十四度	二十三分	北六
婁宿六 水土	三十度	○分	十八度	二十八分	北六
天園三 土	三十度	七分	五十三度	三十六分	南四
閣道一 金土	三十度	三十五分	六十五度	四十七分	北四
天囷十 金土	二十度	三十五分	二度	五十八分	南四
天苑西十七 增 金土 亦名蒭藁	三十二度	三十分	十三度	四十六分	南四
天囷六 金土	三十二度	三十五分	七度	二十五分	北四
天園四 土	三十三度	三十七分	五十度	十三分	南三

天苑西十八金土亦名芻藁　三十四度　一分　十六度　三十六分　南四
天囷七金土　三十四度　四十分　四度　十六分　北四
左更五火　三十五度　二分　二十度　三十分　北六
大陵八　三十五度　十五分　三十八度　○分　北四
胃宿西四增　三十五度　二十五分　二十五度　四十分　北五
大陵西九增金土　三十五度　二十七分　四十七度　四十八分　北四
天囷九金土　三十五度　四十三分　初度　五十八分　南三
天園五土　三十五度　四十三分　四十五度　○分　南三
天苑西十九金土亦名芻藁　三十五度　五十一分　十三度　六分　南三

星名	赤道經度	分	赤道緯度	分	向	等
左更四 火	三十六度	○	十八度	四十分	北	六
胃宿一	三十六度	七分	二十六度	二十分	北	四
蛇腹五	三十六度	二十九分	六十九度	十分	南	五
天囷八 金土	三十六度	三十五分	一度	五十七分	北	三
天囷四 金土	三十六度	三十五分	八度	四十七分	北	四
左更三 火	三十六度	三十六分	十四度	○	北	六
天船一 金土	三十六度	四十分	五十四度	三十四分	北	四
天苑八 土	三十六度	四十八分	十九度	二十分	南	四

大陵二	金土	三十六度	五十八分	五十一度 十九分	北五
天苑七	金土	三十六度	五十八分	十五度 十分	南四
胃宿三		三十七度	十分	二十七度 五十六分	北四
傳舍三	金土	三十七度	二十分	六十度 十分	北五
大陵七	金土	三十七度	三十分	三十六度 五十八分	北四
胃宿二		三十七度	四十分	二十五度 五十五分	北三
左更一	火	三十七度	四十五分	十六度 十分	北六
少丞八	金土	三十八度	五分	七十二度 五十九分	北六
天苑二十一	土 亦名芻藁	三十八度	五分	九度 二十二分	南四

星名	赤道經度	分	赤道緯度	分	向等
左更二 火	三十八度	二十二分	十三度	四十分	北六
天苑九 土	三十八度	三十一分	二十一度	四十分	南四
蛇首四	三十八度	三十一分	六十八度	十五分	南四
積尸星十 金土	三十九度	三十一分	三十八度	十六分	北四
左更七 火	三十九度	三十一分	十六度	四十七分	北六
天苑六 土	四十度	○分	十度	五分	南三
左更東六 增 金	四十度	五分	二十度	三分	北五
天船二 金土	四十度	十五分	五十二度	十三分	北三

天園六	土	四十度二十六分	四十三度○分	南三
天囷三	金土	四十度三十分	七度四十分	北四
蛇首二		四十度三十七分	六十四度二十六分	南四
大陵六		四十一度二分	三十七度三十二分	北五
大陵三	金土	四十一度二十分	四十八度十六分	北四
天囷一	金土	四十一度二十一分	二度五十七分	北二
大陵五	金土	四十一度三十八分	三十九度五十分	北三
華蓋二	金土	四十一度五十分	六十八度五十二分	北六
天苑二十增	土	四十一度五十四分	八度四十四分	南四

星名		赤道經度	分	赤道緯度	分	向	等
天苑十	土	四十二度	十七分	二十四度	十分	南	四
上丞七	土	四十二度	五十一分	六十四度	二十分	北	六
大陵四	金土	四十三度	分	四十三度	五十四分	北	四
蛇首三		四十三度	一分	六十五度	三十分	南	四
天陰一	金	四十三度	十四分	十八度	三十分	北	四
華蓋一	金	四十三度	五十七分	六十七度	四十八分	北	六
天陰二	金	四十四度	六分	十九度	四十五分	北	五
天船三	金土	四十四度	五十四分	四十八度	三十六分	北	二

天苑五 土 四十四度五十四分 九度 五十分 南三
天陰三 金 四十五度三十二分 十九度 五十七分 北六
天囷二 土金 四十五度三十二分 二度 三十分 北五
天苑南四十 四十五度四十分 二十八度 五十三分 南四
天苑十一 土 四十六度十分 二十二度 二十五分 南四
天廩四 土火 四十六度四十七分 七度 五十八分 北四
天廩三 土火 四十七度二十分 八度 四十三分 北四
天廩二 土火 四十八度五分 十度 十七分 北六
天廩一 土火 四十八度十一分 十一度 五十四分 北五
天船四 土金 四十八度十五分 四十七度 三分 北五

星名		赤道經度	分	赤道緯度	分	向等
天船西十	增 金土	四十八度	十八分	四十七度	三分	北五
天廩東五	增 土	四十八度	四十一分	八度	十七分	北六
天苑十二	土	四十九度	五分	二十一度	十五分	南四
天苑四	土	四十九度	二十分	十度	二十八分	南三
天船五	金土	四十九度	五十二分	四十六度	三十八分	北三
九州西八	增 土	五十度	○分	初度	三十分	南四
卷舌一	金土	五十度	三十五分	四十一度	三十分	北四
天園七	土	五十度	五十分	三十五度	四十五分	南四

卷舌四	金土	五十度	五十五分	三十一度	十四分	北四
昴宿五	火月	五十一度	十分	二十三度	二分	北五
昴宿二	火月	五十一度	十二分	二十三度	二十一分	北六
昴宿四	火月	五十一度	二十五分	二十三度	十六分	北六
昴宿三	火月	五十一度	三十分	二十二度	五十分	北六
天苑三	土	五十一度	三十八分	十度	五十分	南三
昴宿一	火月	五十一度	五十三分	二十三度	一分	北三
昴宿六	火月	五十二度	二十分	二十二度	五十八分	北六
昴宿七	火月	五十二度	二十一分	二十三度	三分	北六

星名	赤道經度	分	赤道緯度	分	向	等
天廩七 土火	五十二度	二分	五度	十分	北	六
天讒六 金土	五十二度	二十三分	三十二度	五分	北	六
天廩六 金月	五十二度	三十二分	十度	十五分	北	五
天苑二 土	五十二度	三十二分	十三度	二分	南	四
積水九 金土	五十三度	四分	四十九度	三十八分	北	五
天苑十三 土	五十三度	十八分	二十二度	四十分	南	四
卷舌五 金土	五十三度	三十分	三十度	五十六分	北	三
天園八 土	五十三度	三十分	三十六度	二十五分	南	四

天苑十四	土	五十三度	四十二分	二十四度	三十二分	南	四
卷舌二	金土	五十四度	〇分	三十九度	〇分	北	三
天廩八	增	五十四度	三分	十四度	五十三分	北	四
卷舌三	金土	五十四度	二十四分	三十四度	五十分	北	五
九斿九	土	五十四度	二十八分	三度	四十二分	南	四
天苑十五	土	五十四度	三十六分	二十五度	十二分	南	四
天園九	土	五十五度	二十分	三十五度	十八分	南	四
天船內十二	增金土	五十五度	三十一分	四十九度	二十三分	北	四
天苑一	土	五十五度	三十六分	十四度	二十分	南	三

星名	赤道經度	分	赤道緯度	分	向	等
畢宿六	五十五度	四十分	十一度	三十四分	北	四
巻舌東七 增金土	五十六度	○分	三十八度	二十分	北	六
天船六 金土	五十六度	八分	四十六度	四十八分	北	五
月星 土木	五十六度	二十分	二十一度	十分	北	五
天節九 土	五十六度	二十五分	五度	九分	北	四
天苑十六 土	五十六度	三十一分	二十四度	三十八分	南	四
礪石一 土水	五十六度	四十五分	二十八度	五分	北	五
附白一 增	五十七度	○分	七十五度	四十二分	南	四

天船七	金土	五十七度	三十八分	四十七度	三十分	北	四
礪石二	土水	五十七度	四十三分	二十五度	三十八分	北	六
天船八	金土	五十八度	十七分	四十九度	二十四分	北	五
九斿二	土	五十八度	五十五分	七度	四十分	南	四
天船南十一	增金土	五十九度	十七分	四十五度	四十分	北	六
天節西八	增土	五十九度	二十三分	八度	八分	北	四
九斿一	土	五十九度	三十二分	十度	三十分	南	五
天街二	土水	五十九度	三十分	十九度	五十八分	北	六
天節三	火	五十九度	三十五分	十三度	五十八分	北	五

星名		赤道經度	分	赤道緯度	分	向	等
九斿七	土	五十九度	五十九分	八度	五分	南	四
九斿三	土	六十度	五分	五度	四十九分	南	四
礪石內四	增 土水	六十度	六分	二十六度	三十三分	北	五
畢宿二	火	六十度	十五分	十四度	五十五分	北	三
礪石三	土水	六十度	四十分	二十四度	四十八分	北	五
天園十	土	六十度	五十四分	三十二度	四十三分	南	四
畢宿三	火	六十度	五十八分	十六度	四十三分	北	三

九列内六	土	六十一度	十三分	六度 三十九分	南四
天街一	水土	六十一度	二十八分	二十一度 三十三分	北四
天節七	土	六十一度	三十分	八度 四十二分	北六
天街北三 增	水土	六十一度	四十分	二十二度 三分	北五
九列四	土	六十一度	四十八分	四度 二十七分	南五
天節一	火	六十二度	○分	十三度 五十八分	北五
畢宿一	火	六十二度	十九分	十八度 二十五分	北三
畢宿四	火	六十二度	二十六分	十五度 十分	北四
天節四	土	六十二度	三十二分	十二度 二十二分	北五

星名		赤道經度	分	赤道經度	分	向等
天園十一	土	六十二度	四十三分	三十三度	五十四分	南四
卷舌八	金土	六十三度	二十二分	四十度	二十二分	北五
天節二	火	六十三度	四十六分	十四度	九分分	北五
畢宿五	火	六十四度	十八分	十五度	五十三分	北一
天節六	土	六十四度	二十六分	九度	三十二分	北五
天節五	土	六十四度	五十八分	十一度	五十六分	北五
九列五	土	六十五度	一分	三度	五十八分	南四
附耳星	火	六十五度	十分	十五度	十分	北五

諸王四	火水	六十五度	四十分	二十二度	二十一分	北五
天園十二	土	六十五度	五十二分	二十九度	三十五分	南四
五車十六	金土	六十六度	五十一分	三十六度	五十分	北五
天園十二	土	六十六度	五十二分	三十度	四十八分	南四
九游一	土	六十七度	十七分	三度	五十分	南四
五車十七	金土	六十七度	三十六分	三十六度	十分	北五
天高二	火水	六十八度	八分	十八度	二十二分	北六
參旗六	土水	六十八度	十一分	六度	二十六分	北四
參旗五	土木	六十八度	十四分	八度	四十三分	北四

星名		赤道經度	分	赤道緯度	分	向	等
參旗一	土木	六十六度	三十分	十三度	四十三分	北	四
參旗七	土木	六十八度	三十一分	五度	六分	北	四
五車一	火木	六十八度	五十五分	三十二度	三十五分	北	四
五車西十五	增 火水	六十九度	四分	三十七度	十五分	北	五
參旗三	土木	六十九度	十四分	十度	五十六分	北	六
九游二	土	六十九度	十四分	五度	五十三分	南	五
參旗四	土木	六十九度	十八分	九度	四十分	北	四
四輔一	火金	六十九度	十八分	八十六度	五十分	北	六

參旗八	土木	六十九度	十八分	一度	五十四分	北	四
金魚一		六十九度	二十分	五十六度	十二分	南	四
西柱六	火水	六十九度	二十四分	四十三度	十三分	北	四
參旗二	土木	六十九度	三十分	十三度	○分	北	四
西柱七	火水	六十九度	五十一分	四十度	三十三分	北	四
少衛六	土	七十度	○分	六十五度	四十三分	北	六
參旗九	土木	七十度	十八分	一度	十七分	北	四
八穀四	金土	七十度	三十九分	六十三度	○分	北	六
西柱八	火水	七十度	四十一分	四十度	四十三分	北	五

星名		赤道經度	分	赤道緯度	分	向	等
天高五	火水	七十度	四十四分	二十度	二十分	北	六
天高一	火水	七十度	五十分	二十度	三十四分	北	四
八穀三	金土	七十一度	十二分	六十度	七分	北	六
玉井二	土	七十一度	二十一分	七度	三十六分	南	五
八穀五		七十一度	二十二分	五十八度	三十四分	北	六
天高內四	增火水	七十二度	十分	十九度	五十八分	北	六
參旗十二	水土	七十二度	二十二分	八度	七分	北	六
天潢三	火水	七十二度	三十七分	三十八度	○分	北	五

屏星	二	水土	七十二度	四十九分	二十二度	四十八分	南	四
參旗	十一	土木	七十二度	五十分	九度	二十三分	北	六
玉井	三	土	七十二度	五十一分	五度	二十五分	南	三
五車	二	火水	七十三度	一分	四十五度	三十七分	北	一
玉井	一	土	七十三度	二十一分	九度	六分	南	四
天潢	二	火水	七十三度	四十八分	三十九度	四十三分	北	五
參宿	十五	土木	七十四度	四分	二度	二十七分	北	四
軍井	一	水土	七十四度	十八分	十一度	五十六分	南	五
屏井	一	水土	七十四度	三十一分	十六度	三十三分	南	五

星名		赤道經度	分	赤道緯度	分	向	等
天潢一	火水	七十四度	三十三分	四十一度	十八分	北	六
軍井二	水土	七十四度	三十五分	十三度	十八分	南	五
參旗東十	增木土	七十四度	四十一分	十一度	一分	北	六
參宿七	土木	七十四度	五十分	八度	三十三分	南	一
天高三	火水	七十五度	○分	二十一度	四十四分	北	六
五車內十三	增火水	七十五度	十六分	三十四度	十三分	北	六
玉井四	土	七十五度	二十九分	七度	三分	南	四
天潢四	火水	七十五度	三十三分	三十七度	○分	北	六

軍井四	水土	七十六度	十二分	十三度	二十七分	南	五
參宿十七	土木	七十六度	十五分	初度	三十八分	南	五
軍井三	水土	七十六度	十五分	十二度	三十分	南	六
五車五	火水	七十六度	二十二分	二十八度	十七分	北	二
參宿十四	土木	七十六度	二十四分	三度	十三分	北	六
參宿十六	土木	七十六度	五十六分	一度	三十分	北	五
參宿五	土水	七十六度	五十七分	六度	五分	北	二
諸王七	火水	七十七度	二分	二十一度	三十九分	北	六
參宿十八	土木	七十七度	二分	一度	九分	南	六

星名		赤道經度	分	赤道緯度	分	向等
參宿十九	土木	七十七度	五分	二度	四十分	南三
伐南六	增土木	七十七度	八分	八度	五分	南六
參宿四十三	增土木	七十七度	三十三分	二度	四十八分	北五
南柱十二	火水	七十七度	四十二分	三十一度	五十六分	北五
諸王三	火水	七十七度	四十四分	二十五度	四十三分	北五
觜宿南四	增土木	七十八度	十九分	五度	四十二分	北五
參宿十二	土木	七十八度	二十九分	三度	十二分	北六
厠二	水土	七十八度	三十五分	二十一度	○分	南三

參宿一 土木 七十八度 五十五分 初度 二十八分 南二
代南五 增 土木 七十九度 ○分 七度 三十三分 南四
參宿十一 土木 七十九度 十八分 三度 三十四分 北六
觜宿二 火水 七十九度 二十一分 九度 十八分 北五
觜宿一 火水 七十九度 二十五分 九度 四十八分 北四
天關 火水 七十九度 三十分 二十度 五十八分 北三
厠一 水土 七十九度 三十五分 十八度 三分 南三
觜宿三 火水 七十九度 四十四分 九度 九分 北五
代一 土木 七十九度 五十分 五度 二分 南五

星名		赤道經度	分	赤道緯度	分	向	等
代二	土木	七十九度	五十分	五度	三十五分	南	三
代三	土木	七十九度	五十三分	六度	八分	南	三
諸王二	火水	七十九度	五十三分	二十五度	四十分	北	四
參宿二	土木	七十九度	五十五分	一度	二十分	南	二
丈人二	金	八十度	一分	三十六度	三十分	南	四
諸王六		八十度	六分	二十四度	十三分	北	五
參宿十	土木	八十度	三十分	四度	○分	北	五
天關南一	增 火水	八十度	四十分	十六度	五十五分	北	五

天關	二	火水	八十度	四十三分	十五度	三十六分	五	五
參宿內	八	木土增	八十度	四十三分	二度	五十分	南	四
伐	四	木土	八十度	四十五分	七度	二十五分	南	五
參宿	三	木土	八十一度	六分	二度	六分	南	二
參宿	九	木土	八十一度	二十三分	一度	二十分	北	五
東柱	九	火水	八十一度	二十一分	三十九度	〇分	北	五
東柱	十	火水	八十一度	四十一分	三十九度	三分	北	六
八穀	二	火水	八十一度	五十分	五十五度	二十三分	北	六
東柱	十一	火水	八十二度	八分	三十七度	十分	北	六

星名		赤道經度 分	赤道緯度 分	向等
諸王南五	增火水	八十二度十四分	二十四度三十七分	北四
大人一	金	八十二度十四分	三十四度二十五分	南二
夾白二	增	八十二度三十六分	七十三度五十二分	南五
屎	金	八十二度三十七分	三十二度十五分	南四
厠三	水土	八十二度四十四分	二十二度三十二分	南三
八穀一	火水	八十二度五十九分	五十四度三分	北四
厠北五	增水土	八十三度三分	十四度五十七分	南四
金魚二		八十三度五分	六十一度四十五分	南四

參宿六	水土	八十三度	五分	九度	五十分	南	
諸王一	水火	八十三度	十四分	二十七度	三十五分	北	四
五車北十四	水火增	八十三度	三十一分	五十度	四十九分	北	五
參宿二十	水土	八十三度	五十三分	一度	五十分	北	五
司怪四	水土	八十三度	五十三分	二十度	十二分	北	五
子二	金	八十四度	十七分	三十六度	十五分	南	二
廁四	土水	八十四度	二十一分	二十度	五十五分	南	三
參宿四	水火	八十四度	二十七分	七度	二十分	北	一
司怪一	水土	八十四度	二十八分	二十五度	五十二分	北	四

星名		赤道經度	分	赤道緯度	分	向	等
五車四	火水	八十五度	四	三十七度	十五分	北	四
子一	金	八十五度	四	三十四度	十五分	南	四
夾白三	增	八十五度	十一	六十九度	三十五分	南	四
參宿二十一	土	八十五度	三十二	初度	三十八分	北	五
厠六	水土	八十五度	三十二	十四度	十二分	南	四
五車三	火水	八十五度	五十	四十四度	五十五分	北	二
司怪二	土木	八十六度	二	二十三度	十五分	北	四
司怪三	土木	八十六度	十	二十度	二十分	北	五

觜宿東五	土木	八十六度	十五分	八度	四十一分	北	四
子東三	增金	八十六度	二十四分	三十六度	○分	南	四
水府二	土木	八十七度	二十分	十四度	五十四分	北	四
孫南三	增金	八十七度	四十五分	四十二度	十七分	南	四
厠七	水土	八十七度	五十分	十四度	五十一分	南	四
五車東十八	增火水	八十八度	十五分	二十九度	十八分	北	四
金魚三		八十八度	十七分	六十五度	一分	南	五
水府一	土水	八十八度	二十四分	十四度	十八分	北	四
水府三	土木	八十八度	二十四分	十六度	十分	北	六

星名		赤道經度 度 分	赤道緯度 度 分	向等
鉞	金水	八十八度五十分	二十二度三十八分	北四
水府四	土木	八十九度十分	十六度十七分	北六
水府南五	增土木	八十九度三十四分	十二度六分	北六
參宿二十一	土木	八十九度四十五分	五度五十五分	南四
井宿一	金水	九十度四十七分	二十二度四十分	北三
孫一	金	九十一度五分	三十八度○分	南四
軍市南九		九十一度二十八分	二十八度十五分	南三
孫二	金	九十二度七分	三十五度十二分	南四

四瀆四		九十二度十分	四度四十八分北四
軍市一	金	九十二度十分	十七度四十六分南二
井宿二	水金	九十二度二十六分	二十度二十一分北四
上衛	土木	九十二度三十八分	六十八度五十七分北六
參宿東十四	增	九十三度二分	四度三十五分南五
軍市南十一	土	九十三度十一分	三十三度三十分南四
參宿東二十五	增	九十三度十五分	六度十六分南四
老人	土	九十三度五十一分	五十一度三十五分南一
四瀆南五	增	九十三度五十二分	五度八分北五

星名		赤道經度	分	赤道緯度	分	向	等
四瀆三		九十四度	○	八度	十六分	北	四
軍市南十	土	九十四度	○	三十二度	三十九分	南	四
井宿三	金水	九十四度	四十三分	十六度	三十九分	北	二
軍市五	金	九十四度	五十四分	二十三度	五分	南	五
野鷄七	土	九十五度	四十八分	十九度	八分	南	五
四瀆		九十五度	五十分	十度	十三分	北	四
井宿五	土	九十五度	五十七分	二十五度	四十分	北	三
野鷄六	金火	九十五度	五十九分	十九度	三十七分	南	五

軍市二	金	九十六度二十分	十八度十三分	南	五
四瀆二		九十六度三十五分	八度二十六分	北	五
井宿四	金水	九十六度四十分	十三度十四分	北	四
老人北三		九十六度四十五分	四十二度二十分	南	三
金魚四		九十七度三十五分	六十七度五十分	南	五
五諸侯一	火	九十七度四十五分	三十四度十八分	北	四
天狼	火木	九十七度四十五分	十六度十分	南	一
闕丘一		九十七度四十八分	二度五十九分	北	四
井宿六	水	九十八度二分	二十二度七分	北	六

星名	赤道經度	分	赤道緯度	分	向等
四瀆水 赤名井九	九十九度	八分	十三度	三十七分	北六
軍市三	九十九度	四十三分	十九度	二十分	南五
老人北二 增	九十九度	四十八分	四十八度	五十八分	南三
弧矢八 金	一百度	○	三十二度	五分	南四
四瀆一	一百度	八分	十一度	二十一分	北五
天狼北二 增	一百度	八分	十一度	四十分	南四
軍市四 金	一百度	十三分	二十三度	三十五分	南五
天狼北三 金	一百度	十八分	十三度	三十五分	南五

天狼北五 金 一百度 二十六分 十六度 二十四分 南四
天罇三 火 一百度 三十七分 二十四度 三十二分 北六
井宿七 土 一百〇一度 十四分 二十一度 一分 北三
弧矢七 金 一百〇一度 三十五分 二十八度 三十分 南三
天狼北四 金 一百〇一度 十五分 十五度 七分 南三
軍市東八 增 土 一百〇二度 二十分 二十三度 二十分 南五
五諸侯二 火 一百〇三度 三十九分 三十度 四十七分 北四
闕丘二 一百〇三度 五十三分 初度 九分 北四
弧矢三 土 一百〇三度 五十三分 二十五度 五十分 南三

星名		赤道經度	分	赤道緯度	分	向等
井宿八	土	一百〇五度	〇分	十七度	十分	北四
天罇二	土	一百〇五度	十分	二十二度	三十四分	北三
天權南八	增	一百〇五度	四十七分	八十一度	十一分	北六
天罇一	火	一百〇五度	五十四分	二十五度	四十分	北六
五諸侯三	火	一百〇六度	二十分	六十八度	三十分	北四
飛魚五		一百〇六度	二十三分	六十九度	五十三分	南五
弧矢九	金	一百〇六度	三十分	三十六度	三十四分	南三
北河一	水	一百〇六度	五十八分	三十二度	二十二分	北五

北河南五	火	一百〇七度	十八分	二十八度	四十分	北六
南河二	水火	一百〇七度	三十分	九度	十一分	北三
南河一	水火	一百〇七度	四十三分	九度	三十八分	北六
弧矢二	土	一百〇七度	五十分	二十九度	二十分	南三
水位一		一百〇七度	五十九分	十二度	四十五分	北六
弧矢内十四	土	一百〇七度	五十九分	三十一度	〇分	南四
北河二	水	一百〇八度	二十八分	三十二度	三十五分	北二
積薪南二 增	水金	一百〇八度	四十七分	十六度	三十七分	北六
五諸侯四	火	一百〇八度	五十七分	二十七度	四十分	北五

星名		赤道經度	分	赤道緯度	分	向	等
弧矢內十	土增	一百十度	四十八分	二十八度	○分	南	[illegible]
積薪南三	水金	一百十度	十二分	十八度	三十一分	北	[illegible]
南河三	水火	一百十度	四十二分	六度	十分	北	[illegible]
弧矢北十六	土增	一百十度	四十二分	二十三度	五十分	南	四
北河南四	火增	一百十度	四十五分	二十九度	四十二分	北	五
闕丘東三	增	一百十度	五十分	八度	十分	南	五
積薪一	火	一百十一度	七分	二十五度	十七分	北	四
北河三	火	一百十一度	二十分	二十八度	五十分	北	二

弧矢六	土	一百十一度	二十五分	二十五度	五十八分	南	三
弧矢南二	土	一百十一度	四十六分	二十七度	二十一分	南	五
積新南四	金水	一百十一度	四十八分	十九度	三十二分	北	六
弧矢十二	土	一百十一度	五十五分	二十七度	五十四分	南	四
水位二		一百十二度	八分	十一度	三十七分	北	五
弧矢内十一	增土	一百十二度	三十分	二十八度	三十七分	南	四
弧矢南三	土	一百十二度	五十五分	三十六度	二十三分	南	四
弧矢内十五	土	一百十三度	十分	二十四度	五十二分	南	四
天社西十一		一百十三度	十四分	四十四度	十分	南	六

星名	赤道經度	分	赤道緯度	分	向	等
五諸侯五 火	一百十四度	二十四分	二十七度	三十九分	北	五
弧矢五 土	一百十四度	⊙分	二十三度	五十八分	南	三
積薪南五 金水	一百十四度	十分	二十度	四十七分	北	六
上台南七 增	一百十四度	四十分	四十四度	十二分	北	六
弧矢南四 土	一百十四度	五十分	三十七度	二十二分	南	四
弧矢南六 土	一百十四度	五十分	三十九度	五十分	南	五
弧矢一 土	一百十五度	六分	三十四度	二分	南	二
弧矢北十八	一百十五度	六分	二十一度	五十分	南	五

弧矢內十三		一百十五度	五十二分	二十九度	二十三分	南四
水位三		一百十六度	四十六分	十四度	七分	北五
弧矢南七	土	一百十六度	五十五分	三十九度	四十分	南五
爟南二	增金水	一百十七度	十分	二十二度	三十分	北五
弧矢南五	土	一百十七度	三十分	三十八度	四十四分	南二
弧矢南一	增土	一百十七度	五十五分	三十一度	二十三分	南二
弧矢四	土	一百十八度	三十分	二十三度	二十分	南三
外廚南四		一百十八度	三十七分	十八度	二十分	南四
水位四		一百十九度	三十二分	十八度	三十七分	北四

星名		赤道經度	分	赤道緯度	分	向	等
弧矢南八	土	一百十九度	三十二分	三十七度	四十分	南	五
天社南十三	增	一百十九度	四十八分	五十二度	十分	南	二
水位東六		一百十九度	四十八分	十度	二十七分	北	四
天社一		一百十九度	五十四分	四十五度	二十七分	南	二
外廚南三	增	一百二十度	○分	十二度	五分	南	四
弧矢南九	土	一百二十度	十分	三十八度	七分	南	五
內階一	火	一百二十度	四十五分	六十一度	三十八分	北	四
爟一	木水	一百二十度	五十四分	二十五度	五十分	北	五

內階三 火 一百二十一度 二 分 六十六度 四 分 北五
外廚一 一百二十一度 十五分 二 度 五十八分 南三
水位東九 一百二十一度 四十分 十八度 二十三分 北六
內階二 火 一百二十二度 二十五分 六十五度 二十三分 北四
飛魚三 一百二十二度 四十九分 六十八度 十 分 南二
鬼宿一 火日 一百二十三度 十五分 十九度 十五分 北五
鬼宿二 火日 一百二十三度 二十二分 二十一度 三十八分 北五
海石一 增 一百二十四度 三十三分 五十七度 四十分 南三
柳宿一 金土 一百二十五度 十 分 六 度 五十四分 北四

星名		赤道經度	分	赤道緯度	分	向	等
積尸氣	火日	一百二十五度	二十四分	二十度	五十分	北	
柳宿二	金土	一百二十五度	三十分	四度	三十六分	北	五
飛魚二		一百二十五度	四十五分	六十五度	○分	南	六
飛魚四	增	一百二十五度	五十六分	七十一度	十分	南	六
鬼宿三	火日	一百二十六度	七分	二十二度	四十分	北	四
鬼宿四	火日	一百二十六度	二十八分	十九度	十七分	北	四
天狗三	土	一百二十六度	二十分	四十度	二十三分	南	四
栁宿三	金土	一百二十六度	三十九分	四度	三十七分	北	四

軒轅西二十四	水火	一百二十六度	三十九分	二十九度	五十七分	北五
天狗四	土	一百二十六度	四十二分	三十四度	二十三分	南四
外廚南五		一百二十六度	四十四分	十四度	四十分	南六
天社二	土	一百二十六度	四十七分	四十五度	十分	南四
天社三	土	一百二十六度	四十七分	五十度	二十分	南三
外廚二		一百二十七度	〇分	五度	五十七分	南四
酒旗西八		一百二十七度	三分	十一度	四十五分	北六
上台一	火	一百二十七度	十六分	四十九度	二十一分	北三
天狗五	土	一百二十七度	十六分	三十一度	五十分	南四

星名	赤道經度	分	赤道緯度	分	向	等
柳宿四 金土	一百二十七度	二十八分	七度	四十分	北	四
天社八	一百二十七度	四十九分	四十四度	十六分	南	四
三師一	一百二十七度	五十分	六十八度	五十一分	北	四
外廚南六	一百二十七度	五十三分	十二度	十五分	南	四
柳宿五 金土	一百二十七度	五十三分	七度	二分	北	五
小斗七	一百二十八度	十二分	七十五度	五十七分	南	六
天狗六 土	一百二十八度	三十分	二十六度	十三分	南	四
上台二 火	一百二十八度	三十七分	四十八度	三十分	北	三

天狗二		一百二十八度 四十分	三十九度 三十六分	南四
天狗七	土	一百二十九度 十二分	二十六度 三十五分	南四
柳宿六	金土	一百二十九度 三十九分	七度 九分	北四
軒轅一	火土	一百二十九度 四十四分	四十三度 五分	北四
酒旗西七		一百二十九度 四十七分	十六度 三十七分	北六
三師南五	增	一百三十度 三分	六十八度 九分	北六
天社北七	增土	一百三十度 七分	五十一度 五十四分	南三
酒旗西六	火木	一百三十度 十一分	十三度 八分	北三
三師二		一百三十度 十二分	六十八度 二十二分	北四

星名		赤道經度	分	赤道緯度	分	向	等
天狗一	土	一百三十度	三十分	三十五度	四十三分	南	四
文昌五	火	一百三十度	五十分	五十三度	七分	北	五
軒轅二	火土	一百三十一度	十八分	三十九度	四十二分	北	四
內階四	火	一百三十一度	五十六分	六十二度	二十九分	北	五
柳宿七	金土	一百三十二度	二十一分	六度	二十分	北	六
天社四	土	一百三十二度	二十四分	五十三度	十五分	南	二
酒旗西五	火木	一百三十二度	三十五分	十二度	一分	北	五
軒轅西二十三	火木	一百三十二度	三十七分	二十三度	十八分	北	六
文昌六	火	一百三十二度	四十分	五十五度	三十一分	北	五

内階六	火	一百三十四度 十四分	六十度 五十九分	北五
柳病八	金土	一百三十四度 二十三分	三 度 四十分	北四
小斗五		一百三十四度 三十分	七十六度 五十三分	南六
飛魚一		一百三十四度 三十分	六十五度 三十五分	南五
天記		一百三十四度 三十分	四十一度 四十二分	南二
酒旗西四	增火木	一百三十四度 三十二分	十一度 二十五分	北四
軒轅三	火土	一百三十四度 三十五分	三十八度 十五分	北四
三師南六		一百三十五度 ○分	六十六度 三十八分	北六
軒轅四	火土	一百三十五度 十六分	三十五度 三十五分	北四

星名		赤道經度	分	赤道緯度	分	向	等
文昌四	火	一百三十五度	三十四分	五十三度	十二分	北	三
内階五	火	一百三十六度	○分	六十四度	三十二分	北	四
軒轅七	火土	一百三十六度	二十二分	二十七度	三十八分	北	四
三師南四	增	一百三十六度	二十二分	六十六度	五十七分	北	六
張宿八	金土	一百三十六度	五十六分	十五度	二十二分	南	三
小斗六		一百三十七度	九分	七十七度	二十五分	南	六
星宿西五	增金土	一百三十七度	二十七分	四度	七分	南	六
酒旗三	火木	一百三十七度	五十分	十度	二十二分	北	五

南舡五		一百三十七度五十分	六十八度五分	南三
文昌南七	增 火	一百三十七度五十八分	五十三度五十四分	北六
星宿一	金 土	一百三十七度五十八分	七度六分	南一
星宿二	金 土	一百三十八度十分	一度二十五分	南五
海石二		一百三十八度十五分	五十七度四十二分	南三
軒轅八	火 土	一百三十八度十六分	二十五度二十八分	北四
天社五	土	一百三十八度十九分	五十二度二十三分	南三
中台南十二	火 即內平一	一百三十八度二十六分	三十七度四十七分	北四
酒旗二	火 木	一百三十八度三十五分	十二度四十七分	北四

星名		赤道經度	分	赤道緯度	分	向等
軒轅西二十一	火木	一百三十八度	四十二分	十一度	四分	北六
星宿三	金土	一百三十九度	○分	初度	十七分	北五
星宿四	金土	一百三十九度	五十四分	初度	二十二分	北四
軒轅十五	火木	一百四十度	五十八分	十一度	二十五分	北四
張宿五	金土	一百四十一度	二十一分	十二度	四十五分	南四
酒旗一	金水	一百四十一度	二十八分	十五度	三十二分	北五
文昌一	火	一百四十一度	三十五分	六十四度	四十五分	北五
文昌二	火	一百四十一度	三十七分	六十度	三十五分	北四

軒轅九	火土	一百四十一度 四十二分	二十五度 十五分	北	三
少輔	金土	一百四十一度 五十四分	七十一度 四十一分	北	六
文昌三	火	一百四十二度 十分	五十五度 四十三分	北	四
天社六		一百四十三度 三分	五十四度 八分	南	三
三師三		一百四十三度 八分	七十度 二十三分	北	五
海石四		一百四十三度 十分	六十一度 一分	南	五
軒轅西二十	火木	一百四十三度 十八分	二十五度 五十五分	北	六
軒轅十	火土	一百四十三度 三十分	二十七度 三十八分	北	四
海石三		一百四十三度 四十五分	五十九度 〇分	南	五

星名	赤道經度	分	赤道緯度	分	向	等
張宿一 金	一百四十四度	○	十三度	二十五分	南	五
女牀西八 火	一百四十四度	五十四分	四十二度	四十二分	北	五
張宿西七 增 金土	一百四十五度	二分	八度	五十分	南	四
軒轅西十九 增 火木	一百四十五度	八分	十四度	五分	北	四
內平一	一百四十五度	三十二分	三十七度	五分	北	四
海石五	一百四十五度	四十二分	六十四度	五十八分	南	四
御女十六 火水	一百四十五度	四十九分	九度	四十分	北	四
軒轅西二十 增 火水	一百四十六度	二十七分	十五度	五十分	北	六

軒轅十三	金土	一百四十七度	二十二分	十八度	二十五分	北三
張宿内六	增金	一百四十七度	二十二分	十一度	三十分	南五
軒轅南十八	增火木	一百四十七度	三十六分	十一度	三十九分	北五
軒轅十四	火水	一百四十七度	四十七分	十三度	三十七分	北一
張宿二	金	一百四十九度	二分	十度	八分	南四
中台三	火	一百四十九度	十一分	四十四度	三十四分	北四
天相一		一百四十九度	十八分	四度	二十七分	南三
軒轅十一	火土	一百四十九度	三十四分	二十五度	二分	北三
中台四	火	一百四十九度	四十七分	四十三度	十分	北四

星名	赤道經度	分	赤道緯度	分	向	等
軒轅十二 火土	一百五十一度	二十七分	二十一度	二十七分	北	二
中台南十 火	一百五十一度	二十二分	三十三度	五十八分	北	四
天樞西 增 即文昌八	一百五十一度	三十分	六十四度	九分	北	六
少輔北 增 亦名陰德	一百五十一度	三十一分	七十六度	四十八分	北	六
中台南七 增火	一百五十二度	七分	三十八度	二十五分	北	四
張宿三 金	一百五十三度	四十二分	十五度	五分	南	四
中台南八 火	一百五十三度	七分	三十七度	五十分	北	四
南船二	一百五十三度	二十三分	五十九度	十八分	南	四

軒轅十六		一百五十四度	三分	十一度	⊙分	北四
南船四	增	一百五十四度	十分	六十八度	三十三分	南四
中台南九	火	一百五十五度	分	三十三度	三十分	北四
張宿四	金	一百五十五度	五十五分	十五度	十分	南五
少微西五	增	一百五十六度	二十七分	二十八度	五十七分	北五
上弼	土	一百五十六度	五十八分	六十六度	十六分	北三
少微四	火水	一百五十七度	十一分	二十度	四十分	北六
長垣二	火水	一百五十七度	十三分	十五度	四十九分	北六
南船一		一百五十七度	十六分	五十九度	四十五分	南四

星名		赤道經度	分	赤道緯度	分	向	等
海山三		一百五十七度	十九分	五十六度	五十八分	南	五
長垣三	火木	一百五十八度	◯分	十二度	十三分	北	五
翼宿二	金水	一百五十八度	三十分	十四度	二十五分	南	四
中台南十一	火	一百五十八度	四十一分	三十六度	一分	北	四
天牢	火	一百五十八度	五十分	四十四度	五十七分	北	五
少微二	火木	一百五十九度	二十三分	二十六度	二十八分	北	五
南船三		一百六十度	四分	六十三度	二十一分	南	四
天璇	火	一百六十度	十分	五十八度	十二分	北	二

天樞	火	一百六十度四十一分	六十三度三十四分	北	二
靈臺三	火土	一百六十度五十七分	五度二十六分	北	五
靈臺二	火土	一百六十一度二分	七度五十六分	北	五
翼宿一	金木	一百六十一度四分	十六度二十八分	南	四
海山二		一百六十一度十五分	五十八度十八分	南	四
太尊	火	一百六十一度五十一分	四十六度十九分	北	四
上相西六	金土	一百六十二度○分	二十六度五十一分	北	五
靈臺一	火土	一百六十二度一分	九度六分	北	四
翼宿十一	金水	一百六十二度三十二分	二十五度三十二分	南	五

星名		赤道經度	分	赤道緯度	分	向	等
西上相	金水土	一百六十四度	三分	二十二度	二十分	北	二
翼宿十	金水	一百六十四度	五分	二十度	五十七分	南	四
海山一		一百六十四度	六分	五十七度	二十五分	南	五
小斗四		一百六十四度	二十分	七十五度	四十八分	南	六
虎賁	金土	一百六十四度	二十二分	二十四度	五十分	北	五
次相南七	金水土	一百六十四度	四十一分	十四度	五十六分	北	六
下台六	火	一百六十四度	五十五分	三十三度	三十五分	北	四
下台五	火	一百六十四度	五十五分	三十五度	〇分	北	四

明堂南四增	金水土	一百六十五度◯分	一度四十六分南四
西次相	金水土	一百六十五度十分	十六度四十八分北三
小斗三		一百六十五度五十四分	七十八度二十七分南六
翼宿四	金水	一百六十六度◯分	十二度五十分南四
西上將	金水	一百六十六度六分	七度四十五分北四
馬尾西五	金水增	一百六十六度二十五分	四十八度七分南四
西次將	金水	一百六十六度四十七分	十二度三十一分北三
翼宿六	金水	一百六十七度一分	八度四十二分南四
翼宿三	金水	一百六十七度十九分	十五度四十八分南四

星名		赤道經度	分	赤道緯度	分	向	等
上輔	土	一百六十七度	四十二分	七十一度	七分	北	三
明堂一	金水土	一百六十七度	四十五分	四度	四十一分	北	五
明堂三	金水土	一百六十八度	三十分	一度	七分	南	五
明堂二	金水土	一百七十度	一分	一度	二分	北	四
青丘一	金土	一百七十度	七分	三十度	三分	南	四
翼宿七	金水	一百七十度	十分	七度	五十八分	南	四
青丘二	金土	一百七十度	三十五分	三十三度	二十九分	南	四
翼宿五	金水	一百七十度	四十四分	十一度	二十分	南	五

海山四		一百七十一度	二十二分	五十九度	十六分	南	四
馬尾四	金木	一百七十一度	二十二分	五十二度	三十七分	南	四
海山五增		一百七十一度	三十分	六十一度	十四分	南	四
内屏一	火水	一百七十一度	五十八分	十度	八分	北	三
内屏二	火水	一百七十二度	八分	八度	二十二分	北	五
翼宿八	金水	一百七十二度	十一分	十六度	二十九分	南	四
太陽守一	火	一百七十二度	十一分	四十九度	三十五分	北	四
太子		一百七十二度	四十分	二十二度	⊙分	北	四
五帝座	金水土	一百七十三度	二分	十六度	二十二分	北	一

星名		赤道經度	分	赤道緯度	分	向	等
右執法	火水	一百七十三度	二十九分	三度	四十九分	北	三
青丘三	金土	一百七十三度	三十四分	三十一度	五十八分	南	三
馬尾三	金木	一百七十三度	三十七分	五十二度	五十三分	南	二
天讖	火	一百七十四度	一分	五十五度	三十分	北	二
十字四	金水	一百七十四度	五十分	六十一度	三十二分	南	二
翼宿九	火水	一百七十四度	五十九分	十五度	十五分	南	四
海山六		一百七十五度	十二分	六十四度	三十六分	南	四
內屏南五	增	一百七十五度	四十二分	五度	三十分	北	六

内屏四	金水	一百七十五度 五十五分	八度 二十六分	北	五
内屏三	金水	一百七十七度 一分	十度 三十三分	北	五
右轄五	金土	一百七十八度 一分	二十二度 五十三分	南	四
馬尾一	金木	一百七十八度 十四分	五十度 五十三分	南	二
馬尾二		一百七十八度 二十分	五十一度 三十五分	南	四
軫宿二	金土	一百七十八度 三十二分	二十度 四十六分	南	四
天權	火	一百七十九度 四十分	五十八度 四十七分	北	二
卽位七	水土	一百七十九度 四十八分	二十五度 四十七分	北	四
十字二	金木	一百七十九度 五十分	五十七度 三十七分	南	二

星名	赤道經度	分	赤道緯度	分	向	等
軫宿一 土金	一百七十九度	五十五分	十五度	三十七分	南	三

新製靈臺儀象志卷之十三

從九品頂帶天文生張士魁

慱士林昇雪 同受

從九品頂帶天文生李式

治理曆法極西南懷仁纂著

從九品頂帶天文生劉蘊渻

赤道儀表自一百八十度至三百五十九度

星名		赤道經度	分	赤道緯度	分	向	等
小斗一	增	一百八十度	三十七分	七十四度	五十分	南	六
左執法	火水	一百八十度	四十五分	一度	八分	北	四
謁者	金水	一百八十度	四十九分	五度	七分	北	六
長沙	金土	一百八十一度	八分	二十度	十八分	南	五
即位五	水土	一百八十一度	二十一分	二十七度	四十二分	北	四
即位六	水土	百八十一度	五十一分	二十七度	五十六分	北	四
即位二	水土	一百八十二度	十六分	二十九度	○分	北	四
即位	水土	一百八十二度	二十五分	二十九度	○分	北	四

星名	赤道經度	分	赤道緯度	分	向等
庫樓八 金木	一百八十二度	三十分	四十六度	三十二分	南五
卽位一 水土	一百八十二度	三十七分	三十度	一分	北三
卽位四 水土	一百八十二度	五十二分	二十八度	三十二分	北四
卽位九 水土	一百八十三度	○分	二十六度	○分	北五
軫宿三 金土	一百八十五度	二十三分	十四度	三十六分	南三
卽位八 水土	一百八十三度	三十分	二十六度	三分	北五
十字三 金木	一百八十四度	五分	六十度	十五分	南二
左轄 金土	一百八十四度	十一分	十四度	十分	南五

少尉		一百八十四度	二十二分	七十一度	三十四分	北	三
常陳西二	火	一百八十四度	二十六分	四十三度	三分	北	五
即位十	水土	一百八十四度	三十分	二十四度	二十分	北	四
軫宿四	金土	一百八十四度	三十二分	二十一度	三十一分	南	三
庫樓七	金木	一百八十五度	十二分	四十六度	五十三分	南	三
小斗二	增	一百八十五度	二十四分	七十六度	四十三分	南	六
相	火	一百八十五度	四十八分	五十二度	十八分	北	六
進賢南二	增	一百八十五度	五十分	六度	八分	南	五
東土相	金水	一百八十六度	十二分	初度	二十分	北	三

星名	赤道經度	分	赤道緯度	分	向等
九鄉三 火水	一百八十六度	十七分	八度	三十六分	北六
九鄉一 火水	一百八十六度	十七分	十二度	八分	北五
庫樓六 金水	一百八十六度	二十二分	四十七度	○分	南三
十字一 增金木	一百八十六度	二十五分	五十八度	三分	南四
相北三	一百八十七度	九分	五十二度	五十七分	北六
九鄉二 火水	一百八十七度	十四分	九度	三十分	北六
相北二	一百八十七度	二十分	五十二度	五十分	北六
郎將 水土	一百八十八度	五十七分	二十九度	二十六分	北四

常陳一	火	一百八十九度	二　分	四十度	三十二分	北二
進賢三		一百八十九度	二十五分	七　度	四十二分	南五
蜜蜂三		一百八十九度	二十七分	七十度	二十一分	南六
東次相	金水	一百八十九度	四十四分	五　度	十　分	北三
玉衡	火	一百八十九度	四十四分	五十七度	四十五分	北二
進賢一	金水	一百九十度	三十一分	二　度	○　分	南六
蜜蜂一	增	一百九十度	四十七分	六十七度	四十分	南五
東次將	水土	一百九十一度	二十四分	十二度	四十二分	北三
周鼎三		一百九十一度	三十一分	二十六度	十六分	北五

星名		赤道經度	分	赤道緯度	分	向	等
庫樓五	金水	一百九十二度	十九分	四十六度	二十四分	南	五
進賢四		一百九十二度	四十三分	八度	五十四分	南	五
周鼎二		一百九十三度	四十三分	二十九度	十七分	北	四
平道一	金水	一百九十三度	八分	三度	四十四分	南	四
平星西三	增金木	一百九十三度	十分	二十一度	二十五分	南	六
東上將	水土	一百九十三度	十九分	十八度	五十分	北	五
天門一		一百九十三度	四十九分	十四度	二十分	南	五
周鼎		一百九十四度	十七分	二十九度	四十八分	北	四

馬腹一	金木	一百九十四度	三十分	五十三度	四十分	南二
蜜蜂二		一百九十五度	一分	六十六度	二十分	南六
次將東六	增	一百九十五度	二分	十一度	十一分	北六
次將東七		一百九十五度	十七分	七度	九分	北四
馬腹二	金木	一百九十五度	二十分	五十四度	五十一分	南三
平星一	金水	一百九十五度	三十分	二十一度	二十二分	南三
天門南三	增	一百九十五度	三十五分	十六度	三十五分	南五
庫樓西九	增	一百九十五度	三十八分	三十四度	二十八分	南三
蜜蜂四		一百九十五度	五十六分	六十九度	五十三分	南六

星名		赤道經度	分	赤道經度	分	向等
三公二		一百九十六度	二十八分	四十八度	十一分	北六
三公一		一百九十六度	五十二分	四十七度	二十六分	北六
柱十	金水	一百九十七度	○分	四十四度	○分	南五
角宿一	金火	一百九十七度	四分	九度	十八分	南一
間陽	火	一百九十七度	三十三分	五十六度	三十六分	北二
庫樓四	金水	一百九十七度	三十五分	三十七度	十六分	南四
角宿東五	金火	一百九十七度	三十五分	七度	八分	南六
天門二		一百九十七度	四十二分	十四度	十三分	南五

三公北四	增	一百九十七度四十八分	五十一度二十分	北六
角宿二	水土	一百九十八度十六分	一度○分	北三
北極亦名天樞		一百九十八度十六分	八十六度三十分	北六
南門一	金木	一百九十八度三十三分	五十二度二十四分	南四
角宿東三	增金土	一百九十八度四十四分	四度三十三分	南六
角宿東四	金火	一百九十八度五十分	九度○分	南六
天田一	金水	一百九十九度二十二分	五度二十分	北六
馬腹三	金木	二百度四十分	五十八度三十五分	南二
平道二	金水	二百一度六分	七度○分	南六

星名		赤道經度	分	赤道緯度	分	向等
柱二	金水	二百一度	七分	三十度	五十分	南四
三公三		二百一度	二十四分	四十四度	十八分	北六
衡一	金水	二百一度	二十六分	三十九度	三十六分	南四
衡二	金水	二百一度	三十分	四十度	四十三分	南四
天田南四	水土	二百一度	三十六分	初度	五分	北五
柱一	金水	二百一度	五十八分	三十二度	二十五分	南五
柱四	金水	二百二度	十三分	三十度	四十二分	南五
柱三	金水	二百二度	十三分	三十度	四十四分	南五

右攝提二	水土	二百二度	五十四分	十九度	六分	北三
庫樓一	金水	二百三度	二十分	四十五度	五十三分	南三
右攝提三	水土	二百三度	二十三分	十七度	二十五分	北三
衡三	金水	二百三度	三十一分	三十九度	五十八分	南四
搖光	火	二百三度	三十七分	五十度	五十九分	北二
柱八	金水	二百三度	四十一分	四十二度	三十二分	南五
異雀六		二百四度	四分	七十九度	四十分	南六
柱七	金水	二百四度	三十二分	四十三度	三十二分	南五
天田南三	增水土	二百四度	三十四分	初度	十三分	北六

星名			赤道經度	分	赤道緯度	分	向	等
右攝提	一	水土	二百四度	四十四分	二十度	三分	北	三
天	一	木土	二百五度	二十一分	六十六度	二十一分	北	五
衡	四	金水	二百五度	三十二分	三十八度	五十九分	南	四
天田	二	木土	二百六度	二十分	三度	十四分	北	五
平星	二	金水	二百六度	四十分	二十九度	四十八分	南	四
庫樓	三	金水	二百六度	五十分	三十五度	七分	南	三
亢病	一	金水	二百八度	四十九分	八度	四十分	南	四
騎官	十	火土	二百九度	○分	四十五度	二十八分	南	五

右樞		水	二百九度二十六分	六十五度五十五分	北二
柱	五	金水	二百九度二十七分	三十五度四十六分	南四
騎官	十二	火土	二百九度三十二分	四十四度十分	南四
亢宿	三	金水	二百九度四十四分	四度十五分	南四
天社西十		增	二百九度四十四分	四十一度四十分	南四
柱	六	金水	二百九度五十六分	三十七度二十五分	南四
大角		火水	二百十度十三分	二十一度一分	北一
天槍	一	火土	二百十度十六分	五十三度十六分	北四
亢宿	四	金水	二百十度二十分	十一度三十六分	南四

星名		赤道經度	分	赤道緯度	分	向	等
亢宿二	金水	二百十度	四十三分	初度	三十八分	南	五
玄戈	水土	二百十度	五十分	四十七度	三十五分	北	四
異雀七		二百十一度	二分	七十七度	二十一分	南	六
天槍二	火土	二百十一度	四分	五十二度	四十九分	北	四
騎官十一	火土	二百十一度	六分	四十三度	五十四分	南	四
弧矢內十七	土	二百十一度	二十八分	三十四度	十六分	南	五
后宮	火金	二百十二度	四十一分	七十九度	五分	北	六
亢宿東五增	金水	二百十二度	五十六分	初度	三十八分	南	四

庫樓二	金水	二百十三度九分	四十度七分	南	三
天搶三	火土	二百十三度二十分	五十三度十六分	北	四
異雀五		二百十三度二十分	八十一度二十七分	南	五
梗河三	水土	二百十四度三十六分	三十一度五十六分	北	四
騎官十三	火土 即頓頑大星	二百十四度三十八分	四十四度四十九分	南	三
梗河二	水土	二百十五度十二分	三十一度十九分	北	四
陽門一	金水	二百十五度二十一分	三十三度十七分	南	四
招搖	水土	二百十五度二十二分	三十九度二十二分	北	三
陽門二	金水	二百十五度五十六分	三十六度八分	南	四

星名		赤道經度	分	赤道緯度	分	向等
左攝提一	水土	二百十六度	二十分	十七度	五十八分	北三
左攝提二	水土	二百十六度	二十三分	十五度	十三分	北三
亢宿東六	金水	二百十六度	三十一分	四度	四分	南四
庶子	金火	二百十七度	○分	七十七度	十三分	北六
左攝提三	水土	二百十七度	二十八分	十八度	二十八分	北四
梗河一	水土	二百十七度	四十八分	二十八度	二十九分	北三
氐宿內八	水	二百十七度	五十五分	十二度	四十九分	南五
氐宿一	水木	二百十八度	十六分	十四度	二十四分	南二

騎官一	火土	二百十八度	五十八分	四十度	二十三分	南三
左攝提北四	增水土	二百十九度	三分	二十度	三十四分	北四
騎官六	火土	二百十九度	六分	四十一度	十五分	南五
騎官七	火土 即車騎大星	二百二十度	二十七分	四十六度	八分	南二
騎官五	火土	二百二十度	三十七分	四十四度	二分	南五
氐宿內五	增火土	二百二十度	五十七分	七度	十分	南四
氐宿內六	水土	二百二十一度	二十一分	十四度	三十六分	南五
陣車一	火水	二百二十一度	三十九分	二十三度	五十七分	南三
梗河東四	增水土	二百二十一度	五十六分	二十六度	二十三分	北五

星名		赤道經度	分	赤道緯度	分	向等
南門二	金木	二百二十二度	二十分	五十九度	四十分	南一
七公西八	增水土	二百二十二度	二十六分	四十一度	四十三分	北三
騎官二	火土	二百二十二度	三十七分	三十八度	三十一分	南四
梗河六	水土	二百二十二度	三十八分	二十八度	二十分	北五
帝星	火金	二百二十二度	五十二分	七十五度	三十九分	北二
玄戈北二	增	二百二十二度	五十八分	四十九度	三分	北六
陣車二	火土	二百二十三度	四分	二十六度	五十五分	南四
梗河東五	增	二百二十三度	十五分	二十六度	十九分	北五

騎官九　七 火　即車騎　二百二十三度　十六分　四十七度　五十二分　南五
氐宿二　水　二百二十三度　二十七分　十八度　二十六分　南三
陣車一　火土　二百二十三度　三十一分　二十八度　三十分　南四
梗河東七　水土　二百二十三度　三十一分　二十七度　三十七分　北六
玄戈三　二百二十三度　三十五分　四十九度　五分　北六
騎陣將軍　火土　二百二十三度　四十六分　五十一度　二十四分　南五
騎官四　火土　二百二十四度　四十二分　四十三度　三分　南四
氐宿四　火土　二百二十四度　五十四分　八度　三分　南二
梗河九　水土　二百二十五度　〇分　三十一度　四十二分　北四

星名	赤道經度	分	赤道緯度	分	向等
梗河八 水土	二百二十五度	十二分	三十度	二十九分	北五
騎官八 火土 即車騎	二百二十五度	十八分	四十六度	四十五分	南五
亢宿內七 水木	二百二十五度	四十一分	十四度	五分	南六
七公七 水土	二百二十五度	五十五分	三十四度	三十二分	北三
三角形一 金木	二百二十五度	四十七分	六十七度	三十八分	南三
西咸八 水	二百二十六度	四十分	九度	一分	南四
七公六 水土	二百二十七度	五十七分	三十八度	三十五分	北四
騎官三 火土	二百二十八度	十三分	三十八度	三十五分	南四

巽雀四		二百二十八度十四分	八十二度十四分	南	六
天輻一	火土	二百二十八度三十三分	二十六度二十四分	南	四
貫索	金水	二百二十八度三十九分	三十度二十分	北	四
西咸西七	增水火	二百二十八度四十分	十五度三十四分	南	四
天輻二	火土	二百二十九度二分	二十八度二分	南	四
左樞	土	二百二十九度十八分	六十度八分	北	三
氐宿三	水木	二百二十九度二十分	十三度三十九分	南	三
貫索三	金水	二百二十九度二十一分	三十二度三十三分	北	五
七公五	水土	二百二十九度二十一分	四十二度二十二分	北	四

星名		赤道經度	分	赤道緯度	分	向	等
秦	火土	二百二十九度	四十八分	十六度	四十一分	北	三
貫索一	金水	二百三十度	十一分	二十七度	五十八分	北	二
三角形内四	增金木	二百三十一度	九分	六十五度	三十七分	南	五
太子	金火	二百三十一度	二十四分	七十三度	十八分	北	三
西咸一	水	二百三十二度	三十一分	十四度	二十九分	南	四
貫索北十	增	二百二十一度	四十分	三十七度	四十七分	北	四
貫索北十一	增	二百三十二度	五十分	二十度	五十一分	北	五
從官一		二百三十二度	○分	三十二度	四十三分	南	四
貫索四	金水	二百三十二度	十分	三十三度	二十一分	北	六

蜀	火土	二百三十二度	六分	七度	三十五分	北二
貫索五	金水	二百三十二度	十五分	二十七度	三十一分	北四
蜀北十四	增	二百三十二度	三十七分	八度	三十一分	北四
日	水	二百三十二度	五十分	十八度	五十六分	南四
周	火土	二百三十二度	五十一分	十六度	三十七分	北三
梁西十三	增	二百三十三度	十六分	二度	十六分	南四
從宮二		二百三十三度	十九分	三十二度	十八分	南四
巴	火土	二百三十三度	四十四分	五度	三十五分	北三
西咸二	水	二百三十三度	四十八分	十五度	四十五分	南四

星名		赤道經度	分	赤道緯度	分	向	等
日北六	增	二百三十三度	四十八分	十九度	二分	南	四
貫索六	金水	二百三十四度	二分	二十七度	十五分	北	四
貫索十二		二百三十四度	二十二分	二十一度	一分	北	三
貫索十三		二百三十四度	二十六分	十九度	十八分	北	四
積卒一	火土	二百三十四度	二十八分	三十六度	五十二分	南	四
房宿二	火土	二百三十四度	三十二分	二十八度	一分	南	四
房宿一	火土	二百三十四度	五十一分	二十五度	○分	南	三
西咸三	水	二百三十五度	○分	十三度	十一分	南	四

七公四	火	二百三十五度	十四分	四十三度	二十五分	北四
房宿四	火土	二百三十五度	十七分	二十一度	三十四分	南三
鄭	火土	二百三十五度	二十四分	十六度	五十五分	北三
積卒二	火	二百三十五度	三十一分	三十五度	二十分	南四
貫索七	金水	二百三十六度	六分	二十八度	二分	北四
三角形二	金水	二百三十六度	十三分	六十一度	十六分	南二
貫索八	金水	二百三十六度	三十四分	三十度	十一分	北六
房宿三	金土	二百三十六度	三十四分	十八度	四十四分	南二
西咸四	水	二百三十六度	三十八分	十度	二十分	南四

星名	赤道經度	分	赤道緯度	分	向	等
鉤鈐 金土	二百三十七度	○分	十九度	四十分	南	四
貫索南西 增	二百三十七度	八分	二十三度	五十二分	北	四
異雀三	二百三十八度	三分	七十六度	六分	南	六
七公西九 增	二百三十八度	二分	四十七度	三分	北	四
鍵閉 金土	二百三十八度	十四分	十八度	三十五分	南	四
心宿南四 增 火木	二百三十八度	十六分	二十六度	五十八分	南	五
晉 火土	二百三十八度	二十二分	十八度	二分	北	四
西咸北九 增	二百三十八度	三十三分	九度	十一分	南	五

上宰		土	二百三十八度五十一分	五十九度一分	北三
心宿南五			二百三十八度五十六分	二十七度十分	南五
勾陳四		火金	二百三十九度十一分	七十八度五十三分	北四
梁		金土	二百三十九度二十六分	二度三十六分	南三
七公三		火	二百三十九度三十二分	四十五度五十三分	北四
東咸三		金	二百三十九度五十八分	十八度五十四分	南五
心宿一		火木	二百四十度十七分	二十四度三十五分	南四
楚		金土	二百四十度十九分	三度四十四分	南三
東咸四		金	二百四十度四十三分	十九度五十六分	南四

星名		赤道經度	分	赤道緯度	分	向	等
三角形東五	增 金木	二百四十一度	一分	六十二度	十五分	南	五
東咸二	金	二百四十一度	十一分	十七度	三十分	南	五
楚南十五	增	二百四十一度	二十四分	四度	二十分	南	五
河間	火	二百四十一度	五十四分	二十度	三分	北	三
七公二	火	二百四十二度	二十二分	四十七度	十一分	北	四
心宿二	火木	二百四十二度	二十四分	二十五度	三十分	南	一
東咸東五	增 金	二百四十二度	二十五分	二十度	十四分	南	五

韓西十二	增	二百四十二度	三十分	七度	三十分	南五
東咸一	金	二百四十二度	三十七分	十五度	三十九分	南五
列肆二	金土	二百四十三度	四十二分	二度	四十九分	北四
心宿三	火木	二百四十三度	五十分	二十七度	五分	南四
河中	火	二百四十四度	四分	二十二度	十九分	北三
龜四	金水	二百四十四度	十分	五十六度	○分	南四
少宰	土	二百四十四度	三十七分	六十二度	二十九分	北三
女牀西八	火	二百四十四度	五十二分	四十二度	四十二分	北五
三角形三	金木	二百四十四度	五十三分	六十八度	十三分	南三

星名		赤道經度	分	赤道緯度	分	向	等
韓	金土	二百四十四度	五十三分	九度	五十分	南	三
龜一	金水	二百四十五度	三十二分	五十二度	十七分	南	五
七公一	火	二百四十五度	四十五分	四十八度	二十五分	北	五
女牀西七	火	二百四十五度	五十一分	四十三度	十五分	北	四
勾陳北十	增火金	二百四十六度	二十三分	七十六度	三十九分	北	五
尾宿一		二百四十六度	三十五分	三十六度	五十分	南	四
尾宿一	火水	二百四十七度	八分	三十二度	五十三分	南	三
尚書四	土	二百四十七度	十四分	六十九度	二十五分	北	三

尾宿三	水火	二百四十七度	十七分	四十度	三十六分	南	四
天紀二	火	二百四十七度	二十六分	三十二度	二十五分	北	三
神宮一	金土	二百四十七度	四十五分	四十度	一分	南	三
女牀西六	增火	二百四十八度	一分	三十九度	三十四分	北	三
尚書三	土	二百四十九度	三十一分	六十五度	十五分	北	五
斛一		二百四十九度	三十九分	十度	四十九分	北	四
龜三	金水	二百五十度	二十六分	五十五度	五十八分	南	四
龜二	金水	二百五十度	二十七分	五十六度	四十分	南	四
異雀二		二百五十度	三十分	七十度	十九分	南	五

星名		赤道經度	分	赤道緯度	分	向	等
解二		二百五十一度	三十七分	九度	五十八分	北	四
女牀西四	增土水	二百五十一度	三十分	三十四度	三十五分	北	五
天紀三	火	二百五十二度	⊙分	三十一度	三十五分	北	三
女牀五	水	二百五十二度	五十五分	三十六度	四十分	北	五
宋	火土	二百五十二度	五十五分	十五度	八分	南	三
異雀一	增	二百五十三度	五十七分	六十七度	十九分	南	六
尚書二	土	二百五十三度	十分	六十五度	四十三分	北	五
天江一	金	二百五十三度	二十四分	二十四度	四十七分	南	四

尾宿四	水火	二百五十三度	四十分	四十三度	一分	南	三
杵二	金水	二百五十三度	四十二分	四十九度	十六分	南	四
天江六		二百五十四度	二十二分	二十度	二十三分	南	三
天棓西六	增	二百五十四度	三十一分	五十四度	五十九分	北	四
帝座	金土	二百五十四度	四十六分	十四度	四十八分	北	三
天江二	金	二百五十五度	二十分	二十四度	十六分	南	四
魏	火	二百五十五度	二十八分	二十五度	二十分	北	三
魚	金土	二百五十五度	四十四分	二十八度	五十八分	南	五
車肆一	火土	二百五十五度	四十六分	十二度	二十分	南	四

星名	赤道經度	分	赤道緯度	分	向	等
女牀一 火	二百五十五度	五十七分	三十七度	十七分	北	四
天江北五 增	二百五十六度	十二分	二十三度	十分	南	四
杵一 水金	二百五十六度	二十三分	四十五度	二十六分	南	五
女牀二 火	二百五十六度	三十六分	三十七度	四十四分	北	四
尾宿九 月火	二百五十六度	四十分	三十六度	二十三分	南	五
上弼	二百五十六度	五十八分	六十六度	十四分	北	三
大江三 金	二百五十七度	○分	二十三度	二十分	南	五
尾宿八 月火	二百五十七度	十七分	三十六度	十三分	南	四

南海南十七	增	二百五十七度	二十七分	十五度	四十二分	南	五
天江四	金	二百五十七度	二十七分	二十三度	五十五分	南	五
尾宿五	水火	二百五十七度	二十八分	四十一度	四十分	南	三
女牀三	火	二百五十八度	十一分	三十七度	三十五分	北	四
尾宿七	火月	二百五十八度	五十三分	三十八度	十三分	南	三
趙二	火	二百五十九度	二十七分	二十六度	二十五分	北	四
杵東三	金水	二百五十九度	二十八分	四十八度	四十九分	南	四
天棓南七	增	二百五十九度	三十六分	四十八度	四十分	北	六
南海十	火土	二百五十九度	四十二分	十四度	五十九分	南	三

星名		赤道經度	分	赤道緯度	分	向	等
侯一	金土	二百五十九度	五十四分	十二度	五十五分	北	三
市樓二	金土	二百六十度	一分	七度	五十分	南	四
尾宿六	水火	二百六十度	三十二分	三十九度	四十七分	南	三
天棓二	木	二百六十度	四十三分	五十二度	三十七分	北	三
車肆二		二百六十度	四十八分	十二度	三十三分	南	四
市樓一	金土	二百六十度	五十一分	七度	五十分	南	四
糠	金土	二百六十一度	○分	二十七度	十九分	南	五
勾陳三	火金	二百六十一度	十分	八十二度	三十六分	北	四

天棓一	木	二百六十一度	十四分	五十五度	三十五分	北四
天棓八		二百六十一度	三十四分	四十八度	四十四分	北六
傳說		二百六十一度	三十八分	三十六度	二十八分	南
宗正一	金土	二百六十一度	五十分	四度	四十五分	北三
天江東七	增	二百六十二度	十二分	十八度	五十四分	南六
天棓五	木	二百六十二度	二十四分	四十六度	二十分	北三
宗正二	金土	二百六十二度	五十七分	三度	二分	北三
九河三	火	二百六十三度	二十六分	二十八度	八分	北四
天棓九		二百六十四度	四十三分	四十七度	五十八分	北

星名		赤道經度	分	赤道緯度	分	向	等
近黃極六	増	二百六十四度	四十九分	六十八度	五十八分	北	四
孔雀一	増	二百六十五度	○分	六十三度	四十八分	南	四
燕九	火土	二百六十五度	二十二分	九度	三十六分	南	四
帛度一	火水	二百六十五度	二十七分	二十度	二十二分	北	四
箕宿一	火月	二百六十五度	四十四分	二十九度	五十分	南	三
宗人南十五	増	二百六十五度	五十四分	三度	二十九分	南	三
宗人一	金土	二百六十六度	七分	四度	三十四分	北	四
宗人二	金土	二百六十六度	十分	三度	五分	北	四

宗人三	金土	二百六十六度	十七分	一度	三十分	北四
天紀九	火	二百六十六度	二十分	三十七度	二十四分	北三
中山十三	火	二百六十六度	二十七分	二十九度	二十九分	北四
中山西十二增	火	二百六十六度	二十八分	三十度	十八分	北四
燕東十六增		二百六十六度	二十八分	八度	五分	南五
天棓三	木	二百六十六度	五十四分	五十七度	〇分	北四
女史	水土	二百六十七度	三分	七十三度	十九分	北四
屠肆二	火水	二百六十七度	十六分	二十一度	十八分	北五
宗人四	金木	二百六十七度	十八分	二度	五十三分	北四

星名		赤道經度	分	赤道緯度	分	向等
帛度二	火水	二百六十七度	二十三分	十九度	十九分	北四
天棓四	木	二百六十七度	二十四分	五十二度	十一分	北三
箕宿四	金木	二百六十七度	四十分	三十六度	五十五分	南三
候二增	金土	二百六十七度	五十七分	九度	三十九分	北四
斗宿三	火水	二百六十八度	三十八分	二十一度	〇分	南四
中山四	火	二百六十八度	五十分	二十八度	五十八分	北四
孔雀二		二百六十九度	二十九分	六十三度	四十五分	南五
箕宿二	火木	二百六十九度	三十二分	二十九度	五十二分	南三

箕宿三	火木	二百六十九度	五十六分	三十四度	十六分	南	三
東海	火土	二百七十一度	十一分	二度	四十八分	南	三
鼈三	火土	二百七十一度	二十分	四十一度	五十四分	南	五
鼈一	金水	二百七十一度	二十六分	四十四度	五十三分	南	四
斗宿二	火土	二百七十一度	五十三分	二十五度	二十八分	南	四
鼈十二	火土	二百七十一度	五十三分	三十九度	十五分	南	五
屠肆一	火水	二百七十一度	五十九分	二十一度	五十分	北	四
孔雀三	增	二百七十二度	二十九分	六十一度	五十分	南	五
鼈十一	火土	二百七十四度	三十六分	三十七度	五十五分	南	五

星名			赤道經度	分	赤道緯度	分	向	等
鼈	二	金水	二百七十四度	四十分	四十四度	十九分	南	五
扶筐	三	木	二百七十四度	五十分	五十八度	四十三分	北	五
孔雀	五		二百七十五度	十三分	七十一度	三十三分	南	四
織女	一	金水	二百七十六度	十八分	三十八度	三十九分	北	一
斗宿	一	火日	二百七十六度	二十分	二十七度	二分	南	五
鼈	三	金水	二百七十六度	二十八分	四十三度	四十四分	南	五
扶筐	二	木	二百七十六度	四十八分	五十六度	五十六分	北	五
柱	史	土	二百七十六度	五十二分	七十一度	十二分	北	四

建星南七	增 火日	二百七十七度	三十九分	二十二度	三十一分	南	
宗星一	火	二百七十七度	五十六分	二十度	二十六分	北	四
齊	火	二百七十七度	五十七分	二十二度	四十五分	北	四
鼈十	火土	二百七十八度	六分	三十七度	五十八分	南	六
宗星二	火	二百七十八度	十分	十八度	一分	北	四
織女三	金水	二百七十八度	七十分	三十七度	二十一分	北	五
織女二	金水	二百七十八度	三十四分	三十九度	二十六分	北	五
鼈四	金水	二百七十八度	四十二分	四十三度	八分	南	四
斗宿四	金水	二百七十八度	四十七分	二十六度	三十七分	南	四

星名		赤道經度	分	赤道緯度	分	向	等
鼈九	火土	二百七十八度	四十六分	三十八度	五十八分	南	六
步[illegible]	水	二百七十九度	○分	七十二度	二十分	北	四
扶筐一	水	二百七十九度	三分	五十五度	十五分	北	五
漸台南五増	金水	二百七十九度	二十九分	二十二度	十九分	北	六
漸台二	金水	二百七十九度	三十一分	三十三度	十二分	北	五
斗宿六	金木	二百七十九度	三十一分	二十九度	五十三分	南	三
建星一	火日	二百七十九度	三十五分	二十一度	二十四分	南	四
徐	火土	二百八十度	○分	二度	五十七分	北	三

鼈	五	火土	二百八十度十四分	四十一度二十八分	南五
鼈	八	火土	二百八十度十八分	三十八度二十二分	南四
孔雀	四		二百八十度二十二分	六十一度四十五分	南五
鼈	七	火土	二百八十度四十六分	三十九度二分	南四
斗宿	五	金木	二百八十度四十九分	二十七度三十一分	南四
漸台	一	金水	二百八十度五十三分	三十六度四十二分	北四
天弁	二	火土	二百八十一度四分	六度四分	南四
吳越西十四		增	二百八十一度十分	十四度四十二分	北三
天淵	二	土水	二百八十一度十三分	四十一度○分	南二

星名		赤道經度	分	赤道緯度	分	向	等
建星二	火日	二百八十一度	十六分	二十二度	二分	南	四
扶筐四	木	二百八十一度	二十六分	五十九度	三分	北	四
漸台四	金水	二百八十一度	三十八分	三十二度	二十五分	北	四
鼈六	火土	二百八十一度	三十九分	四十度	七分	南	四
漸台南六	增 金水	二百八十一度	四十九分	三十一度	五十分	北	五
天弁一	火木	二百八十二度	十六分	五度	十四分	南	三
建星三	火日	二百八十二度	三十三分	二十一度	二十五分	南	四
吳越	火木	二百八十二度	三十九分	十三度	三十五分	北	三

天淵一	土火	二百八十二度	四十五分	四十五度	五十五分	南二
狗西三	增	二百八十三度	十一分	二十五度	二十一分	南五
孔雀六		二百八十三度	十二分	六十六度	二十五分	南四
漸台三	金水	二百八十四度	六分	三十五度	五十分	北五
建星四	金木	二百八十四度	三十一分	十九度	四十分	南六
少弼外九	增	二百八十四度	四十八分	七十度	五十分	北四
建星五	金水	二百八十五度	三十六分	十八度	二十五分	南四
狗二	土木	二百八十五度	四十分	二十四度	二十九分	南五
輦道一	金水	二百八十五度	四十分	三十八度	四十一分	北五

星名		赤道經度	分	赤道緯度	分	向等
建星六	金水	二百八十五度	四十三分	十六度	二十七分	南五
輦道二	金水	二百八十六度	十六分	三十七度	四十三分	北五
右旗四	火木	二百八十六度	三十六分	初度	二十分	南四
右旗三	火木	二百八十七度	十分	二度	三十九分	北三
奚仲三	金水	二百八十七度	二十三分	五十二度	五十三分	北四
天廚一	木	二百八十八度	二十二分	六十七度	六分	北三
左旗北八	金火	二百八十八度	四十一分	二十四度	二十分	北四
狗一	土木	二百八十九度	十三分	二十五度	二十五分	南六

左旗	九	金火	二百八十九度	二十分	二十七度	二十八分	北三
右旗	一	火木	二百八十九度	三十三分	六度	五十三分	北四
右旗	六	火木	二百八十九度	四十八分	七度	三十六分	南三
天廚	四	木	二百八十九度	四十九分	六十五度	五分	北四
勾陳	二	火金	二百八十九度	五十五分	八十六度	二十六分	北四
右旗	五	火木	二百八十九度	五十五分	一度	四十五分	南三
奚仲	二	金水	二百九十度	十九分	五十一度	十一分	北四
步弼	十		二百九十度	二十八分	七十二度	四十二分	北四
右旗	二	火木	二百九十度	四十二分	四度	四十九分	北五

星名		赤道經度	分	赤道緯度	分	向等
天雞一		二百九十度	五十五分	十六度	五十一分	南六
左旗三	金火	二百九十一度	十五分	十七度	二十二分	北四
奚仲一	金水	二百九十一度	二十四分	四十九度	三十四分	北四
左旗四	金火	二百九十一度	二十九分	十六度	五十五分	北四
左旗北十	金火	二百九十一度	三十一分	二十九度	三十分	北五
天雞二		二百九十一度	四十四分	二十度	二十八分	南六
狗國一	金土	二百九十一度	五十二分	二十六度	四十二分	南五
河鼓東五	火木	二百九十二度	十八分	九度	十分	北六

河鼓三	火木	二百九十二度	三十七分	九度	五十七分	北	三
狗國二	金土	二百九十二度	四十七分	二十六度	三十六分	南	五
狗國三	金土	二百九十二度	五十九分	二十七度	三十六分	南	五
河鼓東四	增火木	二百九十三度	四分	十度	四十二分	北	五
天淵三	土水	二百九十三度	四分	三十五度	二十分	南	三
左旗二	金火	二百九十三度	十分	十七度	五十六分	北	五
天廚二	金火	二百九十三度	十分	六十九度	八分	北	四
左旗北五	增金火	二百九十三度	二十七分	十八度	四十九分	北	六
河鼓六	火木	二百九十三度	二十八分	九度	二十六分	北	六

星名		赤道經度	分	赤道緯度	分	向等
河鼓二	火木	二百九十三度	三十七分	八度	九分	北二
天淵四	土木	二百九十三度	三十七分	四十一度	五十九分	南三
天津二	金水	二百九十三度	四十二分	四十四度	二十五分	北三
右旗東七	增金火	二百九十三度	四十九分	初度	二十二分	北三
左旗北六	增金火	二百九十四度	十分	二十一度	五十分	北四
狗國四	金土	二百九十四度	十分	二十八度	八分	南五
孔雀七		二百九十四度	二十三分	七十二度	二十三分	南四
河鼓一	火木	二百九十四度	四十二分	五度	四十七分	北三

天雞東二	增	二百九十四度	四十二分	十六度	十一分	南	六
波斯一	增	二百九十四度	五十三分	五十五度	五分	南	六
左旗七	增金火	二百九十四度	五十四分	二十三度	三十二分	北	四
左旗一	金火	二百九十六度	二分	十八度	四十分	北	四
天津西十一	增金水	二百九十八度	二分	三十四度	二十分	北	四
孔雀八		二百九十六度	二十六分	六十六度	四十五分	南	四
天厨三	木	二百九十七度	二十四分	六十九度	二十三分	北	三
右旗東八	火木	二百九十八度	三十二分	一度	四十分	南	三
牛宿三	金火	二百九十八度	三十九分	十度	二十七分	南	六

星名	赤道經度	分	赤道緯度	分	向等
天廚南六 增木	二百九十九度	三十四分	六十三度	四十九分	北五
牛宿二 金火	二百九十九度	四十九分	十三度	二十四分	南三
勾陳九 火金	二百九十九度	五十二分	八十五度	五分	北六
牛宿西八 增	三百度	四分	二十度	三分	南
天廚五 木	三百度	七分	六十六度	五十五分	北四
牛宿東七 增	三百度	二十九分	十三度	二十六分	南六
牛宿一 金火	三百度	三十四分	十五度	四十二分	南三
天津三 金水	三百度	五十七分	四十五度	四十七分	北四

天津北十二	增 金水	三百一度	二十九分	四十六度	四十一分	北	四
牛宿四	金火	三百一度	五十分	十九度	十九分	南	
孔雀十一		三百二度	二十五分	五十八度	七分	南	三
牛宿六	金火	三百二度	二十七分	十八度	四十四分	南	六
天津一	金水	三百二度	三十八分	三十九度	十九分	北	三
牛宿五	金火	三百二度	三十八分	十九度	二十分	南	
勾陳八	金土	三百三度	三分	八十六度	五十八分	北	六
孔雀十	火	三百三度	十八分	六十二度	十九分	南	六
孔雀九		三百三度	二十四分	六十七度	四十七分	南	四

星名		赤道經度	分	赤道緯度	分	向等
敗瓜一	火土	三百四度	十九分	十度	十七分	北三
波斯二		三百四度	二十四分	四十九度	八分	南五
敗瓜三	火土	三百四度	三十六分	十一度	五十七分	北六
瓠瓜五	火土	三百四度	五十四分	十三度	三十七分	北五
上衛	土水	三百四度	五十五分	七十六度	三十九分	北四
羅堰二	火	三百五度	一分	十八度	三十七分	南五
羅堰一	金火	三百五度	十一分	十五度	五十九分	南六
敗瓜二	火土	三百五度	二十七分	十度	十八分	北六

瓠瓜一	火土	三百五度	二十七分	十三度	四十五分	北四
敗瓜五	火土	三百五度	四十四分	九度	三分	北六
敗瓜四	火土	三百五度	四十八分	十二度	十三分	北六
天鈎一	土木	三百六度	○分	六十一度	○分	北四
瓠瓜二	火土	三百六度	一分	十四度	五十五分	北三
天津十三	增金水	三百六度	三十四分	四十八度	十分	北五
越	火	三百六度	三十八分	二十六度	十七分	南六
女宿一	木土	三百七度	二十九分	十度	四十三分	南四
天津四	金水	三百七度	三十九分	四十四度	十一分	北二

星名	赤道經度	分	赤道緯度	分	向	等
蛇尾十二（金水）	三百七度	四十分	七十七度	二十分	南	四
蛇尾十五	三百七度	四十三分	八十六度	二十五分	南	五
天津九（金水）	三百七度	五十一分	三十二度	四十分	北	三
女宿四	三百七度	五十一分	六度	十四分	南	六
瓠瓜三（火土）	三百七度	五十一分	十四度	十八分	北	四
瓠瓜四（火土）	三百七度	五十一分	十五度	三分	北	四
齊二	三百七度	五十九分	二十八度	十分	南	六
九坎一	三百八度	九分	四十一度	四十九分	南	三

波斯三		三百八度二十七分	五十三度五十六分	南六
女宿二		三百八度三十八分	十度七分	南五
天津內十	增金水	三百八度四十一分	三十五度二十二分	北四
女宿三		三百八度五十七分	七度七分	南六
天鈎二	土木	三百九度三十四分	六十度三十六分	北四
波斯六		三百九度三十九分	五十六度二十分	南六
女宿南一	增	三百九度五十七分	十四度四十三分	南六
天津五	金水	三百十一度六分	三十九度五十八分	北四
周	火	三百十一度二十二分	二十一度六分	南五

星名		赤道經度	分	赤道緯度	分	向等
秦	火	三百十一度	二十七分	十八度	二十九分	南五
楚	火	三百十一度	四十四分	二十六度	十七分	南六
九坎二	土	三百十一度	五十分	四十度	五十分	南三
魏	火	三百十一度	五十八分	二十二度	二十三分	南六
九坎四	土	三百十二度	九分	三十九度	二十分	南五
波斯四		三百十三度	十一分	五十一度	二十四分	南四
離瑜二		三百十二度	十五分	三十三度	二分	南四
離瑜一		三百十二度	三十九分	三十四度	十三分	南四

女宿南二		三百十二度	五十三分	十二度	三十六分	南	五
司非一	火木	三百十三度	三十二分	八度	五十八分	北	四
車府四	金水	三百十三度	三十五分	四十二度	五十三分	北	四
韓	火	三百十三度	五十七分	二十一度	五十分	南	六
天津八	金水	三百十四度	二十七分	二十九度	五十五分	北	三
司非二	火木	三百十四度	三十分	八度	五十三分	北	四
九坎三	土	三百十四度	三十四分	三十九度	○分	南	三
虛宿二	土木	三百十四度	四十四分	四度	二分	北	四
波斯五	增	三百十五度	二分	五十二度	五十分	南	四

星名	赤道經度	分	赤道緯度	分	向等
天津六 金水	三百十五度	二十五分	三十六度	四十分	北四
天津七 金水	三百十五度	二十二分	三十四度	七分	北四
代 火	三百十五度	四十八分	十八度	一分	南五
螣蛇一 金水	三百十六度	二分	五十一度	二十五分	北四
車府南六 增 金水	三百十六度	三分	三十八度	七分	北四
司危一 火木	三百十六度	三十六分	五度	三十分	北四
蛇尾十一	三百十六度	四十分	七十八度	三十分	南六
人星一	三百十六度	四十三分	十八度	二十九分	北四

燕	火	三百十六度	五十二分	二十三度	四十分	南	五
孔雀十二		三百十七度	二分	六十六度	二十八分	南	四
車府二	水金	三百十七度	十二分	四十五度	二十七分	北	四
晉	火	三百十七度	十七分	二十三度	四分	南	六
螣蛇二	金	三百十八度	分	四十九度	三十七分	北	四
虛宿一	水土	三百十八度	二十九分	六度	五十三分	南	三
人星二		三百十八度	五十一分	二十二度	十八分	北	四
波斯七		三百十八度	五十六分	五十二度	四十八分	南	四
壘壁陣一	火	三百十九度	十五分	二十度	四十四分	南	四

星名	赤道經度	分	赤道經度	分	向	等
天鈎三 土木	三百十九度	二十二分	六十度	三十二分	北	三
天壘城一 土水	三百二十度	六分	九度	十四分	南	五
壘壁陣三 土水	三百二十度	十八分	十七度	五十五分	南	三
天廚南七 增 木	三百二十度	四十三分	六十九度	五分	北	三
司祿一	三百二十度	四十三分	初度	四十七分	北	六
天壘城三 土水	三百二十度	五十分	十二度	四十六分	南	五
壘壁陣二 火	三百二十度	五十六分	二十度	十二分	南	五
天錢三 土	三百二十一度	十六分	三十四度	十三分	南	四

天錢二	土	三百二十一度	三十七分	三十二度	二十一分	南	四
天壘城二	水土	三百二十一度	四十九分	十度	三十一分	南	六
危宿三	水火	三百二十一度	五十八分	八度	二十八分	北	三
壘壁陣四	木土	三百二十二度	二分	十七度	二十三分	南	三
人星三		三百二十二度	十二分	十五度	五十分	北	四
波斯九		三百二十二度	十七分	五十五度	三十七分	南	四
臼一	水火	三百二十二度	二十分	二十四度	十八分	北	四
波斯八		三百二十二度	四十六分	五十四度	九分	南	四
臼三	水火	三百二十二度	四十七分	二十五度	五十五分	北	四

星名		赤道經度	分	赤道緯度	分	向	等
敗臼一		三百二十三度	二十七分	三十八度	五十分	南	三
造父六	土水	三百二十三度	五十四分	五十七度	十八分	北	五
天錢一	土	三百二十四度	四十四分	三十度	六分	南	四
螣蛇三	金水	三百二十四度	四十七分	四十八度	五十分	北	四
敗臼二		三百二十五度	二十二分	四十度	二十分	南	四
造父五	土木	三百二十五度	四十三分	六十度	四分	北	五
鶴一	增	三百二十八度	三十二分	四十八度	四分	南	二
蓋屋一	水土	三百二十八度	三十七分	三度	三十八分	南	五

壘壁陣五	木土	三百二十七度	二分	十五度	十九分	南	四
危宿西八	增 水土	三百二十七度	十四分	三度	二十七分	北	五
危宿一	水土	三百二十七度	十四分	一度	五十一分	南	三
羽林軍一	水土	三百二十七度	四十分	十七度	十四分	南	六
泣二	水土	三百二十七度	四十三分	十度	十分	南	四
臼二	火水	三百二十七度	四十九分	二十三度	五十分	北	四
天錢六	土	三百二十八度	十一分	二十八度	十五分	南	四
危宿二	水土	三百二十八度	二十二分	四度	四十一分	北	四
蛇尾十四		三百二十八度	二十三分	八十五度	五十六分	南	五

星名	赤道經度	分	赤道經度	分	向	等
鳥喙一 增	三百二十六度	三十三分	六十一度	二十三分	南	二
天鈎四 木土	三百二十八度	四十分	六十二度	五十八分	北	五
杵一 水火	三百二十八度	四十七分	三十一度	四十二分	北	四
蛇尾十三	三百二十九度	十分	八十三度	二十一分	南	五
蛇尾十	三百二十九度	四十九分	七十八度	五十八分	南	五
泣一 土水	三百二十九度	五十六分	九度	四十一分	南	六
造父四 木土	三百二十九度	五十九分	五十六度	二十二分	北	四
造父二 木土	三百三十度	十六分	五十七度	十六分	北	五

天錢五 土 三百三十度 五十分 二十八度 四 分 南五

造父三 木土 三百三十度 五十九分 五十五度 三十分 北四

墳墓四 水 三百三十一度 七分 二度 五十六分 南三

土公吏 三百三十一度 二十分 十度 三十三分 北四

墳墓五 水 三百三十二度 七分 初度 十一分 南五

天錢四 土 三百三十二度 三十八分 三十二度 七分 南五

天錢七 土 三百三十二度 五十五分 三十四度 ○分 南四

墳墓六 水 三百三十三度 ○分 一度 三十七分 南四

星名		赤道經度	分	赤道緯度	分	向等
壘壁陣六	水	三百三十三度	十八分	十二度	十五分	南五
羽林軍二	水土	三百三十三度	五十五分	二十二度	十九分	南五
羽林軍三	土	三百三十四度	三十一分	二十七度	五十九分	南四
墳墓七	金土	三百三十四度	三十八分	一度	四十五分	南四
羽林軍一	水土	三百三十四度	三十九分	十六度	三十三分	南六
虛梁一		三百三十五度	六分	五度	五十分	南四
鶴二		三百三十五度	五十四分	四十八度	四十六分	南二
造父一	土木	三百三十六度	十六分	五十六度	四十分	北四

雷電一		三百三十六度	十八分	九度	十五分	北	三
羽林軍二	水土	三百三十八度	二十九分	二十度	二十九分	南	六
鳥喙二		三百三十八度	三十三分	六十六度	二十三分	南	四
離宮六	火水	三百三十六度	三十四分	二十七度	三十九分	北	三
離宮五	火水	三百三十八度	五十分	二十八度	三十四分	北	三
天錢八	土	三百三十六度	五十七分	三十三度	三十六分	南	三
天皇大帝	火金	三百三十七度	三十分	八十四度	二十三分	北	六
雷電二	火水	三百三十七度	三十一分	十度	三十分	北	五
離宮三	火水	三百三十七度	四十一分	二十一度	五十分	北	四

星名		赤道經度	分	赤道緯度	分	向	等
車府一	金水	三百三十七度	五十六分	四十四度	十二分	北	四
羽林軍四	金土	三百三十八度	◯分	十五度	十三分	南	五
室宿西九	增	三百三十八度	三分	十五度	五十六分	北	四
離宮四	火水	三百三十八度	三十三分	二十二度	五十分	北	四
天錢九	土	三百三十八度	三十六分	三十三度	十四分	南	四
壘壁陣七	土木	三百三十八度	五十二分	九度	十四分	南	四
雷電三	火水	三百三十八度	五十四分	八度	十分	北	六
羽林軍三	金土	三百三十九度	十八分	十七度	二十七分	南	三

天鈎	五	土木	三百三十九度	三十分	六十四度	二十六分	北	四
北落師門		土	三百三十九度	三十一分	三十一度	十五分	南	一
雷電南	四	增	三百三十九度	三十九分	七度	九分	北	六
鶴	四		三百三十九度	五十四分	五十三度	三十五分	南	四
鶴	三		三百四十一度	○分	五十五度	五十分	南	五
霹靂	一	金土	三百四十一度	四十三分	二度	八分	北	四
螣蛇南	十一	增金	三百四十一度	五十分	四十度	五十二分	北	三
室宿	二	火水	三百四十一度	五十四分	二十六度	二十分	北	二
羽林軍	五	土木	三百四十二度	○分	九度	六分	南	六

星名		赤道經度	分	赤道緯度	分	向	等
室宿一	火水	三百四十二度	七分	十三度	二十七分	北	二
勾陳十七增	金土	三百四十二度	八分	八十一度	二十八分	北	六
鶴七		三百四十二度	十一分	四十五度	二十一分	南	五
羽林軍二十	土木	三百四十二度	二十分	二十四度	三十六分	南	五
羽林軍十八	土木	三百四十二度	四十七分	二十二度	五十二分	南	五
羽林軍十九	土木	三百四十二度	五十六分	二十四度	八 分	南	五
鶴六		三百四十二度	五十六分	四十七度	十八分	南	四
鶴五		三百四十三度	五十九分	五十三度	三十一分	南	四
壘壁陳八	土水	三百四十四度	二十四分	七度	四十分	南	四

羽林軍七	土木	三百四十四度	三十八分	十度	四十九分	南五
勾陳六	火金	三百四十四度	四十一分	八十二度	三十分	北六
羽林軍六	土木	三百四十四度	五十八分	九度	二十一分	南五
霹靂二	金土	三百四十五度	〇分	一度	三十七分	北四
羽林軍八	土木	三百四十五度	八分	十度	五十分	南五
羽林軍九	土木	三百四十五度	二十五分	十一度	十七分	南五
鶴八		三百四十五度	三十分	五十九度	三十四分	南二
天鈎六	土木	三百四十五度	四十五分	六十六度	四十二分	北五
霹靂北六	增金土	三百四十五度	五十二分	三度	四十一分	北六

星名	赤道經度	分	赤道緯度	分	向	等
女牀西七 火	三百四十五度	五十三分	四十三度	十四分	北	四
離宮七 火水	三百四十八度	九分	二十一度	五十七分	北	六
羽林軍十五 土木 即鉞	三百四十八度	十七分	二十一度	四十八分	南	五
羽林軍十六 土木 即鉞	三百四十七度	○分	二十二度	二十分	南	五
雲雨一 金木	三百四十七度	二十七分	初度	二十九分	南	五
離宮八 火水	三百四十七度	五十分	二十一度	五十一分	北	六
霹靂三 金土	三百四十七度	五十一分	四度	四十分	北	五
火鳥一	三百四十八度	十九分	四十度	三十四分	南	五

羽林軍十七	土木 即鈇鉞	三百四十八度	五十分	二十二度	四十一分	南 五
螣蛇七	金	三百四十九度	三十四分	四十度	五十分	北 四
火鳥二		三百四十九度	五十七分	四十四度	五十四分	南 五
螣蛇十	金	三百五十度	十六分	四十四度	三十七分	北 四
羽林軍十	土木	三百五十度	三十五分	十五度	五十一分	南 五
霹靂四	金木	三百五十度	三十八分	三度	五十分	北 五
火鳥三		三百五十度	五十一分	四十八度	十三分	南 四
螣蛇八	金	三百五十度	○分	四十二度	三十分	北 四
羽林軍十二	土木	三百五十度	○分	十九度	三十分	南 五

星名		赤道經度	分	赤道緯度	分	向	等
羽林軍十一	土水	三百五十一度	十九分	十六度	十五分	南	五
雲雨二	金土	三百五十一度	二十一分	初度	一分	南	五
[illegible]衛	土水	三百五十一度	五十四分	七十五度	三十八分	北	三
羽林軍十三	土木	三百五十一度	五分	十九度	五十八分	南	六
鳥喙四		三百五十二度	二十分	六十五度	四十九分	南	四
螣蛇四		三百五十二度	三十分	五十六度	五十四分	北	六
螣蛇九	金	三百五十三度	○分	四十三度	五十三分	北	五
羽林軍十四	土木	三百五十三度	二十五分	二十度	三十八分	南	六

螣蛇 五		三百五十四度 二十分	五十五度 四十五分	北	六
壘壁陣 九		三百五十四度 三十九分	五度 七分	南	四
螣蛇 六		三百五十五度 二十八分	五十三度 五十八分	北	六
壘壁陣 十二		三百五十五度 二十八分	八度 十二分	南	四
霹靂 五	金木	三百五十五度 三十五分	五度 五分	北	五
羽林軍 二十一		三百五十五度 三十九分	十八度 三十七分	南	四
壘壁陣 十		三百五十五度 四十三分	四度 三十分	南	四
土公 一	金木	三百五十六度 三十分	六度 二十六分	北	六
壘壁陣 十一		三百五十八度 四十六分	七度 七分	南	四

星名	赤道經度 度	分	赤道緯度 度	分	向	等
鳥喙三	三百五十七度	七分	六十七度	○分	南	三
火鳥四	三百五十七度	十七分	四十七度	四十二分	南	四
王良一 金土	三百五十七度	三十八分	五十七度	十九分	北	三
壁宿二 火水	三百五十七度	五十三分	二十七度	十一分	北	二
羽林軍二十二	三百五十八度	三分	十六度	二十六分	南	四
火鳥五	三百五十八度	三十二分	四十五度	二分	南	三
羽林軍二十三	三百五十八度	五十七分	二十度	二十一分	南	四
壁宿一 火水	三百五十九度	○分	十三度	十六分	北	二

諸名星赤道經緯度加減表

星名	經度加減之數	緯度加減之數
天倉一	加四十六秒四十八微	減二十秒二十四微
王良四	加四十九秒十二微	加二十秒二十四微
土司空七	加四十六秒十二微	減二十秒二十四微
勾陳一	加一百四十三秒十二微	加二十秒二十四微
奎宿九	加四十九秒四十八微	加十九秒四十八微
婁宿一	加四十九秒四十八微	加十九秒十二微
天大將軍	加五十三秒二十四微	加十八秒〇微

星名	經度加減之數	緯度加減之數
外屏七	加四十六秒四十八微	加十八秒〇微
婁宿三	加五十一秒〇微	加十八秒〇微
天囷一	加四十五秒〇微	加十五秒〇微
大陵五	加四十六秒十二微	加十五秒〇微
天船三	加五十二秒四十八微	加十二秒三十六微
昴宿一	加五十三秒二十四微	加十二秒三十六微
畢宿五	加五十一秒五十四微	加九秒〇微
五車二	加六十五秒二十四微	加六秒〇微

參宿七	加四十五秒十八微	減五秒四十二微
五車五	加十八秒十二微	加四秒四十八微
參宿五	加四十七秒二十四微	加四秒四十八微
參宿一	加四十六秒十二微	減四秒十二微
參宿二	加四十六秒十二微	減三秒三十六微
參宿三	加四十五秒三十六微	減三秒〇微
五車三	加六十九秒〇微	加二秒二十四微
參宿四	加四十九秒十二微	加二秒二十四微
井宿三	加五十二秒四十八微	減一秒十二微

星名	經度加減之數	緯度加減之數
天狼	加四十秒十二微	加二秒二十四微
北河二	加六十二秒二十四微	減六秒三十六微
南河三	加四十八秒○微	減七秒十二微
北河三	加五十六秒二十四微	減七秒十二微
星宿一	加四十五秒○微	加十五秒○微
軒轅十四	加四十九秒三十微	減十七秒六微
軒轅十二	加五十一秒十八微	減十七秒二十四微
天璇	加五十八秒十二微	減十九秒十二微

天樞	加六十秒三十六微	減十九秒十二微
西上相	加五十二秒十二微	減二十秒二十四微
五帝座	加四十七秒二十四微	減二十秒二十四微
天璣	加四十九秒四十八微	減二十秒二十四微
天權	加四十八秒〇微	減二十秒二十四微
玉衡	加四十一秒二十四微	減十九秒四十八微
東次將	加四十六秒十二微	減十九秒四十八微
角宿一	加四十七秒四十二微	加十九秒三十微
開陽	加三十七秒四十八微	減十九秒三十微

星名	經度加減之數	緯度加減之數
搖光	加三十七秒十二微	減十九秒三十微
大角	加四十二秒三十六微	減十七秒四十二微
氐宿一	加四十九秒四十八微	加十六秒十二微
帝星	減八秒二十四微	減十四秒十二微
氐宿四	加四十八秒五十四微	加十四秒二十四微
貫索一	加三十九秒〇微	減十二秒三十六微
蜀	加四十五秒〇微	減十三秒三十六微
房宿一	加五十二秒四十八微	加十一秒二十四微

房宿三	加五十二秒四十八微	加十一秒二十四微
心宿二	加五十五秒十二微	加九秒三十六微
帝座	加四十秒四十八微	減四秒四十八微
候	加四十一秒三十九微	減四秒十二微
天棓四	加二十一秒○微	減一秒十二微
織女一	加三十秒○微	加二秒二十四微
座旗北七	加三十六秒三十六微	加六秒三十六微
河鼓二	加四十六秒十二微	加七秒四十八微
牛宿二	加五十一秒○微	加九秒三十六微

星名	經度加減之數	緯度加減之數
天津一	加三十二秒六微	加十秒四十八微
天津四	加三十秒五十四微	加十二秒十八微
虛宿一	加四十八秒三十六微	減十五秒三十六微
壘壁陣三	加五十一秒三十六微	減十五秒三十六微
天廚南七	加十三秒十二微	加十五秒三十六微
危宿二	加四十八秒○微	減十七秒二十四微
北落師門	加五十一秒○微	減十八秒三十六微
室宿二	加四十三秒十二微	加二十秒二十四微

室宿一　加四十五秒微　加二十秒二十四微
壁宿二　加四十六秒十二微　加二十秒二十四微
王良一　加四十五秒微　加二十秒二十四微
壁宿二　加四十五秒三十六微　加二十秒二十四微

新製靈臺儀象志卷之十四

治理曆法極西南懷仁纂著

從九品項帶天文生封汞蔭
從九品項帶天文生著刪盡性
傳　　　　　　　　　　　　　　　　土魏起鳳同受
從九品項帶天文生馮邁
從九品項帶天文生戈棠鎮

增定附各曜之小星黄赤經緯度表　乃天漢表

增定附各曜之小星黄赤經緯度表

御觀普天之星象所不能圖不能測者。限於目力而不能別識其繁多也。往昔嘗法製廣大之窺筒內安四玻璃鏡。而兩目並用窺天。則一目而用雙玻璃遠鏡。所視極其分明。故以之觀列宿天之衆星較平時不啻多數十倍。而且界限甚明也。即如昴宿。傳云七星。而實則三十六星。鬼宿中積尸氣。相傳爲白氣如雲。其用鏡窺之。則又三十五星。歷歷可數。他如牛宿中南星。尾宿東魚星。傳說星、觜宿南星。皆在六等之外。所稱微茫難見者。用鏡窺之。則衆星列次之遠。皆一一見焉。若天漢相傳為白氣。其實皆無數之小星也。從古天文家。大都以可見可測之星。求其形似連合而為象。因象而命之名以為識別。然名星之左右上下雖有可見之小星。然其象微。光不甚顯。難以準測其度分次第。惟以相近名星之比例。可推而定焉。今照法另列黃赤二道經緯表。而屬之以相近之星座。又以其次第分

別之。亦可以備夫渾天儀之作法。而衆星之全象。其明於斯。安有不快足乎窺天者之心目哉

降婁宮星名	黃道經度	分	黃道緯度	分	向	等
螣蛇十八	初度	三十分	六十五度	二十分	北	六
壁宿西五	初度	三十分	十八度	五十七分	北	六
土司空二	初度	五十分	二十三度	四十八分	南	六
土司空三	一度	三十五分	二十五度	五十八分	南	六
壁宿西四	四度	三十分	二十三度	三十六分	北	六
金魚五	五度	十分	七十九度	二十分	南	六
奎宿二十二	五度	二十三分	十度	四十五分	北	六
壁宿西三	六度	○分	十七度	四十八分	北	六

降婁宮星名	黄道經度	分	黄道緯度	分	向	等
土公三	六度	三十五分	三度	四十五分	北	六
天倉九	八度	二分	十二度	三十三分	南	六
天倉八	八度	四十分	七度	二十二分	南	六
騰蛇十二	九度	三十五分	四十九度	二十分	北	六
天倉十	九度	四十三分	十五度	五分	南	六
鈇鑕六	十度	三十八分	二十一度	三十七分	南	六
天倉十一	十度	五十分	九度	六分	南	六
鈇鑕二	十度	五十五分	二十七度	五十五分	南	六

鈇鑕一	十一度	五十五分	二十三度	四十二分	南六
鈇鑕三	十一度	五十五分	二十八度	五十四分	南六
天倉十二	十二度	十五分	十一度	二十七分	南六
奎宿二十四	十二度	二十二分	八度	四十五分	北六
天倉十三	十二度	四十分	十度	十分	南六
鈇鑕五	十二度	四十八分	三十三度	三十分	南六
奎宿二十五	十三度	十分	十度	四十五分	北六
鈇鑕七	十三度	四十分	二十二度	十分	南六
鈇鑕四	十三度	四十二分	三十一度	四十七分	南六

降婁宮星名	黄道經度分	黄道緯度分	向等
天庾一	十四度十五分	三十九度十五分	南六
天庾二	十四度二十分	三十八度十二分	南六
天倉十四	十五度五十五分	十二度三十五分	南六
天倉十五	十五度五十六分	十五度二十六分	南六
天倉十九	十八度十分	二十五度五十八分	南六
天倉十六	十八度二十八分	十五度三十五分	南六
天倉十七	二十度十八分	十七度三十分	南六
奎宿二十三	二十度五十分	五度三十五分	北六

天庾三　二十一度　五　分　四十度　三　分　南六

天苑三十六　二十一度　二十分　四十六度　三十三分　南六

天苑三十三　二十一度　五十分　四十二度　二十分　南六

天倉十八　二十一度　五十五分　二十一度　二十八分　南六

天苑三十四　二十一度　十五分　四十五度　十　分　南六

芻藁二　二十四度　二十分　二十二度　十八分　南六

天苑三十五　二十四度　三十五分　四十九度　分　南六

螣蛇十三　二十五度　十二分　五十四度　五十二分　北六

天囷十五　二十五度　四十二分　十四度　二十分　南六

星名	黃道經度	分	黃道緯度	分	向	等
降婁宮						
天囷十四	二十五度	四十五分	十一度	四十八分	南	六
天囷十三	二十七度	三十五分	十一度	四十六分	南	六
天苑三十七	二十九度	二十分	四十二度	○分	南	六
蒭藁一	二十九度	四十九分	十九度	二十二分	南	六
大梁宮				○		
天囷十一	初度	十二分	十四度	三十五分	南	六
十二	初度	十七分	十一度	五十分	南	六
婁宿北八	一度	四十一分	十度	十三分	北	六

天囷十六一　度四十五分四　度五　分南六
天大將軍十三四　度七　分二十六度十八分北六
天苑二十二五　度十八分二十度十四分南六
天大將軍十五六　度十七分十九度　分北六
　　十六六　度五十九分十六度八　分北六
天苑二十三七　度五　分十八度十五分南六
天苑內二十七七　度十八分三十三度四十分南六
王良六　七　度五十分四十七度二十五分北六
胃宿西五八　度十二分十二度二十分北六

大梁宮星名	黃道經度	分	黃道緯度	分	向	等
天大將軍十四	八度	五十五分	二十四度	二十分	北	六
天苑三十八	十度	十分	四十九度	五十三分	南	六
天苑二十四	十度	三十分	十九度	○分	南	六
天大將軍十七	十度	三十七分	十六度	三十二分	北	六
天苑內二十八	十一度	五分	三十四度	四十三分	南	六
天苑三十九	十二度	二十分	四十八度	○分	南	六
天囷十七	十二度	三十五分	十一度	二十四分	南	六
天大將軍十九	十三度	十五分	二十九度	十分	北	六

十八　十三度　三十分　三十九度十　分　北六
天苑二十五　十四度　三十八分　二十四度二十三分　南六
天大將軍二十　十四度　四十五分　三十三度十　分　北六
二十二　十五度　十五分　三十七度十五分　北六
大陵九　十五度　五十七分　二十二度三十分　北六
大陵十四　十六度　二　分　十八度二十分　北六
天苑二十六　十六度　三十分　二十五度三十分　南六
天陰五　十六度　三十七分　初　度三十五分　南六
天大將軍二十一　十六度　四十分　三十四度十八分　北六

大梁宮

星名	黃道經度	分	黃道緯度	分	等
步衛西二	十七度	二十七分	六十四度	十分	北六
大陵十三	十七度	三十八分	二十度	四分	北六
天陰四	十八度	七分	初度	四十分	北六
大陵十五	十八度	十一分	十七度	三十分	北六
大陵西十一	十九度	○分	三十九度	二十六分	北六
十二	十九度	一分	三十八度	二十分	北六
天河	十九度	二十五分	九度	五十五分	北六
大陵十六	二十一度	四十分	十五度	五十分	北六

天苑二十九	二十二度三十分	三十六度五十五分	南	六
傳舍五	二十三度八分	五十四度十五分	北	六
天苑三十	二十四度四十分	四十度十分	南	六
大陵十七	二十四度四十七分	二十四度二十分	北	六
天苑三十一	二十五度五十八分	四十一度二十二分	南	六
卷舌六	二十七度二分	十四度二十五分	北	六
傳舍六	二十七度五十分	三十七度四十五分	北	六
天苑三十二	二十八度五十分	四十二度二十分	南	六

實沈宮星名		黃道經度	分	黃道緯度	分	向	等
天船	十四	初度	三十分	三十五度	○分	北	六
礪石	五	初度	四十七分	六度	五十八分	北	六
少弼南	十一	一度	七分	七十八度	四十分	北	六
華蓋	三	一度	十二分	五十一度	五十五分	北	六
	四	一度	十七分	五十三度	五十七分	北	六
傳舍	七	一度	三十分	三十八度	十分	北	六
	八	一度	五十二分	三十九度	二十五分	北	六
天節	十	二度	十五分	十四度	四十三分	南	六

畢宿八	二度	二十六分	五度	五十分南六
畢宿七	二度	五十七分	三度	二十分南六
大船十三	三度	七分	二十六度	十五分北六
九斿七	三度	七分	四十一度	四十分南六
天節十一	三度	十四分	十七度	三十分南六
屏星三	四度	○分	四十七度	十分南六
卷古東九	四度	三十分	十九度	十五分北六
九斿八	四度	三十五分	四十三度	四十五分南六
天節十二	四度	五十二分	十五度	十五分南六

實沈宮星名	黃道經度	分	黃道緯度	分	向	等
九斿六	五度	二十七分	二十九度	五分	南	六
五	七度	十分	三十六度	二十五分	南	六
九斿三	七度	二十五分	三十度	二十分	南	六
四	七度	二十七分	三十三度	四十分	南	六
天船十六	七度	三十分	三十一度	五分	北	六
屏星四	七度	三十五分	四十九度	五十五分	南	六
玉井五	七度	四十分	二十六度	五十分	南	六
卷舌東十	八度	十分	二十一度	二十五分	北	六

十一 十度 二十六分 二十一度 二十二分 北六

屛星五 十一度 十分 四十八度 三十八分 南六

諸王八 十一度 三十五分 一度 三十分 北六

句陳十二 十二度 十七分 六十四度 三十分 北六

玉井北五 十二度 十七分 二十六度 五十九分 南六

八穀十 十二度 四十分 三十三度 四十分 北六

諸王九 十三度 ○分 初度 三十分 北六

八穀七 十三度 四十分 三十二度 五分 北六

屛星六 十三度 四十五分 四十六度 十分 南六

實沈宮星名	黃道經度	分	黃道緯度	分	向	等
勾陳五	十五度	三十七分	六十四度	四十二分	北	六
八穀六	十七度	二十分	三十一度	二十五分	北	六
勾陳十五	十七度	四十分	六十六度	十五分	北	六
五車東二十二	十七度	五十五分	二十八度	四十五分	北	六
天潢五	十九度	十七分	十六度	三十五分	北	六
南柱十三	二十度	二十七分	五度	五十分	北	六
八穀八	二十度	三十分	三十四度	○分	北	六
南柱十四	二十一度	七分	六度	五十分	北	六

四輔西六	二十二度二十分	六十四度十八分	北六
天關南三	二十二度三十六分	十度三十分	南六
八穀九	二十三度三十分	三十七度○分	北六
六甲	二十四度○分	五十四度五十分	北六
參宿二十七	二十五度○分	三十二度四十分	南六
參宿東二十六	二十五度十分	二十六度三十分	南六
二十八	二十六度十分	三十三度三十分	南六
五車東十九	二十六度二十分	十四度三十分	北六
五車北二十四	二十六度五十分	二十二度二十二分	北五

實沈宮星名	黃道經度	分	黃道緯度	分	向	等
五車東二十	二十七度	一分	二十五度	五十五分	北	六
少衛北七	二十七度	十二分	四十七度	五十五分	北	六
五車東二十一	二十七度	五十分	二十四度	五十分	北	六
八穀十二	二十八度	三十分	三十七度	三十五分	北	六
鉞南二	二十九度	五分	三度	四十分	南	六
參宿東二十九	二十九度	三十分	三十度	〇分	南	◌
水府南六	二十九度	三十五分	十四度	〇分	南	六
少衛北八	二十九度	三十七分	五十四度	二十八分	北	六

鶉首宮

星名	黄道經度	分	黄道緯度	分	向等
五車北二十三	初度	四十六分	二十五度	四十分	北六
參宿二十九	一度	三十六分	三十一度	○分	南六
上衛北十二	一度	三十七分	五十二度	三十分	北六
四瀆十一	一度	四十七分	十二度	五分	南六
上衛北十一	二度	三十六分	四十六度	五十八分	北六
座旗三	三度	五分	十九度	○分	北六
四	三度	十五分	十七度	○分	北六
四瀆十二	三度	二十分	十一度	十八分	南六

鶉首宫

星名	黄道經度	分	黄道緯度	分	向	等
座旗二	三度	二十五分	二十度	四十分	北	六
五	三度	五十分	二十度	○分	北	六
一	三度	五十分	二十三度	五十分	北	六
勾陳北十三	四度	七分	七十二度	五十八分	北	六
座旗八	四度	四十五分	二十一度	二十分	北	六
七	四度	五十分	二十一度	十分	北	六
九	四度	五十五分	十八度	五十八分	北	六
十	六度	○分	十六度	四十分	北	六

上衛南十三八度五十分四十度三十分北六
四輔二十度三十二分六十三度十五分北六
三十度三十七分六十五度四十五分北六
四十三度三十七分六十四度五十分北六
北河北八十四度○分十四度十分北六
六十五度五十分十三度十分北六
水位西七十六度三十八分十度十二分南六
八十六度三十八分十二度十五分南六
南河南四十七度三十分十五度十五分南六

星名	黄道經度分	黄道緯度分	向等
鶉首宮			
北河北七	十七度四十分	十二度十分	北六
五諸侯六	十八度四十八分	四度二十五分	北六
陰德一	二十度二十五分	五十八度十五分	北六
南河南五	二十度三十二分	十八度二十分	南六
六	二十度四十一分	十九度五十分	南六
五諸侯七	二十二度二十七分	六度五十二分	北六
爟三	二十三度三十分	四度五十七分	北六
南河南七	二十三度三十三分	十七度二十一分	南六

爟四	二十四度五分	九度十五分	北六
句陳北十四	二十四度十七分	七十三度五十分	北六
南河南八	二十四度十七分	十六度四十分	南六
爟九	二十五度三十分	五度四十八分	北六
南河南九	二十五度三十九分	十五度二十分	南六
爟八	二十六度三十分	七度四十五分	北六
五	二十七度三十分	八度二十八分	北六
南河南十二	二十七度三十五分	二十三度二十五分	南六
爟六	二十七度五十分	七度五十六分	北六

星名	黄道經度	分	黄道緯度	分	向	等
鶉首宮						
南河南十一	二十八度	五十分	二十一度	○分	南	六
爟七	二十九度	五十分	五度	三十五分	北	六
水位東五	二十九度	五十五分	一度	五十七分	南	六
鶉水宮星名	黄道經度	分	黄道緯度	○分	向	等
爟東八	初度	十八分	五度	二十七分	北	六
南河東十三	一度	六分	二十二度	五十五分	南	六
軒轅二十八	一度	四十八分	十三度	四十分	北	六
柳宿西九	二度	二分	十二度	一分	南	六

軒轅二十九　二度　四十六分　十四度　〇分　北六
三十　三度　二十一分　十三度　五十九分　北六
三十三　三度　四十一分　十五度　四十分　北六
二十五　三度　四十七分　十度　三十分　北六
二十六　四度　二十六分　十度　十分　北六
三十二　五度　二十一分　十六度　三十分　北六
酒旗西九　五度　二十七分　四度　四十五分　南六
軒轅三十一　六度　十一分　十二度　四十分　北六
外廚三　六度　三十分　十七度　四十分　南六

鶉火宮星名	黃道經度	分	黃道緯度	分	向	等
軒轅二十七	六度	三十一分	七度	二十分	北	六
外廚四	八度	三十五分	十六度	五十分	南	六
五	十一度	四分	十七度	四十分	南	六
少尉南二	十一度	十七分	六十度	二十五分	北	六
內平三	十一度	四十六分	二十三度	五十五分	北	六
軒轅五	十一度	五十二分	十七度	四十分	北	六
酒旗西十	十二度	二十一分	一度	四十分	南	六
內平二	十二度	二十七分	二十度	三十分	北	六

軒轅六	十二度	三十七分	十五度〇分	北六
天理一	十三度	五十分	四十九度二十分	北六
太尊西二	十八度	一分	三十四度〇分	北六
天理三	十八度	二十五分	五十三度十分	北六
二	十九度	四十分	四十七度〇分	北六
星宿八	二十度	五十八分	二十一度三分	南六
七	二十一度	十分	二十二度四分	南六
六	二十一度	四十分	二十四度〇分	南六
九	二十一度	五十分	二十三度十分	南六

鶉火宮星名	黃道經度	分	黃道緯度	分	向	等
星宿十二	二十二度	十五分	十九度	二十二分	南	六
十	二十三度	○分	二十四度	三十五分	南	六
十一	二十三度	三分	二十二度	五十七分	南	六
十四	二十三度	十分	十八度	三十五分	南	六
尚書一	二十三度	十七分	八十五度	二十九分	北	六
五	二十三度	三十七分	八十度	三十分	北	六
星宿十三	二十三度	五十五分	二十三度	十五分	南	六
天理西二	二十四度	五分	四十八度	四十六分	北	六

太一　二十四度　三十七分　六十四度　十　分　北六

天社南十三　二十五度　七　分　八十四度　二十　分　南六

天權北十一　二十六度　四十二分　五十三度　二十五分　北六

張宿西九　二十九度　十　分　十九度　五十分　南六

少微三　二十九度　十七分　十三度　五十分　北六

鶉尾宮

星名　黃道經度　分　黃道緯度　分　向等

長垣一　初　度　十七分　五　度　五十九分　北六

天相四　二　度　十　分　十　度　四十分　南六

少微一　三　度　○　分　十七度　四十分　北五

鶉尾宮

星名	黃道經度	分	黃道緯度	分	向	等
天相二	三度	四十分	十八度	○分	南	六
長垣四	三度	四十二分	一度	五分	南	六
天相三	五度	三十分	十七度	三十分	南	六
張宿十	六度	二分	二十七度	二十五分	南	六
天相五	七度	十分	十三度	五十分	南	六
六	七度	二十分	十二度	五分	南	六
輔星一	十二度	三十六分	五十六度	五十九分	北	六
從官	十二度	四十分	十八度	五分	北	六

靈臺東	四十二度	五十一分	三度	二十五分	南	六
	五十二度	五十六分	六度	三十分	南	六
常陳西	三十三度	十七分	三十八度	四十分	北	六
靈臺東	六十三度	五十五分	五度	〇分	南	六
張宿南	十二十四度	二十分	二十二度	四十五分	南	六
靈臺東	七十四度	三十五分	六度	四十分	南	六
東	八十五度	十分	四度	五十分	南	六
五帝座	三十五度	二十七分	十度	二十分	北	六
翼宿	十二十六度	十九分	十四度	五十五分	南	六

鶉尾宮星名	黄道經度	分	黄道緯度	分	向	等
五帝座二	十六度	三十六分	十四度	○分	北	六
輔星二	十七度	十七分	五十七度	十五分	北	六
內屏西六	十七度	二十一分	五度	十分	北	六
幸臣	十七度	二十七分	十七度	五十分	北	六
五帝座五	十八度	二十七分	九度	三十分	北	六
翼宿十三	十八度	三十五分	十六度	一分	南	六
五帝座四	十八度	三十六分	十三度	四十分	北	六
輔星三	十八度	五十二分	五十七度	五十九分	北	六

內屏西七十九度○分六度三十分北六

張宿南十一十九度○分三十四度十分南六

內屏西八二十度四十一分七度二十分北六

翼宿十四二十一度二分十四度三十六分南六

翼宿十七二十五度二十分二十一度五分南六

天搶南四二十五度五十七分五十六度五十八分北六

翼宿二十二十六度二十五分二十一度三十四分南六

十六二十七度五分二十八度○分南六

十五二十七度二十二分十度二十分南六

鶉尾宮

星名	黃道經度	分	黃道緯度	分	向	等
翼宿十九	二十七度	三十分	二十三度	十五分	南	六
十八	二十八度	五十分	二十六度	五分	南	六

壽星宮

星名	黃道經度	分	黃道緯度	分	向	等
天槍東五	初度	三十七分	五十九度	三十分	北	六
翼宿二十一	一度	四十三分	二十四度	三十分	南	六
三公一	一度	五十七分	四度	二十分	北	六
二	二度	三十八分	六度	二十五分	北	六
翼宿二十二	三度	二十九分	二十二度	二十四分	南	六

三公三　三度三十七分四　度四十二分北六
進賢南五六度二十分四　度四十分南六
　　六六度四十分一　度四十分南六
軫宿北五六度四十分十　度十五分南六
玄戈北五十度三十分五十五度二分北六
　　四十度四十分五十七度三十二分北六
招搖南二十一度二十分四十六度〇分北六
石攝提四十二度四十分三十一度〇分北六
梗河四十三度四十分四十二度三分北六

壽星宮星名	黃道經度	分	黃道緯度	分	向	等
上宰一	十三度	四十分	七十二度	○分	北	六
進賢南七	十四度	二十分	一度	三十分	南	六
八	十四度	二十分	三度	五十九分	南	六
飛魚六	十四度	三十七分	八十二度	五十分	南	六
稷河南十	十六度	三十分	三十六度	二十分	北	六
上宰二	十七度	二十分	七十二度	二十分	北	六
亢池二	二十度	十五分	二十六度	二十八分	北	六
三	二十度	二十七分	二十三度	五十分	北	六

角宿南六 二十度 五十五分 三度 三分 南六
亢池一 二十一度 十二分 二十八度 三十三分 北六
天門南四 二十一度 四十五分 八度 二十分 南六
亢池四 二十一度 五十七分 二十五度 四十五分 北六
少宰一 二十二度 分 七十七度 ○分 北六
大角東二 二十二度 二十分 三十一度 五十五分 北六
角宿南七 二十二度 三十分 五度 ○分 南六

大火宮

星名	黃道經度	分	黃道緯度	分	向等
樓河東	十一度	四十二分	四十五度	四十分	北六
七公東	十二度	○分	五十八度	三十分	北六
	十一三度	○分	五十七度	○分	北六
馬腹西	四六度	二分	四十三度	三十五分	南六
貫索	二十四九度	十分	五十三度	五十分	北六
	十六九度	二十七分	三十四度	二分	北六
	二十五十度	五分	五十五度	四十分	北六
庫樓南	十一十度	四十五分	三十四度	二十八分	南六

貫索十五　十度五十分　四十六度三十五分　北六
十七　十一度二分　三十六度三十九分　北六
氐宿內九　廿一度二十分　二[illegible]度　五十九分　北六
貫索十八　十一度二十二分　三十五度三十分　北六
秦南二十五　十一度三十分　二十度三十分　北六
二十六　十一度四十分　二十一度五十分　北六
貫索九　十一度四十分　五十一度三十分　北六
十九　十二度四十二分　三十四度十分　北六
二十　十二度三十五分　三十六度三十分　北六

大火宮星名	黃道經度	分	黃道緯度	分	向	等
貫索二十一	十二度	三十七分	三十五度	三分	北	六
秦南二十七	十二度	四十分	二十一度	○分	北	六
貫索二十二	十三度	三十九分	三十六度	二十五分	北	六
二十三	十四度	二分	三十四度	五十九分	北	六
秦南二十八	十四度	五分	二十二度	二十分	北	六
周南二十	十四度	五十七分	三十一度	十二分	北	六
二十一	十五度	十七分	三十三度	十八分	北	六
貫索二十六	十五度	五十分	五十五度	十分	北	六

飛魚七 十六度七 分 八十度五十分南六
蜀南十六 十六度三十五分 十九度五十九分北六
貫索二十七 十六度五十分 五十三度○分北六
頓頑一 十七度五 分 二十六度二十二分南六
鄭南二十二 十七度四十七分 三十四度二十分北六
蜀南十七 十八度十 分 二十三度○分北六
貫索二十八 十八度五十分 五十三度十分北六
二十九 十九度二十分 四十九度十分北六
三十 十九度五十分 五十一度○分北六

大火宮

星名	黃道經度	分	黃道緯度	分	向	等
巴南十八	二十度	○分	二十二度	三十分	北	六
十九 即天乳	二十度	十分	十九度	十分	北	六
晉南二十三	二十度	五十九分	三十六度	三十分	北	六
天紀一	二十一度	四十七分	五十度	三十五分	北	六
女牀西九	二十二度	五十七分	五十七度	四十五分	北	六
斗一	二十五度	二十分	三十四度	○分	北	六
房宿西五	二十六度	三十分	五度	二十二分	南	六
小斗九	二十六度	三十分	七十三度	二十七分	南	六

河中一	二十六度四十分	四十二度八分	北六
房宿西六	二十六度五十分	四度四十分	南六
騎官十	二十六度五十五分	二十二度十五分	南
小斗八	二十六度五十五分	七十五度五十五分	南六
二	二十七度十五分	三十六度十八分	北六
四	二十七度二十分	二十九度五十分	北六
列肆一	二十八度十二分	二十三度〇分	北六
西咸北十	二十八度二十五分	十二度四十分	北六
罰一	二十八度四十分	五度十分	北六

星名	黃道經度	分	黃道緯度	分	向	等
大火宮						
罰二	二十八度	五十分	九度	四十五分	北	六
斗三	二十九度	二十分	三十四度	○分	北	六
罰三	二十九度	三十分	十二度	四十分	北	六
斗五	二十九度	五十分	二十七度	五十六分	北	六
析木宮						
斛三	二度	四十分	二十六度	二十分	北	六
四	三度	四十分	三十一度	二十五分	北	六
六	四度	五十分	二十七度	三十分	北	六

斛	五	五度二十五分	二十九度四十分	北	六
宋	北十八	九度五分	十七度十五分	北	六
天紀	四	九度六分	五十四度三十三分	北	六
異雀	八	九度四十七分	五十九度五十八分	南	六
官者	四	九度五十分	三十六度三十分	北	六
天紀	五	九度五十七分	五十七度十五分	北	六
	六	十一度三十八分	五十六度二十五分	北	六
官者	一	十三度一分	三十四度二十五分	北	六
異雀	十一	十四度七分	六十二度五十九分	南	六

析木宮

星名	黃道經度 分	黃道緯度 分	向	等
宦者二	十四度四十七分	三十三度五十五分	北	六
異雀九	十四度四十七分	五十五度一分	南	六
宗正西三	十五度五十分	二十七度四十五分	北	六
天紀七	十六度十七分	五十五度五十九分	北	六
尾南十	十六度三十分	二十二度三十分	南	五
市樓西三	十六度五十七分	十六度五十九分	北	六
異雀十	十七度十五分	五十五度一分	南	六
宦者三	十七度三十分	三十二度五十分	北	六

異雀十二　二十度七分　六十二度⊙分　南六
天紀八　二十度五十七分　五十七度三十分　北六
北十　二十一度三十分　六十三度二十分　北六
帛度南三　二十四度十七分　四十三度一分　北六
候北四　二十四度五十分　三十九度十分　北六
帛度南四　二十六度五十九分　四十二度十分　北六
候東三　二十七度二十分　三十二度四十分　北六
宗人東五　二十七度四十分　二十七度二十分　北六
六　二十八度五分　二十八度⊙分　北六

析木宮星名 黃道經度 分 黃道緯度 分 向等

中山南十四 二十八度 二十分 五十度 二十分 北六

中山北十五 二十八度 二十分 五十四度 二十分 北六

十六 二十九度 五十一分 五十五度 二十分 北六

星紀宮星名 黃道經度 分 黃道緯度 分 向等

中山北二十 二度 三十分 五十三度 十八分 北六

織女西四 三度 三十五分 六十度 二十五分 北六

徐西二 三度 四十分 二十二度 十分 北六

三 四度 二十六分 二十五度 十分 北六

天弁三	四	度	三十五分	十六度	○	分	北	六
織女五	四	度	五十分	六十三度	十	分	北	六
天弁四	五	度	十七分	十五度	一	分	北	六
徐西四	五	度	四十分	二十三度	四十	分	北	六
天弁五	六	度	三十七分	十五度	五十九	分	北	六
徐西五	七	度	三十五分	二十五度	四十	分	北	六
天弁六	八	度	十五分	八度	○	分	北	六
七	十	度	二分	十六度	二十九	分	北	六
徐七	十	度	三十五分	二十七度	五十	分	北	六

星紀宮 星名	黃道經度	分	黃道緯度	分	向	等
徐南六	十一度	五十分	二十六度	二十分	北	六
孔雀十三	十二度	三十六分	四十四度	二分	南	六
天淵五	十二度	三十八分	十九度	○分	南	六
六	十二度	三十九分	十九度	五十九分	南	六
越西十五	十三度	○分	三十六度	十五分	北	六
天弁八	十三度	八分	二十度	十九分	北	六
天淵七	十三度	十七分	十八度	十分	南	六
天弁九	十三度	二十二分	十九度	○分	北	六

天淵八	十三度四十二分	二十度一分	南	六
九	十四度二十七分	十八度二十五分	南	六
十	十四度三十七分	十九度二十五分	南	六
越西十六	十四度五十分	三十三度五十分	北	六
右旗九	十六度五十分	十六度三十分	北	六
越西十七	十七度五十五分	三十四度九分	北	六
十八	十八度三十分	三十四度四十二分	北	六
孔雀內十五	十八度四十二分	三十九度五十九分	南	六
右旗十	十九度四十分	十八度五十五分	北	六

星紀宮星名	黃道經度	分	黃道緯度	分	向	等
越西十九	十九度	五十分	三十三度	五十分	北	六
孔雀十六	二十度	二十七分	三十九度	五十五分	南	六
十四	二十度	三十六分	四十六度	二十五分	南	○
輦道三	二十一度	二十分	六十五度	二十分	北	六
孔雀十七	二十三度	十分	四十四度	五十九分	南	六
左旗北十四	二十三度	四十分	五十度	三十分	北	六
孔雀十八	二十四度	十七分	四十度	五十五分	南	六
波斯十	二十四度	二十分	三十四度	二十分	南	六

左旗十五	二十五度	二十分	五十二度	五十分	北六
河鼓西七	二十五度	三十六分	二十八度	四十分	北六
北八	二十五度	四十五分	三十二度	五十八分	北六
左旗西二十	二十五度	五十分	三十六度	五十分	北六
河鼓九	二十六度	三十一分	三十四度	十分	北六
扶筐南五	二十六度	五十分	六十七度	三十分	北六
波斯十一	二十七度	二十分	三十四度	四十五分	南六
波鼓十一	二十七度	五十分	二十八度	五十五分	北六
東十	二十八度	三十八分	三十一度	三十分	北六

玄枵宮

星名	黃道經度	分	黃道緯度	分	向	等
左旗北十六	初度	七分	四十六度	四十五分	北	六
輦道四	初度	四十分	五十六度	二十分	北	六
左旗十一	一度	五十二分	三十七度	三十五分	北	六
左旗十二	二度	二十一分	三十六度	四十五分	北	六
左旗十	三度	七分	三十七度	三十分	北	六
左旗二十	三度	四十分	四十二度	五十分	北	六
左旗十七	四度	二十五分	三十九度	二十二分	北	六
天津西十四	五度	五分	五十四度	五分	北	六

附白北二五度七分七十三度二十分南六
趙　五度八分五度〇分南六
左旗二十一五度二十二分四十四度二十六分北六
十三五度五十分三十四度十五分北六
十八五度五十分四十度〇分北六
天津十五五度五十五分五十三度五分北六
左旗十九六度二十五分四十二度四十分北六
天津十六六度四十分四十七度二十分北六
鄭　九度三十分十度五十分南六

玄枵宮星名	黄道經度	分	黄道緯度	分	向	等
天津十七	十度	二十分	四十五度	五分	北	六
十八	十一度	○分	四十六度	三十分	北	六
鳥喙七	十二度	四十七分	五十六度	十二分	南	六
天津二十九	十三度	○分	五十四度	○分	北	六
三十	十四度	二十分	五十五度	五分	北	六
十九	十五度	○分	三十七度	三十分	北	六
二十二	十五度	二十七分	四十九度	二十分	北	六
三十二	十五度	三十五分	五十二度	二十分	北	六

天津二十一十五度五十五分五十四度五十分北六
二十三十六度○分四十七度十分北六
鶴九十六度二分二十七度三十分南六
天津二十十六度四十分四十度十五分北六
二十一、十六度五十分四十二度二十分北六
天錢十十七度二十分二十度四十分南六
天津三十三十七度二十分五十五度二十分北
鶴十十七度二十七分三十一度三十五分南六
奚仲四十七度五十分六十九度二十分北六

玄枵宮星名	黃道經度	分	黃道緯度	分	向	等
鶴十一	十八度	二十七分	二十六度	二十分	南	六
天津二十四	十八度	四十分	四十度	五十分	北	六
司命一	十九度	五十二分	十一度	二十分	北	六
鶴十二	十九度	五十七分	三十度	三十五分	南	六
天津二十六	二十度	十分	五十一度	二十五分	北	六
天壘城四	二十度	二十分	二度	五十八分	北	六
五	二十度	三十分	五度	十分	北	六
天津二十五	二十一度	〇分	四十六度	十分	北	六

哭星一	二十一度	二十分	初度	十分	南五
司祿二	二十一度	三十七分	十五度	一分	北六
司命二	二十一度	四十七分	十一度	五十分	北六
天津二十七	二十一度	五十分	四十二度	二十分	北六
二十八	二十三度	○分	四十三度	○分	北六
奚仲東五	二十四度	○分	六十七度	三十分	北六
六	二十四度	○分	七十度	三十分	北六
哭東二	二十五度	五分	初度	三分	北六
奚仲七	二十五度	五分	六十九度	四十分	北六

星名	黃道經度	分	黃道緯度	分	向	等
玄枵宮						
人星四	二十九度	二分	四十度	○分	北	六
娵訾宮						
虛梁二	三度	十七分	三度	五十九分	北	六
三	六度	二分	四度	五十九分	北	六
四	七度	七分	五度	五十九分	北	六
車府北七	八度	三十分	六十二度	二十分	北	六
車府二	十度	十二分	五十九度	三十分	北	六
三	十度	十七分	五十五度	五十九分	北	六

車府八　十度四十分　六十二度三十分　北六
夾白四　十二度十分　八十六度四十分　南
霹靂南七　十四度四十五分　七度三十分　北六
雲雨三　十七度三十八分　一度四十五分　北六
螣蛇十四　二十度五十二分　五十八度二十五分　北六
雲雨四　二十一度二十二分　初度五十七分　北六
雷電五　二十一度二十七分　十五度一分　北六
螣蛇十五　二十一度三十七分　六十五度三分　北六
雷電七　二十三度○分　四度五分　北六

娵訾宮

星名	黃經度	分	黃道緯度	分	向	等
雷電六	二十四度	七分	十四度	二十五分	北	六
螣蛇十六	二十六度	三十七分	六十六度	二十五分	北	六

星名	赤道經度	分	赤道緯度	分	向	等
土公三	四度	三十分	六度	二分	北	六
奎宿二十二	五度	十分	十三度	五十八分	北	六
勾陳十二	七度	十分	八十二度	十五分	北	六
奎宿二十三	七度	四十四分	九度	三十分	北	六
奎宿二十五	七度	四十四分	十五度	五分	北	六
奎宿二十四	七度	四十八分	十三度	五分	北	六
王良六	八度	五十二分	五十七度	二十二分	北	六
土司空二	十度	三十一分	二十一度	二十五分	南	六

星名	赤道經度	分	赤道緯度	分	向	等
勾陳五	十度	四十分	八十三度	四十五分	北	六
天倉八	十度	五十分	三度	二十分	南	六
土司空三	十二度	十分	二十三度	五分	南	六
天倉九	十二度	二十分	八度	二十分	南	六
天倉十一	十三度	三十分	四度	五分	南	六
天倉十	十四度	五十分	十度	三分	南	六
天倉十三	十五度	三十四分	四度	二十三分	南	六
天倉十二	十五度	四十三分	五度	四十分	南	六

傳舍五	十六度	三十分	六十八度	三十四分	北	六
鈇鑕六	十八度	二十分	十五度	四十分	南	六
天倉十四	十九度	二十三分	五度	二十分	南	六
鈇鑕一	二十度	十三分	十七度	四分	南	六
天倉十五	二十度	三十二分	八度	○分	南	六
天大將軍十三	二十度	五十二分	三十七度	二十分	北	六
鈇鑕七	二十一度	十一分	十五度	○分	南	六
鈇鑕二	二十一度	十一分	二十度	二十五分	南	六
鈇鑕三	二十二度	三十三分	二十一度	五十五分	南	六

星名	赤道經度	分	赤道緯度	分	向	等
天大將軍十八	二十二度	四十八分	五十二度	二十七分	北	六
天倉十六	二十二度	五十分	七度	五分	南	六
天倉十七	二十五度	十二分	八度	十一分	南	六
鈇鑕四	二十五度	二十五分	二十三度	五十二分	南	六
鈇鑕五	二十五度	三十分	二十五度	四十分	南	六
婁宿北八	二十五度	四十分	二十一度	三十五分	北	六
天大將軍二十二	二十六度	十分	五十一度	二十三分	北	六
天大將軍十五	二十六度	三十二分	三十一度	四十分	北	六

天倉十九	二十六度	四十分	十六度	四十七分	南	六
天大將軍內十四	二十六度	四十八分	三十七度	二十分	北	六
天囷十四	二十八度	六分	初度	五十五分	南	六
天倉十八	二十八度	十分	十一度	二十分	南	六
華蓋四	二十八度	十二分	七十一度	七分	北	六
天大將軍二十	二十八度	十五分	四十七度	三十分	北	六
天大將軍十六	二十八度	三十四分	二十九度	二分	北	六
大陵西十一	二十八度	五十四分	五十四度	三十三分	北	六
天大將軍十九	二十八度	五十六分	四十三度	十五分	北	六

星名	赤道經度	分	赤道緯度	分	向	等
天囷十五	二十八度	五十六分	八度	二十分	南	六
四輔西六	二十九度	四分	八十六度	八分	北	六
天庾二	二十九度	五分	二十九度	二十四分	南	六
芻藁一	二十九度	五分	八度	四十分	南	六
天庾一	二十九度	三十一分	三十度	二十分	南	六
天大將軍二十一	二十九度	四十五分	四十九度	十二分	北	六
天囷十三	二十九度	四十五分	初度	十三分	南	六
大陵西十二	二十九度	四十八分	五十三度	四十分	北	六

螣蛇一　三十度三十八分　十一度十二分　南六
天囷十六　三十度五十七分　八度二十分　北六
昴宿西五　三十一度二十五分　二十五度五十七分　北六
華蓋三　三十一度二十八分　六十九度三十五分　北六
天大將軍十七　三十二度十分　三十度三十七分　北六
天囷十二　三十二度十六分　初度三十五分　北六
天囷十一　三十三度九分　二度○分　南六
天廩三　三十五度二十分　二十八度四十三分　南六
大陵十四　三十七度十分　三十四度○分　北六

星名	赤道經度	分	赤道緯度	分	向	等
天苑三十三	三十七度	十分	三十度	三十三分	南	六
大陵十三	三十八度	十五分	三十六度	十六分	北	六
天苑三十四	三十八度	五十八分	三十三度	○分	南	六
天苑二十二	三十九度	四十分	五度	四十二分	南	六
大陵十五	三十九度	五十分	三十三度	五十二分	北	六
天苑二十三	四十度	三十二分	三度	二十二分	南	六
傳舍六	四十一度	十四分	五十五度	五十七分	北	六
大陵九	四十二度	十二分	三十八度	十三分	北	五

天苑三十六　四十二度三十五分　三十二度五十五分　南　六
天苑三十五　四十二度三十五分　三十五度四十分　南　六
天苑三十七　四十二度四十五分　二十七度五十四分　南　六
天囷十七　四十三度三十四分　四度五十七分　北　六
天苑二十四　四十三度五十五分　三度〇分　南　六
天阿　四十四度〇分　二十六度五十七分　北　六
天陰五　四十四度〇分　十六度十七分　北　六
大陵十六　四十四度二十分　三十三度二十七分　北　六
大陵十七　四十四度二十四分　四十二度三十分　北　六

星名	赤道經度	分	赤道緯度	分	向等
附白二	四十四度	四十七分	七十六度	三十七分	南六
傳舍八	四十五度	二十四分	五十八度	三十七分	北六
天陰四	四十五度	二十五分	十八度	○分	北六
傳舍七	四十五度	四十三分	五十七度	二十三分	北六
天苑內二十七	四十五度	四十三分	十七度	四十五分	南六
天船十四	四十六度	十六分	五十四度	十三分	北六
天苑二十五	四十九度	五分	七度	⊙分	南六
天苑內二十八	四十九度	二十分	十七度	五十分	南六

卷舌六	五十度	四十七分	三十三度	三十分	北	六
天苑二十六	五十一度	五分	七度	四十分	南	六
天船十三	五十三度	五十分	四十六度	二十七分	北	六
天苑三十八	五十四度	十五分	三十二度	二十分	南	六
天苑三十九	五十五度	五分	三十度	四分	南	六
礪石五	五十七度	○分	二十七度	十分	北	六
天船十六	五十七度	三十三分	五十二度	七分	北	六
卷舌九	五十七度	五十分	三十九度	五十九分	北	六
天苑二十九	五十九度	十三分	十七度	二十分	南	六

星名	赤道經度	分	赤道緯度	分	向等
畢宿八	六十一度	三十二分	十五度	○分	北六
卷舌十	六十一度	三十二分	四十二度	五十六分	北六
畢宿七	六十一度	四十分	十七度	三十五分	北六
天苑三十	六十一度	四十八分	十九度	五十八分	南六
天節十	六十三度	○分	六度	十七分	北六
天苑三十一	六十三度	七分	二十度	五十五分	南六
八穀十	六十三度	三十二分	五十五度	三十二分	北六
天節十一	六十四度	二十五分	三度	四十二分	北六

卷舌十一	六十度二十五分	四十三度十二分	北六
金魚五	六十五度三十分	六十三度二十八分	南六
天節十二	六十五度四十分	六度九分	北六
八穀七	六十五度四十四分	五十四度十四分	北六
天苑三十二	六十五度四十六分	二十一度二十二分	南六
九游七	六十八度五十四分	二十度一分	南六
諸王八	六十九度五十分	二十三度四十三分	北六
玉井五	七十度四分	四度五十八分	南六

星名	赤道經度	分	赤道緯度	分	向	等
九游六	七十度	十三分	十七度	十分	南	六
九游三	七十度	二十三分	八度	十三分	南	六
九游八	七十度	二十三分	二十一度	五十三分	南	六
屏星三	七十度	四十一分	二十五度	二十五分	南	六
九游四	七十度	五十八分	十一度	二十八分	南	六
九游五	七十一度	九分	十四度	十六分	南	六
八穀六	七十一度	九分	五十四度	三分	北	六
諸王九	七十一度	三十分	二十二度	五十七分	北	六

五車二十二	七十二度三十四分	五十一度三十一分	北	六
六甲	七十三度四分	七十七度五十八分	北	六
屏星四	七十三度五十分	二十七度三十九分	南	六
八穀八	七十五度十六分	五十七度二分	北	六
屏星五	七十六度十五分	二十六度一分	南	六
天潢五	七十六度三十九分	三十九度三十五分	北	六
屏星六	七十七度四十九分	二十三度二十二分	南	六
柱十三	七十九度六分	二十八度五十七分	北	六
八穀九	七十九度二十二分	六十度十六分	北	六

星名	赤道經度	分	赤道緯度	分	向	等
柱十四	七十九度	四十五分	三十度	四分	北	六
夾白四	八十一度	四十九分	六十七度	二十八分	南	[illegible]
天關南三	八十二度	三十七分	十二度	五十二分	北	六
水衛北七	八十四度	六分	七十一度	十八分	北	六
五車十九	八十五度	三十三分	三十八度	十分	北	六
五車北二十四	八十五度	三十六分	四十五度	五十分	北	六
參宿二十六	八十五度	四十分	三度	○分	南	六
五車二十	八十五度	四十二分	四十九度	二十六分	北	六

參宿二十七	八十五度	四十五分	九　度	十四分	南六
參宿二十八	八十六度	四十五分	十　度	○分	南六
五車二十一	八十六度	五十二分	四十八度	十八分	北六
八穀十二	八十七度	二十四分	六十一度	○分	北六
少衛北八	八十八度	五十分	七十七度	五十八分	北六
鉞南二	八十九度	五分	十九度	五十一分	北六
參宿東二十九	八十九度	二十七分	六　度	四十五分	南
水府南六	八十九度	四十分	九　度	三十五分	北六
五車二十三	九十度	五十七分	四十九度	十四分	北六

星名	赤道經度	分	赤道緯度	分	向等
參宿二十九	九十一度	二十分	七度	三十分	南六
四瀆十一	九十一度	五十分	十度	二十五分	北六
四瀆十二	九十三度	二十四分	十二度	十分	北六
上衛北十二	九十三度	五十分	七十六度	○分	北六
座旗三	九十四度	○分	四十二度	三十分	北六
座旗四	九十四度	七分	四十度	三十分	北六
座旗二	九十四度	二十三分	四十四度	十分	北六
座旗五	九十四度	五十四分	四十三度	三十分	北六

座旗一	九十五度	三 分	四十七度	十六分	北六
上衛北十一	九十五度	二十分	七十 度	二十一分	北六
座旗八	九十六度	十三分	四十四度	四十五分	北六
座旗九	九十六度	十六分	四十二度	二十分	北六
座旗七	九十六度	二十分	四十五度	三十五分	北六
座旗十	九十七度	三十分	四十度	一 分	北六
天社南十三	一百 度	二十九分	六十二度	五十分	南六
上衛南十三	一百五度	十 分	六十三度	三十三分	北六
水位西八	一百六度	三十二分	十 度	二十分	北六

星名	赤道經度	分	赤道緯度	分	向	等
水位西七	一百六度	五十四分	十二度	二十二分	北	六
北河北八	一百七度	○分	三十六度	五十分	北	六
南河四	一百七度	五分	七度	十七分	北	六
飛魚六	一百八度	四十七分	六十七度	十六分	南	六
北河北六	一百九度	六分	三十五度	四十分	北	六
南河六	一百九度	二十六分	二度	二十二分	北	六
南河五	一百九度	三十分	三度	五十五分	北	六
五諸侯六	一百十一度	三分	二十六度	三十八分	北	六

北河北七	一百十一度	三分	三十四度	二十六分	北六
飛魚七	一百十一度	四十六分	七十二度	二分	南六
南河七	一百十二度	三十五分	四度	二十五分	北六
南河八	一百十三度	二十七分	五度	○分	北六
南河九	一百十四度	五十二分	六度	五分	北六
南河十一	一百十五度	十九分	二度	十分	南六
五諸侯七	一百十五度	三十二分	二十八度	二十七分	北六
爟三	一百十六度	十九分	二十六度	二十二分	北六
南河十一	一百十七度	五十三分	初度	五分	南六

星名	赤道經度	分	赤道緯度	分	向等
爟四	一百十七度	五十一分	三十度	三十分	北六
南河十三	一百十八度	三十分	二度	二十二分	南六
爟內八	一百二十度	十五分	二十八度	三十分	北六
水位東五	一百二十一度	十分	十九度	二十六分	北五
爟五	一百二十一度	三十分	二十九度	四分	北六
柳宿西九	一百二十一度	四十分	八度	十分	北六
爟六	一百二十一度	四十三分	二十八度	二十四分	北六
爟七	一百二十三度	二十二分	二十五度	四十五分	北六

爟八 一百二十四度 分 二十五度 二十三分 北六
外廚三 一百二十四度 三十三分 一度 四十分 北六
小斗八 一百二十四度 四十二分 七十六度 十分 南六
外廚四 一百二十六度 三十九分 二度 ○分 北六
酒旗九 一百二十六度 三十九分 十四度 二十六分 北六
軒轅二十八 一百二十七度 三十七分 三十三度 二十分 北六
外廚五 一百二十八度 五十分 初度 三十一分 北六
軒轅二十九 一百二十八度 五十分 三十三度 十四分 北六
軒轅二十五 一百二十九度 ○分 二十九度 三十四分 北六

星名	赤道經度	分	赤道緯度	分	向	等
軒轅三十	一百二十九度	五十四分	三十三度	○分	北	六
軒轅二十六	一百二十九度	三十七分	二十九度	十分	北	六
軒轅三十三	一百三十度	二十五分	三十四度	三十四分	北	六
軒轅三十七	一百三十一度	二分	二十五度	五十分	北	六
軒轅三十一	一百三十二度	十八分	三十一度	一分	北	六
軒轅三十二	一百三十二度	三十五分	三十四度	五十七分	北	六
小斗九	一百三十四度	二十三分	七十六度	五十三分	南	六
酒旗十	一百三十四度	二十三分	十五度	三十五分	北	六

星宿六	一百三十六度	二十六分	八度	二十八分	南六
星宿七	一百三十六度	四十分	六度	二十六分	南六
星宿八	一百三十六度	四十五分	五度	二十五分	南六
星宿九	一百三十六度	五十分	七度	四十一分	南六
星宿十	一百三十七度	三十分	九度	二十二分	南六
星宿十一	一百三十八度	三分	七度	五十分	南六
星宿十二	一百三十八度	二十八分	四度	十二分	南六
星宿十三	一百三十八度	四十二分	八度	二十二分	南六
星宿十四	一百三十九度	三十一分	三度	四十一分	南六

星名	赤道經度	分	赤道緯度	分	向	等
軒轅五	一百三十九度	四十三分	三十四度	二十七分	北	六
軒轅六	一百四十度	二分	三十一度	三十二分	北	六
內平二	一百四十一度	五十四分	三十六度	四十一分	北	六
內平三	一百四十二度	三十六分	四十度	二分	北	六
張宿西九	一百四十四度	二十五分	六度	五十分	南	六
張宿十	一百四十七度	四十分	十六度	九分	南	六
陰德一	一百四十八度	二分	七十七度	三十二分	北	六
四輔二	一百四十八度	四十二分	八十四度	三十分	北	六

天相二	一百四十九度	十八分	六度	三十五分	南六
天相四	一百五十度	二十八分	初度	四十四分	北六
天相三	一百五十一度	二分	六度	四十五分	南六
天相五	一百五十三度	五十七分	三度	五十四分	南六
長垣一	一百五十四度	三十三分	十七度	一分	北六
天相六	一百五十四度	四十一分	二度	二十五分	南六
太尊西二	一百五十五度	一分	四十七度	十八分	北六
長垣四	一百五十五度	十二分	九度	十二分	北六
張宿南十一	一百五十五度	四十分	二十六度	五十四分	南六

星名	赤道經度	分	赤道緯度	分	向等
少微三	一百五十六度	四十二分	二十四度	四十二分	北六
張宿南十二	一百五十六度	四十五分	十四度	五十分	南六
翼宿十二	一百六十一度	四十三分	八度	十五分	南六
靈台五	一百六十一度	五十三分	初度	四十三分	北六
靈台四	一百六十三度	五十五分	三度	四十一分	北六
翼宿十三	一百六十三度	十七分	十度	十一分	南六
靈台六	一百六十三度	二十分	一度	五十五分	北六

靈台七 一百六十三度 二十分 初度 四分 南六

天理一 一百六十四度 三分 六十二度 四分 北六

靈台八 一百六十四度 三十分 一度 三十分 北六

翼宿十八 一百二十五度 三十七分 二十四度 二十五分 南六

翼宿十四 一百六十六度 八分 九度 四十七分 南六

翼宿十七 一百六十七度 八分 十七度 二十九分 南六

天理二 一百六十七度 四十二分 五十七度 五十二分 北六

翼宿二十 一百六十七度 五十五分 十八度 五十分 南六

翼宿十八 一百六十八度 五分 二十三度 二十二分 南六

星名	赤道經度	分	赤道緯度	分	向	等
翼宿十九	一百六十八度	九分	二十度	十三分	南	六
四輔四	一百六十九度	十三分	八十四度	十三分	北	六
內屏六	一百七十度	二十分	九度	四十六分	北	六
五帝座三	一百七十度	四十分	十五度	十二分	北	六
翼宿二十一	一百七十一度	十七分	二十三度	一分	南	六
從官	一百七十二度	二十三分	二十三度	二十九分	北	六
內屏七	一百七十二度	二十九分	十度	二十分	北	六
五帝座五	一百七十三度	十分	十三度	十八分	北	六

五帝座二	一百七十三度	二十二分	十八度八分	北六
翼宿十五	一百七十三度	三十四分	八度二十六分	南六
四輔三	一百七十三度	三十七分	八十五度四十分	北六
翼宿二十二	一百七十三度	五十四分	二十一度五十分	南六
天理四	一百七十四度	七分	五十七度三十三分	北六
天理三	一百七十四度	十三分	六十三度十五分	北六
内屏八	一百七十四度	五十五分	十度二十一分	北六
五帝座四	一百七十五度	一分	十七度七分	北六
幸臣	一百七十五度	四十八分	二十一度十七分	北六

星名	赤道經度	分	赤道緯度	分	向	等
少尉南二	一百八十度	五十四分	七十一度	○分	北	六
軫宿北五	一百八十二度	六分	十二度	三分	南	六
天權北十一	一百八十二度	二十分	六十度	五分	北	六
常陳三	一百八十三度	十一分	四十一度	二十五分	北	六
三公一	一百八十三度	二十九分	三度	十五分	北	六
進賢五	一百八十四度	○分	六度	四十五分	南	六
三公二	一百八十四度	五十六分	四度	五十五分	北	六
三公三	一百八十五度	四分	二度	五十八分	北	六

進賢六	一百八十五度	二十七分	四度	五分	南六
馬腹西四	一百九十一度	四十分	五十三度	十四分	南六
進賢八	一百九十一度	四十二分	九度	十七分	南六
進賢七	一百九十二度	二十六分	六度	五十五分	南六
天門南四	一百九十六度	五十七分	十六度	十分	南六
角宿南六	一百九十八度	十六分	十度	五十八分	南六
角宿七	一百九十八度	五十六分	十三度	二十一分	南六
輔星一	一百九十九度	三十分	五十六度	二十五分	北六
太一	一百九十九度	四十九分	六十七度	五十二分	北六

星名	赤道經度	分	赤道緯度	分	向	等
異雀十一	二百度	二十四分	八十二度	十六分	南	六
輔星二	二百三度	十分	五十四度	五十三分	北	六
庫樓南十一	二百三度	三十一分	四十七度	六分	南	六
右攝提四	二百四度	二十分	二十三度	二十九分	北	六
輔星三	二百五度	一分	五十四度	五十三分	北	六
異雀八	二百六度	二十八分	七十八度	三十七分	南	六
亢池三	二百七度	五十三分	十四度	四分	北	六
天槍四	二百八度	四十分	五十一度	三十四分	北	六

亢池二　二百八度四十九分　十六度三十八分　北六
亢池四　二百九度五十八分　十五度十八分　北六
梗河十　二百十度三分　二十七度一分　北六
亢池一　二百十度二十九分　十八度十分　北六
梗河四　二百十度四十分　三十三度六分　北六
招搖二　二百十一度六分　三十七度十八分　北六
大角二　二百十二度五十四分　二十度五十七分　北六
天搶五　二百十四度二十五分　五十二度一分　北六
傾頓一　二百十五度六分　四十一度五十三分　南六

星名	赤道經度	分	赤道緯度	分	向	等
玄戈五	二百十七度	四十五分	四十五度	十八分	北	六
玄戈四	二百十九度	一分	四十七度	二十分	北	六
氐宿內九	二百十九度	五十三分	十二度	十九分	南	六
異雀十二	二百二十一度	五十七分	八十三度	三十六分	南	六
秦南二十五	二百二十五度	十三分	四度	二十分	北	六
秦南二十六	二百二十五度	五十五分	五度	三十分	北	六
梗河十	二百二十六度	十八分	三十度	四十一分	北	六
秦南二十七	二百二十六度	三十分	四度	二十八分	北	六

貫索南十六	二百二十七度	五十分	十七度	五十三分	北六
騎官十	二百二十八度	八分	四十度	五十二分	南
秦南二十八	二百二十八度	十二分	五度	二十分	北六
蜀南十六	二百二十九度	四十二分	二度	二十六分	北六
貫索南十九	二百二十九度	四十四分	十七度	十七分	北六
異雀九	二百二十九度	五十四分	七十六度	十八分	南六
貫索南十八	二百二十九度	五十五分	十八度	三十六分	北六
貫索南十七	二百三十度	二分	十九度	四十八分	北六
貫索南二十一	二百三十度	四十五分	十七度	五十五分	北六

星名	赤道經度	分	赤道緯度	分	向	等
貫索南二十	二百三十二度	十四分	十九度	十七分	北	六
周南二十	二百三十二度	二十九分	十三度	三十八分	北	六
貫索南二十三	二百三十二度	五十五分	十七度	二十分	北	六
蜀南十七	二百三十二度	○分	四度	五十七分	北	六
貫索南二十二	二百三十二度	三分	十八度	五十七分	北	六
周南二十一	二百三十二度	十八分	十五度	三十分	北	六
巴南十九即天亂	二百三十二度	四十八分	初度	四十分	北	六
房宿五	二百三十二度	五十分	二十四度	三十九分	南	六

七公東十一	二百三十三度	〇分	四十度	四十分	北六
七公東十	二百三十三度	十六分	四十二度	十六分	北六
巴南十八	二百三十三度	二十八分	四度	二分	北六
房宿六	二百三十三度	二十八分	二十三度	五十九分	北六
貫索內十五	二百三十三度	三十二分	二十九度	十八分	北六
勾陳十四	二百三十三度	四十四分	七十八度	二十八分	北六
鄭南二十二	二百三十四度	五十分	十五度	五十六分	北六
貫索二十四	二百三十五度	二十四分	三十六度	十八分	北六
異雀十	二百三十五度	四十二分	七十六度	五十六分	南六

星名	赤道經度	分	赤道緯度	分	向等
上宰一	二百三十六度	一分	五十七度	三十六分	北六
貫索九	二百三十六度	六分	三十二度	四十分	北六
貫索二十五	二百三十六度	五十六分	三十七度	五十分	北六
罰一	二百三十七度	二十六分	十四度	四十八分	南六
上宰二	二百三十七度	五十四分	五十七度	一分	北六
晉南二十三	二百三十八度	○分	十七度	十八分	北六
罰二	二百三十八度	五十一分	十度	二十四分	南六
西咸北十	二百三十九度	一分	七度	一十九分	南六

罰三	二百四十度十三分	七度四十分	南	六
貫索二十七	二百四十度十九分	三十四度◯分	北	六
貫索二十六	二百四十度三十二分	三十六度十三分	北	六
貫索二十九	二百四十度四十三分	二十九度五十分	北	六
斗一	二百四十度五十九分	十三度五十八分	北	六
列肆一	二百四十一度一分	二度四十五分	北	六
斗四	二百四十一度四十一分	九度三十四分	北	六
貫索三十	二百四十一度四十一分	三十一度二十九分	北	六
貫索二十八	二百四十一度四十五分	三十三度四十八分	北	六

星名	赤道經度	分	赤道緯度	分	向	等
天紀一	二百四十二度	五十四分	三十度	三十九分	北	六
斗二	二百四十三度	十分	十五度	五十五分	北	六
斗五	二百四十三度	三十分	七度	十分	北	六
河中一	二百四十四度	五分	二十一度	三十六分	北	六
斗三	二百四十四度	十八分	十三度	十五分	北	六
斛三	二百四十五度	三十五分	五度	八分	北	六
少宰一	二百四十五度	四十五分	五十九度	十九分	北	六
尚書五	二百四十六度	四分	七十度	四十三分	北	六

女牀九	二百四十六度四分	三十七度十九分北	六
斛四	二百四十七度二十六分	十度○分北	六
斛六	二百四十七度四十六分	六度○分北	六
勾陳北十三	二百四十八度十三分	八十三度十五分北	六
斛五	二百四十八度三十八分	八度○分北	六
宋北十八	二百五十度六分	四度四十九分南	六
宦者四	二百五十三度三十一分	十四度十八分北	六
尾宿南十三	二百五十四度十四分	四十六度十八分南	五
宦者一	二百五十五度四十六分	十一度四十五分北	六

星名	赤道經度	分	赤道緯度	分	向	等
天紀四	二百五十五度	五十七分	三十二度	八分	北	六
天紀五	二百五十七度	四分	三十四度	四十三分	北	六
宦者二	二百五十七度	八分	十度	十三分	北	六
市樓三	二百五十七度	二十七分	五度	五十三分	南	六
宗正三	二百五十七度	二十八分	四度	五十六分	北	六
天紀六	二百五十七度	五十九分	三十三度	四十六分	北	六
宦者三	二百五十九度	二十七分	九度	五十八分	北	六
尚書一	二百五十九度	五十四分	六十八度	五十八分	北	六

天紀七	二百六十二度○分	三十三度一分	北六
天紀八	二百六十四度十五分	三十四度十八分	北六
天紀北十	二百六十五度二分	四十度○分	北六
帛度三	二百六十五度四十三分	十九度四十三分	北六
候四	二百六十五度五十五分	十五度四十六分	北六
帛度四	二百六十七度三十八分	十八度四十八分	北六
候三	二百六十七度四十八分	九度十三分	北六
宗人五	二百六十七度五十九分	三度五十二分	北六
宗人六	二百六十八度二十一分	四度三十四分	北六

星名	赤道經度	分	赤道緯度	分	向	等
中山南十四	二百六十八度	五十二分	二十六度	五十五分	北	六
中山北十五	二百六十八度	五十六分	三十度	五十七分	北	六
中山北十六	二百六十九度	五十六分	三十一度	五十六分	北	六
中山北二十	二百七十一度	五十分	二十九度	五十四分	北	六
織女四	二百七十二度	十四分	三十七度	一分	北	六
織女五	二百七十二度	五十四分	三十九度	四十八分	北	六
徐二	二百七十三度	二十四分	一度	十四分	南	六
徐三	二百七十四度	一分	一度	五十五分	北	六

天弁三	二百七十四度	三十分	七度	二十一分南六
徐四	二百七十五度	十三分	初度	十九分北六
天弁四	二百七十五度	十三分	八度	三十分南六
天弁五	二百七十六度	三十分	七度	十九分南六
徐五	二百七十六度	四十八分	二度	二十八分北六
天弁六	二百七十七度	五十七分	五度	十二分南六
徐七	二百七十九度	二十五分	四度	五十五分北六
天弁七	二百七十九度	四十六分	六度	四十八分南六
徐六	二百八十度	三十五分	三度	十九分北六

星名	赤道經度	分	赤道緯度	分	向等
越西十五	二百八十度	四十二分	十三度	十四分	北六
輦道三	二百八十一度	五十四分	四十二度	五十分	北六
天弁八	二百八十二度	二十三分	二度	三十五分	南六
越十六	二百八十二度	三十一分	十度	五十六分	北六
天弁九	二百八十二度	四十二分	三度	五十分	南六
扶筐南五	二百八十四度	十五分	四十五度	二十分	北六
越十七	二百八十五度	七分	十一度	三十九分	北六
越十八	二百八十五度	三十一分	十二度	十八分	北六

天淵五	二百八十六度三分	四十一度四十分	南六
右旗九	二百八十六度八分	六度四分	南六
天淵六	二百八十六度十三分	四十二度四十分	南六
越十九	二百八十六度三十九分	十一度二十七分	北六
天淵七	二百八十六度四十二分	四十度五十分	南六
左旗北十四	二百八十六度五十四分	二十八度三十三分	北六
左旗北十五	二百八十七度三十分	三十度五十八分	北六
天淵八	二百八十七度二十分	四十二度三十五分	南六
天淵九	二百八十八度十一分	四十度五十四分	南六

星名	赤道經度	分	赤道緯度	分	向	等
右旗十	二百八十八度	三十一分	三度	十六分	南	六
天淵十	二百八十八度	三十二分	四十一度	五十分	南	六
輦道四	二百九十度	九分	三十五度	四分	北	六
左旗西二十	二百九十一度	六分	十五度	十四分	北	六
河鼓北八	二百九十一度	四十六分	十一度	二十四分	北	六
河鼓北九	二百九十二度	十一分	十二度	四十一分	北	六
左旗十六	二百九十二度	二十一分	二十五度	三十八分	北	六
河鼓西七	二百九十二度	二十四分	七度	十一分	北	六

少衛南十一	二百九十二度	三十七分	七十五度	二十四分	北	六
孔雀十三	二百九十二度	五十分	六十六度	二十四分	南	六
奚仲四	二百九十三度	四十二分	四十九度	四十五分	北	六
天津十四	二百九十三度	四十七分	三十三度	三十三分	北	六
河鼓東十一	二百九十四度	二十三分	七度	四十七分	北	六
河鼓東十	二百九十四度	二十六分	十度	二十一分	北	六
天津十五	二百九十四度	四十二分	三十二度	四十五分	北	六
奚仲六	二百九十五度	四十四分	五十一度	五十分	北	六
左旗十一	二百九十五度	五十七分	十七度	○分	北	六

星名	赤道經度	分	赤道緯度	分	向	等
左旗二十	二百九十六度	二分	二十二度	十九分	北	六
左旗十二	二百九十六度	二十八分	十六度	十分	北	六
左旗十	二百九十六度	五十四分	十七度	七分	北	六
左旗二十一	二百九十六度	五十四分	二十四度	十八分	北	六
天津十六	二百九十七度	一分	二十七度	十九分	北	六
奚仲七	二百九十七度	五分	五十一度	十四分	北	六
左旗十七	二百九十七度	二十七分	十九度	十五分	北	六
奚仲五	二百九十八度	十分	四十九度	十四分	北	六

左旗十九 二百九十八度 十六分 二十二度 三十七分 北 六

左旗十八 二百九十八度 二十四分 二十度 一分 北 六

天津二十九 二百九十九度 十分 三十四度 五十三分 北 六

天津三十 二百九十九度 三十四分 三十六度 十分 北 六

左旗十三 二百九十九度 五十一分 十四度 三十分 北 六

天津十七 三百度 二十九分 二十五度 五十一分 北 六

天津十八 三百度 三十二分 二十七度 二十分 北 六

孔雀十五 三百度 三十八分 六十一度 二十四分 南 六

天津三十一 三百度 五十一分 三十六度 十五分 北 六

星名	赤道經度	分	赤道緯度	分	向	等
天津三十三	三百一度	二十九	三十七度	○	北	◌
天津三十二	三百一度	四十一	三十一度	四十七	北	六
天津二十二	三百二度	四十七	三十度	五十九	北	六
孔雀十六	三百三度	十一	六十一度	○	南	六
天津二十三	三百三度	五十七	二十九度	五	北	六
天津二十六	三百五度	十	三十四度	○	北	六
波斯十	三百六度	○	五十五度	○	南	六
天津二十一	三百六度	二十	二十四度	三十八	北	六

天津十九	三百六度二十六分	十九度三十八分	北	六
天津二十	三百六度五十六分	二十二度三十八分	北	六
天津二十五	三百八度二分	二十九度十九分	北	六
天津二十四	三百八度十六分	二十三度四十分	北	六
孔雀十四	三百八度十六分	六十七度五分	南	
趙	三百八度四十一分	二十三度五十一分	南	六
孔雀十八	三百九度四十分	六十度五十八分	南	六
天津二十七	三百十度八分	二十五度五十五分	北	六
波斯十一	三百十度十五分	五十四度二十五分	南	六

星名	赤道經度	分	赤道緯度	分	向	等
車府北七	三百十度	十六分	四十八度	六分	北	六
天津二十八	三百十度	四十七分	二十六度	五十四分	北	六
孔雀十七	三百十一度	十六分	六十五度	一分	南	六
車府北八	三百十一度	十七分	四十八度	四十九分	北	六
車府五	三百十三度	四十分	四十六度	十分	北	六
螣蛇十五	三百十四度	三十四分	五十三度	五十九分	北	六
鄭	三百十五度	○分	二十八度	十三分	南	六
螣蛇十六	三百十五度	五十分	五十六度	十一分	北	六

車府三	三百十六度	十四分	四十三度	十五分	北	六
人星四	三百十六度	三十七分	二十五度	四十三分	北	六
司命一	三百十八度	四十一分	四度	四分	南	六
司祿二	三百十九度	十二分	初度	六分	南	六
螣蛇十八	三百十九度	二十五分	五十六度	三十三分	北	六
司命二	三百二十度	十八分	三度	○分	南	六
螣蛇十四	三百二十一度	七分	四十八度	二十三分	北	六
天壘城五	三百二十一度	八分	九度	四十八分	南	六
天壘城四	三百二十一度	四十四分	十一度	五十七分	南	六

星名	赤道經度	分	赤道緯度	分	向	等
哭星一	三百二十三度	五十四分	十四度	三十三分	南	五
天錢十	三百二十七度	二分	三十五度	五分	南	六
哭二	三百二十七度	十五分	十三度	七分	南	六
鶴九	三百二十八度	五十七分	四十一度	五十八分	南	六
鶴十一	三百三十度	五十五分	四十度	一分	南	六
鶴十	三百三十二度	四十四分	四十五度	十三分	南	六
虛梁二	三百三十三度	四十二分	六度	三十八分	南	六
鶴十二	三百三十四度	四十八分	四十三度	二十一分	南	六

虛梁三	三百三十五度	五十九分	四度	四十分	南六
虛梁四	三百三十八度	三十四分	三度	二十分	南六
螣蛇十二	三百四十二度	三十分	四十七度	三十八分	北六
霹靂七	三百四十二度	五十八分	初度	五十六分	北六
雷電五	三百四十六度	四分	十度	二十一分	北六
雷電七	三百四十七度	八分	十一度	五十六分	北六
少衛西二	三百四十七度	二十七分	七十二度	二十分	北六
雲雨三	三百四十七度	五十一分	三度	十七分	南六
雷電六	三百四十八度	四十七分	十度	五十分	北六

星名	赤道經度	分	赤道緯度	分	向	等
螣蛇十三	三百四十八度	五十四分	五十七度	五十七分	北	六
雲雨四	三百五十一度	四十分	二度	三十二分	南	六
壁宿西五	三百五十二度	三十七分	十七度	三十分	北	六
鳥喙七	三百五十三度	○分	六十七度	四十分	南	六
壁宿西四	三百五十四度	三分	二十三度	十五分	北	六
勾陳十五	三百五十七度	三十七分	八十五度	○分	北	六
壁宿西三	三百五十八度	四分	十八度	三十二分	北	六

天漢界限表

天漢在第八重列宿之天。而其運動。則正第八重之運動焉。以廣面為界。旁過二極。斜絡於天體猶之黃赤等大圈平分之為二。若論其體。乃天體内無數之微星耳。星因微小。其光不能映射人目。如諸大星。又因其稠密。故覺所見之微光。或成白道。或如白河之象也云爾。欲測其廣。則無定數。大約兩至之外。廣於兩至之中。從天津星又分為二。至尾宿復合為一。今以黃道經緯度。略定其廣面上下兩界。庶可用以繪總星圖。及天地之體象焉。

天漢北黃道經緯度表

降婁宮黃道經度	北界緯度	南界緯度
初度	五十三度二十分	六十七度二十分
二度	五十三度二十分	六十七度
四度	五十三度	六十六度三十分
六度	五十二度三十分	六十六度十分
八度	五十二度十分	六十五度四十分
十度	五十一度十分	六十五度
十二度	五十度	六十四度四十分

降婁宮 黄道經度	北界緯度	南界緯度
十四度	四十九度三十分	六十四度二十分
十六度	四十九度	六十四度
十八度	四十八度十分	六十三度五十分
二十度	四十八度	六十三度二十分
二十二度	四十七度十分	六十三度
二十四度	四十六度四十分	六十二度十分
二十六度	四十五度五十分	六十一度三十分
二十八度	四十五度	六十度三十分

大梁宮 黃道經度	北界緯度	南界緯度
初度	四十四度	五十九度三十分
二度	四十三度	五十九度
四度	四十一度四十分	五十八度二十分
六度	四十度三十分	五十七度十分
八度	三十九度三十分	五十六度三十分
十度	三十八度	五十六度
十二度	三十六度三十分	五十五度二十分
十四度	三十五度三十分	五十四度二十分

大梁宮黃道經度	北界緯度	南界緯度
十六度	三十四度	五十二度四十分
十八度	三十二度二十分	五十度五十分
二十度	二十九度五十分	四十八度五十分
二十二度	二十八度	四十六度三十分
二十四度	二十六度三十分	四十五度
二十六度	二十五度	四十三度
二十八度	二十三度	四十度三十分
實沈宮黃道經度	北界緯度	南界緯度

初度　二十度三十分　三十八度
二度　十八度五十分　三十六度二十分
四度　十七度二十分　三十四度十五分
六度　十五度四十分　三十二度二十分
八度　十四度　三十度二十分
十度　十三度　二十九度
十二度　十度五十分　二十七度二十分
十四度　九度　二十五度二十分
十六度　七度　二十三度十分

實沈宮黃道經度	北界緯度	南界緯度
十八度	五度	二十度三十分
二十度	初度	十九度
二十二度	十六度	
二十四度	十三度	
二十六度	十度	
二十八度	五度	
鶉首宮初度	初度	
析木宮黃道經度	北界緯度	

十一度二十分初　度

十二度

十四度

十六度

十七度

析木宮 黄道經度　河中北上界之緯　河中北下界之緯

十八度　十三度　一度三十分

析木宮 黄道經度　河中北下界之緯　河中北上界之緯

二十度　六度　十七度

析木宮黄道經度　河中北下界之緯　河中北上界之緯
二十二度　九度五十分　二十三度
析木宮黄道經度　河中南上界之緯　河中北下界之緯　河中北上界之緯
二十三度　初度　十一度三十分　二十五度
二十四度　一度四十分　十三度三十分　二十六度二十分
二十六度　四度二十分　十七度三十分　二十九度
二十八度　七度　二十度三十分　三十三度
星紀宮黄道經度　河中南上界之緯　河中北下界之緯　河中北上界之緯
初度　十度十分　二十三度三十分　三十四度三十分

二度	十三度二十分	二十六度二十分	三十七度三十分	
四度	十七度	二十九度	三十九度三十分	
星紀宮 黃道經度	河中南下界之緯	河中南上界之緯	河中北下界之緯	河中北上界之緯
四度三十分	初度	十七度三十分	三十度	四十度三十分
六度	三度十分	十九度二十分	三十一度	四十三度
八度	六度四十分	二十三度三十分	三十二度四十分	四十五度五十分
十度	九度三十分	二十五度三十分	三十五度	四十六度五十分
十二度	十二度	二十六度四十分	三十六度	四十七度二十分
十四度	十五度二十分	二十九度十分	三十七度	四十八度

星紀宮 黃道經度	河中南下界之緯	河中南上界之緯	河中北下界之緯	河中北上界之緯
十六度	十九度	三十一度	三十九度	四十九度
十八度	二十二度	三十四度	四十度三十分	五十度
二十度	二十三度三十分	三十八度	四十二度	五十一度
二十二度	二十四度四十分	三十七度二十分	四十四度	五十二度
二十四度	二十五度四十分	三十九度	四十四度二十分	五十三度
二十六度	二十七度三十分	四十度	四十五度三十分	五十三度三十分
二十八度	二十八度四十分	四十度五十分	四十七度	五十四度五十分
玄枵宮 黃道經度	河中南下界之緯	河中南上界之緯	河中北下界之緯	河中北上界之緯

初度	三十度	四十二度三十分	四十九度	五十五度三十分
二度	三十一度五十分	四十三度二十分	五十度	五十七度
四度	三十三度	四十四度三十分	五十一度二十分	五十九度
六度	三十四度五十分	四十五度二十分	五十二度三十分	六十度
八度	三十六度三十分	四十七度	五十三度二十分	六十一度二十分
十度	三十九度	四十八度四十分	五十四度四十分	六十二度十分
十二度	四十一度	四十八度三十分	五十五度	六十三度十分
十四度	四十二度四十分	四十九度二十分	五十五度二十分	六十三度四十分
十六度	四十三度二十分	五十度十分	五十五度二十分	六十四度

玄枵宮黄道經度	河中南下界之緯	河中南上界之緯	河中北下界之緯	河中北上界之緯
十八度	四十四度四十分	五十度四十分	五十五度三十分	六十四度五十分
二十度	四十五度	五十一度	五十六度三十分	六十五度十分
二十二度	四十五度五十分	五十一度三十分	五十八度	六十六度
二十四度	四十六度四十分	五十二度三十分	五十八度五十分	六十六度十分
二十六度	四十七度十分	五十二度三十分	六十度三十分	六十六度四十分
二十八度	四十七度五十分	五十三度	六十一度二十分	六十七度
娵訾宮黄道經度	河中南下界之緯	河中南上界之緯	河中北下界之緯	河中北上界之緯
初度	四十八度三十分	五十三度三十分	六十二度	六十七度

二度	四十九度二十分	五十四度四十分	六十二度五十分	六十六度二十分	
四度	四十九度三十分	五十五度	六十二度	六十七度	
六度	五十度三十分	五十五度二十分	六十二度五十分	六十七度	
八度	五十一度	五十五度三十分	六十一度三十分	六十七度十分	
十度	五十一度三十分	五十七度十分	六十一度	六十七度三十分	
娵訾宮 黄道經度	北界緯度				南界緯度
十二度	五十一度五十分				六十七度三十分
十四度	五十二度				六十七度三十分
十六度	五十二度二十分				六十七度四十分

娵訾宮黄道經度	北界緯度	南界緯度
十八度	五十二度三十分	六十八度
二十度	五十二度四十分	六十七度五十分
二十二度	五十三度	六十七度三十分
二十四度	五十三度五十分	六十七度二十分
二十六度	五十三度	六十七度二十分
二十八度	五十三度十分	六十七度二十分

天漢南黄道經緯度表

實沈宮黄道經度	南界緯度

二十度　初度
二十二度　六度十分
二十四度　九度三十分
二十六度　十五度
二十八度　二十三度
鶉首宮黃道經度　北界緯度　南界緯度
初度　初度　二十五度十分
二度　三度二十分　二十七度
四度　六度三十分　二十八度三十分

鶉首宮黄道經度	北界緯度	南界緯度
六度	九度四十分	三十一度
八度	十二度五十分	三十三度三十分
十度	十七度二十分	三十五度十分
十二度	二十二度	三十七度十分
十四度	二十四度	三十九度三十分
十六度	二十六度二十分	四十一度十分
十八度	二十八度	四十三度
二十度	三十度	四十四度十分

二十二度	三十一度十分	四十六度
二十四度	三十二度四十分	四十八度
二十六度	三十四度	五十度二十分
二十八度	三十五度二十分	五十二度五十分
鶉火宮黄道經度	北界緯度	南界緯度
初度	三十七度	五十八度
二度	三十八度十分	六十度
四度	三十九度	六十一度
六度	四十度	六十二度

鶉火宮 黃道經度	北界緯度	南界緯度
八度	四十一度	六十二度二十分
十度	四十三度	六十三度十分
十二度	四十四度十分	六十四度十分
十四度	四十六度	六十五度
十六度	四十七度三十分	六十六度十分
十八度	四十九度	六十七度
二十度	五十度四十分	六十八度
二十二度	五十一度三十分	六十八度三十分

二十四度	五十二度十分	六十九度
二十六度	五十二度五十分	六十九度二十分
二十八度	五十三度	七十度十分
鶉尾宮 黄道經度	北界緯度	南界緯度
初度	五十三度二十分	七十度三十分
二度	五十三度二十分	七十一度二十分
四度	五十四度	七十一度四十分
六度	五十五度	七十一度
八度	五十五度三十分	七十二度十分

鶉尾宮黃道經度	北界緯度	南界緯度
十度	五十五度三十分	七十二度二十分
十二度	五十五度五十分	七十二度二十分
十四度	五十五度	七十二度三十分
十六度	五十五度五十分	七十二度四十分
十八度	五十六度十分	七十三度十分
二十度	五十六度十分	七十三度二十分
二十二度	五十六度十分	七十三度二十分
二十四度	五十六度二十分	七十三度十分

壽星宮黄道經度	北界緯度	南界緯度
二十六度	五十六度	七十三度十分
二十八度	五十六度	七十三度二十分
初度	五十五度四十分	七十三度二十分
二度	五十六度十分	七十三度十分
四度	五十六度十分	七十三度
六度	五十六度十分	七十三度四十分
八度	五十六度二十分	七十二度三十分
十度	五十六度四十分	七十二度

壽星宮黃道經度	北界緯度	南界緯度
十二度	五十六度三十分	七十二度三十分
十四度	五十六度三十分	七十一度三十分
十六度	五十六度三十分	七十一度
十八度	五十六度	七十度五十分
二十度	五十五度二十分	七十度二十分
二十二度	五十四度三十分	七十度
二十四度	五十四度十分	六十九度四十分
二十六度	五十三度二十分	六十九度三十分

大火宮黃道經度	北界緯度	南界緯度
二十八度	五十二度三十分	六十九度
初度	五十一度五十分	六十八度三十分
二度	五十一度	六十七度四十分
四度	四十九度五十分	六十七度
六度	四十八度四十分	六十六度十分
八度	四十八度	六十五度二十分
十度	四十六度三十分	六十四度五十分
十二度	四十四度三十分	六十四度

大火宮黄道經度	北界緯度	南界緯度
十四度	四十三度五十分	六十三度
十六度	四十一度五十分	六十二度
十八度	四十二度	六十度三十分
二十度	四十一度二十分	五十八度三十分
二十二度	四十度三十分	五十七度
二十四度	三十九度五十分	五十六度
二十六度	三十八度十分	五十五度十分
二十八度	三十七度十分	五十四度四十分

析木宮黄道經度	北界緯度	南界緯度
初度	三十六度	五十四度
二度	三十三度三十分	五十三度二十分
四度	二十八度	五十二度

析木宮黄道經度	北上界	北下界	南界
五度	十四度	二十四度	五十度三十分

析木宮黄道經度	北界緯度	南界緯度
六度	十一度	五十度四十分
八度	六度	五十度

析木宮黃道經度	北界緯度	南界緯度
九度	四度二十分	四十九度三十分
十度	三度	四十九度二十分
十一度	一度	四十八度五十分
十一度三十分	初度	四十八度二十分
十二度	四十八度	

析木宮黃道經度	河中北下界之緯	河中南上界之緯	河中南下界之緯
十二度二十分	十度二十分	十一度四十分	四十七度三十分
十三度	八度三十分	十三度三十分	四十五度

十四度	六度三十分	十四度四十分	四十三度三十分
十五度	五度	十三度三十分	四十一度
十六度	三度二十分	十一度	四十一度三十分
十七度	初度	九度三十分	四十一度十分
析木宮黄道經度	河中南上界之緯		河中南下界之緯
十八度	八度十分		四十度十分
二十度	五度		三十七度四十分
二十二度	一度四十分		三十三度
二十三度	初度		三十二度

析木宮黄道經度	河中南下界之緯
二十四度	三十一度
二十六度	二十二度
二十八度	十三度三十分
星紀宮黄道經度	河中南下界之緯
初度	九度
二度	四度四十分
四度	一度十分
四度半	初度

蛇腹下氣黃道經緯度表

玄枵宮黃道經度	南界緯度	北界緯度
初度五十分	六十八度五十分	六十九度五十分
二度	六十八度二十分	七十度二十分
三度	六十八度十五分	七十度三十分
四度	六十七度五十分	七十度四十分
五度	六十七度四十分	七十度五十分
六度	六十七度三十五分	七十度五十分
七度	六十七度三十五分	七十一度

玄枵宮黃道經度	南界緯度	北界緯度
八度	六十七度二十五分	七十一度
九度	六十七度十分	七十度
十度	六十六度三十五分	七十度五十五分
十一度	六十六度	七十一度
十二度	六十五度二十分	七十度五十分
十三度	六十五度十分	七十度四十分
十四度	六十五度	七十度二十五分
十五度	六十五度	六十九度十分

十六度	六十五度十分	六十九度
十七度	六十五度十五分	六十八度五十分
十八度	六十五度十五分	六十八度三十五分
十九度	六十五度三十分	六十八度二十分
二十度	六十五度三十分	六十七度五十分
二十一度	六十五度三十五分	六十七度十分
玄枵宮 黃道經度	南界緯度	
	六十六度二十分	

析木宮黃道經度	南界緯度	北界緯度
四度	八十五度四十分	八十六度五十分
六度	八十五度	八十七度二十分
八度	八十四度四十分	八十七度二十分
十度	八十四度二十分	八十七度二十分
十二度	八十四度	八十七度二十分
十四度	八十四度	八十七度三十分
十六度	八十三度二十分	八十七度三十分
十八度	八十三度	八十七度三十分

二十度	八十二度五十分	八十七度三十分
二十二度	八十二度四十分	八十七度三十分
二十四度	八十二度三十分	八十七度二十五分
二十六度	八十二度二十分	八十七度二十五分
二十八度	八十二度十分	八十七度二十五分
星紀宮黃道經度	南界緯度	北界緯度
初度	八十二度	八十七度二十分
一度	八十二度	八十七度二十分
二度	八十二度	八十七度二十分

星紀宮 黄道經度	河中南下界之緯	河中南上界之緯	河中北下界之緯	河中北上界之緯
四度	八十二度	八十三度三十分	八十四度二十分	八十七度二十分
六度	八十二度	八十三度四十分	八十四度二十五分	八十七度二十分
八度	八十二度	八十三度四十分	八十四度三十分	八十七度二十分
十度	八十二度	八十三度三十分	八十四度三十分	八十七度十分
十二度	八十二度十分	八十三度三十分	八十四度三十分	八十七度
十四度	八十二度十分	八十三度三十分	八十四度三十分	八十七度
十六度	八十二度十分	八十三度二十分	八十四度三十分	八十七度
十八度	八十二度十分	八十三度二十分	八十四度十分	八十七度

二十度	八十二度十分	八十三度二十分	八十四度十分	八十六度五十分
二十二度	八十二度	八十三度二十分	八十四度十分	八十六度四十分
二十四度	八十二度	八十三度十分	八十四度十分	八十六度四十分
二十六度	八十一度五十分	八十三度	八十四度	八十六度四十分
二十八度	八十一度五十分	八十三度	八十四度	八十六度四十分
玄枵宮 黄道經度	河中南下界之緯	河中南上界之緯	河中北下界之緯	河中北上界之緯
初度	八十一度三十分	八十二度四十分	八十四度	八十六度四十分
二度	八十一度二十分	八十二度二十分	八十三度四十分	八十六度三十分
四度	八十一度十分	八十二度三十分	八十三度四十分	八十六度二十分

玄枵宮 黃道經度	河中南下界之緯	河中南上界之緯	河中北下界之緯	河中北上界之緯
六度	八十一度	八十二度十分	八十三度三十分	八十六度二十分
八度	八十度四十分	八十一度五十分	八十三度十分	八十六度二十分
十度	八十度四十分	八十一度四十分	八十三度	八十六度二十分
十二度	八十度三十分	八十一度三十分	八十二度三十分	八十六度二十分
十四度	八十度二十分	八十一度二十分	八十二度二十分	八十六度十分
十六度	八十度二十分	八十一度二十分	八十二度二十分	八十六度
十八度	八十度十分	八十一度	八十二度	八十六度
二十度	八十度十分	八十一度	八十一度五十分	八十五度五十分

二十二度	八十度二十分	八十一度	八十一度五十分 八十五度五十分
二十四度	八十度二十分	八十一度	八十一度四十分 八十五度三十分
二十六度	八十度二十分	八十一度	八十一度三十分 八十五度二十分
玄枵宮 黃道經度	河中南下界之緯	河中中界	河中北上界之緯
二十八度	八十度十分	八十一度	八十五度十分
娵訾宮 黃道經度	下界緯		上界緯
初度	八十度十分		八十五度
二度	八十度十分		八十四度四十分
四度	八十度十分		八十四度五十分

娵訾宫 黄道經度	下界緯	上界緯
六度	八十度二十分	八十四度三十分
八度	八十度二十分	八十四度十分
十度	八十度二十分	八十三度
十二度	八十度三十分	八十二度二十分
十四度	八十度三十分	八十二度二十分
十六度	八十度三十分	八十二度十分
十八度	八十度二十分	八十一度二十分

天漢北赤道經緯度表

赤道經度	南界緯度	北界緯度
初度	五十一度十分	六十四度四十分
二度	五十一度十五分	六十四度五十分
四度	五十一度十四分	六十五度
六度	五十一度十四分	六十五度四分
八度	五十一度十六分	六十四度五十分
十度	五十一度	六十四度四十分
十二度	五十度五十五分	六十四度三十分

赤道經度	南界緯度	北界緯度
十四度	五十度四十五分	六十四度二十分
十六度	五十度三十分	六十四度
十八度	五十度	六十三度四十分
二十度	四十九度五十五分	六十三度十分
二十二度	四十九度四十三分	六十二度三十分
二十四度	四十九度二十分	六十二度十分
二十六度	四十九度十六分	六十一度五十六分
二十八度	四十九度五分	六十一度三十分

三十度	四十八度三十五分	六十一度十五分
三十二度	四十八度	六十度五十分
三十四度	四十七度十四分	六十度二十分
三十六度	四十六度二十二分	五十九度四十三分
三十八度	四十五度四十分	五十八度五十六分
四十度	四十五度	五十八度十分
四十二度	四十四度三十分	五十七度三十分
四十四度	四十三度五十分	五十六度五十五分
四十六度	四十三度十分	五十六度十八分

赤道經度	南界緯度	北界緯度
四十八度	四十二度十六分	五十五度四十分
五十度	四十一度三十分	五十五度
五十二度	四十度四十分	五十四度十六分
五十四度	三十九度十五分	五十三度二十四分
五十六度	三十八度五十分	五十二度三十分
五十八度	三十七度五十三分	五十一度四十分
六十度	三十七度十分	五十一度九分
六十二度	三十六度八分	五十度三十分

六十四度	三十五度十五分	四十九度四十七分
六十六度	三十四度十分	四十八度五十五分
六十八度	三十三度二十七分	四十七度五十分
七十度	三十二度四十四分	四十六度三十五分
七十二度	三十一度	四十四度四十五分
七十四度	二十九度五十分	四十三度五十分
七十六度	二十八度十分	四十二度三十八分
七十八度	二十四度四十分	四十一度十五分
七十九度	二十三度	四十度十分

赤道經度	南界緯度	北界緯度
八十度	二十度	三十九度二十分
八十一度	十八度	三十八度二十分
八十二度	十六度五十分	三十七度十分
八十三度	十五度二十五分	三十六度四十分
八十四度	十三度五十分	三十五度二十五分
八十五度	十二度十分	三十四度
八十六度	九度	三十二度
八十七度	五度三十分	三十度

八十八度	一　度	二十八度二十分
八十八度四十五分	初　度	二十七度
赤道經度		北畏緯度
八十九度		二十六度五　分
九十度		二十三度三十分
九十一度		二十二度五　分
九十二度		二十度四十分
九十三度		十八度五十分
九十四度		十七度二十分

赤道經度	北界緯度
九十五度	十五度三十分
九十六度	十四度
九十七度	十二度二十分
九十八度	十度二十分
九十九度	七度
一百度	五度四十分
一百一度	二度二十分

赤道經度	赤道北河中北上界之緯
二百六十四度	二度
二百六十五度	三度三十分
二百六十六度	五度
二百六十七度	六度七
二百六十八度	八度三分
二百六十九度	九度二十九分
二百七十度	十一度

赤道經度	赤道北河中北下界之緯	河中北上界之緯
二百七十一度	一度	十二度五十八分
二百七十二度	三度	十五度
二百七十三度	四度	十六度十分
二百七十四度	六度五十八分	十八度八分
二百七十五度	七度四十七分	二十度十分
二百七十六度	八度三十五分	二十一度五十五分
二百七十七度	十度	二十二度五十六分

赤道經度	赤道北河中南上界之緯	河中北下界之緯	河中北上界之緯

二百七十八度	一度二十分	十一度四十五分	二十三度三十分
二百七十九度	二度五十分	十二度八分	二十四度
二百八十度	三度二十分	十三度	二十四度三十五分
二百八十一度	五度五分	十三度五十五分	二十五度十分
二百八十二度	六度五分	十四度五十五分	二十六度五分
二百八十三度	七度十分	十六度十五分	二十七度九分
二百八十四度	九度十五分	十七度四十分	二十八度
二百八十五度	十一度十分	十九度	二十九度五分
二百八十六度	十二度五分	十九度五十五分	二十九度五十六分

赤道經度	赤道北河中西下界之緯	河中南上界之緯	河中北下界之緯	河中北上界之緯
二百八十七度	初度十四分	十四度十分	二十一度四十分	三十一度八分
二百八十八度	一度	十五度五分	二十二度	三十一度四十五分
二百八十九度	一度五十五分	十六度十分	二十二度	三十一度五十五分
二百九十度	二度五十分	十七度三十五分	二十四度十分	三十三度四十六分
二百九十一度	三度三十五分	十八度三十五分	三十七度十八分	二十五度五十六分
二百九十二度	五度五分	十九度五分	二十七度五十七分	三十九度八分
二百九十三度	六度	二十一度	二十八度五十六分	四十度四十五分
二百九十四度	七度	二十一度三十分	三十度二十五分	四十二度三十分

二百九十五度	八度二十分	二十三度十分	三十二度	四十三度三十三分
二百九十六度	九度二十五分	二十五度十分	三十三度	四十四度四十五分
二百九十七度	十度五十分	二十五度十分	三十四度五十分	四十五度三十五分
二百九十八度	十一度五十分	二十六度三十分	三十五度三十五分	四十七度
二百九十九度	十三度	二十九分十分	三十五度五十五分	四十七度四十五分
三百度	十五度	二十九度十五分	三十六度八分	四十九度
三百一度	十七度	二十九度三十分	三十六度三十分	四十五度二十分
三百二度	十九度十分	三十一度	三十六度五十七分	四十九度四十七分
三百三度	二十一度五十五分	三十一度五十分	三十九度五十分	五十度十分

赤道經度	赤道北河中南星之緯	河中南上界之緯	河中北下界之緯	河中北上界之緯
三百四度	二十四度十分	三十二度三十五分	四十一度二十三分	五十度五十五分
三百五度	二十五度	三十三度五十五分	四十四度四十七分	五十一度三十分
三百六度	二十六度三十分	三十四度	四十五度五十分	五十二度二十五分
三百七度	二十七度十分	三十五度七分	四十六度六分	五十度
三百八度	二十八度	三十六度五分	四十六度四十分	五十三度二十五分
三百九度	二十九度	三十六度十分	四十七度	五十四度五分
三百十度	三十度	三十七度	四十七度十分	五十五度
三百十一度	三十一度十分	三十九度十五分	四十七度二十分	五十五度十五分

三百十二度　三十一度三十分　四十度　四十七度三十分　五十五度三十五分
三百十三度　三十二度五十分　四十度二十五分　四十七度二十三分　五十八度
三百十四度　三十三度五十五分　四十一度四十三分　四十六度三十分　五十六度三十分
赤道經度　赤道北河中南下界之緯　河中界之緯　河中北上界之緯
三百十四度四十分　三十五度　四十四度三十分　五十七度五十分
赤道經度　赤道北天漢南界　天漢北界
三百十六度　三十五度五十六分　五十七度三十二分
三百十八度　三十八度十八分　五十八度
三百二十度　三十九度五十二分　五十八度三十分

赤道經度	赤道北天漢南界	天漢北界
三百二十二度	四十一度二十分	五十九度
三百二十四度	四十二度三十八分	五十九度十五分
三百二十六度	四十三度五十八分	五十九度三十九分
三百二十八度	四十四度五十分	六十度二十分
三百三十度	四十六度十二分	六十一度
三百三十二度	四十七度十二分	六十一度三十分
三百三十四度	四十八度	六十一度五十五分
三百三十六度	四十八度四十分	六十二度十六分

三百三十八度	四十九度二十分	六十二度三十分
三百四十度	四十九度二十分	六十二度三十二分
三百四十二度	四十九度二十分	六十二度五十五分
三百四十四度	四十九度十八分	六十三度五分
三百四十六度	四十九度三十分	六十三度十二分
三百四十八度	四十九度四十九分	六十三度三十分
三百五十度	五十度三十四分	六十三度五十分
三百五十二度	五十度三十二分	六十三度五十分
三百五十四度	五十度三十六分	六十三度四十三分

赤道經度	赤道北天漢南界	天漢北界
三百五十六度	五十一度	六十四度
三百五十八度	五十一度十四分	六十四度二十三分

天漢南赤道經緯度表

赤道經度	南界緯度
八十九度	初度二十分
九十度	初度五十分
九十一度	二度四十七分
九十二度	三度二十五分

九十三度　四度十五分
九十四度　五度五十五分
九十五度　七度二十五分
九十六度　八度五十三分
九十七度　十度三十分
九十八度　十一度四十五分
九十九度　十三度五分
一百度　十四度十五分
一百一度　十五度四十五分

赤道經度	北界緯度	南界緯度
一百二度	初度十分	十七度三十分
一百三度	一度二十分	十八度四十五分
一百四度	三度十分	二十度十五分
一百五度	四度二十分	二十一度四十分
一百六度	五度三十五分	二十三度
一百七度	六度五十分	二十四度三十五分
一百八度	八度十分	二十六度三十五分
一百九度	九度	二十九度二十五分

一百九度十分	九度二十分	三十五度三十分
一百九度三十分	九度二十五分	三十二度
一百十度	十度二十分	三十八度五十分
一百十一度	十一度二十五分	四十度二十五分
一百十二度	十二度三十五分	四十一度十五分
一百十三度	十三度五十五分	四十二度三分
一百十四度	十五度	四十三度五十七分
一百十五度	十五度三十分	四十六度十五分
一百十六度	十七度四十分	四十七度五十八分

赤道經度	北界緯度	南界緯度
一百十七度	十八度二十五分	四十九度二十五分
一百十八度	十九度三十二分	五十度五十五分
一百十九度	二十度三十分	五十三度二十分
一百二十度	二十一度四十分	五十五度三十三分
一百二十一度	二十三度四十五分	五十六度七分
一百二十二度	二十五度十分	五十六度四十五分
一百二十三度	二十七度二十五分	五十七度三十分
一百二十四度	二十九度五十分	五十九度二十分

一百二十五度	三十二度十二分	五十九度四十五分
一百二十六度	三十三度四十五分	六十度二十五分
一百二十七度	三十四度五十五分	六十一度十分
一百二十八度	三十五度五十五分	六十一度五十分
一百二十九度	三十六度五十分	六十二度五分
一百三十度	三十七度二十分	六十二度二十五分
一百三十一度	三十八度	六十二度五十五分
一百三十二度	三十八度二十五分	六十三度五分
一百三十三度	三十九度	六十三度十分

赤道經度	北界緯度	南界緯度
一百三十四度	四十度二十分	六十三度二十分
一百三十五度	四十二度二十分	六十三度四十分
一百三十六度	四十二度三十二分	六十四度二十分
一百三十七度	四十二度五十五分	六十四度四十分
一百三十八度	四十三度五十五分	六十四度五十五分
一百四十度	四十四度四十分	六十五度三十分
一百四十二度	四十六度	六十六度
一百四十四度	四十六度五十八分	六十七度五分

一百四十四度	四十七度五十五分	六十七度三十五分
一百四十八度	四十八度四十分	六十八度
一百五十度	四十九度二十分	六十八度十分
一百五十二度	五十度四十分	六十八度二十分
一百五十四度	五十一度五十分	六十八度四十五分
一百五十六度	五十三度三十分	六十九度五分
一百五十八度	五十四度二十五分	六十九度十分
一百六十度	五十五度二十五分	六十九度三十二分
一百六十二度	五十五度五十五分	六十九度四十七分

赤道經度	北界緯度	南界緯度
一百六十四度	五十六度七分	七十度
一百六十六度	五十六度二十分	七十度十五分
一百六十八度	五十六度四十分	七十度十六分
一百七十度	五十六度五十七分	七十度二十分
一百七十二度	五十七度十分	七十度三十分
一百七十四度	五十七度二十分	七十度三十五分
一百七十六度	五十七度三十分	七十度三十五分
一百七十八度	五十七度四十分	七十度三十五分

一百八十度	五十七度二十五分	七十度　分
一百八十二度	五十七度二十五分	七十度　分
一百八十四度	五十七度二十五分	七十度　分
一百八十六度	五十七度二十二分	七十度　分
一百八十八度	五十七度三十分	七十度　分
一百九十度	五十七度二十五分	七十度　分
一百九十二度	五十七度十五分	七十度　分
一百九十四度	五十六度五十二分	七十度　分
一百九十六度	五十六度三十五分	七十度　分

赤道經度	北界緯度	南界緯度
一百九十八度	五十六度二十分	七十度二十分
二百度	五十六度二十五分	七十度二十二分
二百二度	五十六度二十五分	七十度三十分
二百四度	五十六度三十分	七十度三十分
二百六度	五十六度三十二分	七十度三十分
二百八度	五十六度四十分	七十度四十分
二百十度	五十六度三十五分	七十度五十分
二百十二度	五十六度三十四分	七十度五十分

二百十四度	五十六度四十分	七十度四十分
二百十六度	五十六度二十分	七十度二十五分
二百十八度	五十六度十、分	七十度十五分
二百二十度	五十五度二十五分	七十度五分
二百二十二度	五十五度二十三分	七十度
二百二十四度	五十五度七分	七十度
二百二十六度	五十四度四十分	六十九度四十五分
二百二十八度	五十四度	六十九度四十五分
二百三十度	五十二度三十分	六十九度四十七分

赤道經度	北界緯度	南界緯度
二百三十二度	五十一度二十分	六十九度四十分
二百三十四度	四十九度二十八分	六十九度十分
二百三十五度	四十七度四十分	六十九度
二百三十六度	四十六度三十分	六十八度三十五分
二百三十七度	四十五度	六十八度
二百三十八度	四十三度十八分	六十七度
二百三十九度	四十二度二十二分	六十六度三十五分

赤道經度	北界緯度	河中界	南界緯度

二百四十度　三十四度四十二分　三十八度四十五分　六十六度十分

赤道經度	北界緯度	南界緯度
二百四十一度	二十三度十分	六十五度三十五分
二百四十二度	三十二度	六十五度十八分
二百四十三度	三十度二十分	六十四度五十分
二百四十四度	二十九度	六十四度五分
二百四十五度	二十八度	六十三度五十五分
二百四十六度	二十六度五十五分	六十三度四十分
二百四十七度	二十五度五十分	六十三度三十分

赤道經度	北界緯度	南界緯度
二百四十八度	二十四度四十分	六十三度二十分
二百四十九度	二十三度三十分	六十三度

赤道經度	河中北上界之緯	河中北下界之緯	河中南上界之緯	河中南下界之緯
二百四十九度十分	二十三度二十分	三十三度十分	三十五度三十分	六十二度五十分
二百五十度	二十一度五十五分	三十一度	三十八度四十五分	六十二度三十二分
二百五十一度	二十度	三十度	三十七度	六十二度二十一分
二百五十二度	十八度五十分	二十八度五十五分	三十八度	六十一度十分
二百五十三度	十七度五分	二十七度四十分	三十四度十分	六十一度二十六分

二百五十四度	十五度三十分	二十八度三十分	三十三度	六十度二十分
二百五十五度	十四度十二分	二十五度	三十一度	六十度五分
二百五十六度	十三度二十分	二十二度四十分	三十一度五分	五十九度三十分
二百五十七度	十一度五十分	二十一度三十分	三十度	五十七度
二百五十八度	十度十三分	十九度四十三分	二十九度	五十六度
二百五十九度	九度十分	十八度六分	二十七度五十分	五十五度三十分
二百六十度	六度十八分	十六度三十五分	二十六度三十五分	五十四度五十五分
二百六十一度	四度三十分	十五度二十分	二十五度三十分	五十四度十分
二百六十二度	三度三十八分	十三度二十七分	二十四度十三分	五十三度三十分

赤道經度	河中北上界之緯	河中北下界之緯	河中南上界之緯	河中南下界之緯
二百六十三度	初度	十一度十九分	二十二度三十分	五十度二十分

赤道經度	赤道南河中北下界之緯	河中南上界之緯	河中南下界之緯
二百六十四度	九度五十四分	二十度四十五分	四十六度四十分
二百六十五度	七度十五分	十九度五十五分	四十三度十分
二百六十六度	五度五十七分	十八度四十分	四十度四十分
二百六十七度	四度四十四分	十七度四十五分	三十九度十分
二百六十八度	三度五分	十六度三十五分	三十六度
二百六十九度	初度五十四分	十五度	三十四度二十分

赤道經度	赤道南河中南畍之緯	河中南下畍之緯
二百七十度	初度四分 十三度	三十二度三十分
二百七十一度	十一度三十分	三十一度三十分
二百七十二度	十度十五分	二十八度三十分
二百七十三度	八度	二十七度二十一分
二百七十四度	八度十分	二十五度五十五分
二百七十五度	五度五分	二十二度二十五分
二百七十六度	三度五分	二十度五十分
二百七十七度	初度五分	十八度四十分

赤道經度	赤道南河中南下界之緯
二百七十八度	十七度五分
二百七十九度	十五度
二百八十度	十四度
二百八十一度	十二度三十五分
二百八十二度	十一度五分
二百八十三度	九度五分
二百八十四度	六度四十五分
二百八十五度	四度

二百八十六度　　二度三十分

蛇腹下氣赤道經緯度表

赤道經度	北界緯度	南界緯度
十五度	七十二度三十分	度十分
十七度	七十一度五十分	度五十分
十八度	七十一度二十分	度十分
十九度	七十度五十分	度三十分
二十度	七十度四十分	度五十分

赤道經度	北界緯度	南界上緯度	南界下緯度
二十一度	七十度	七十五度四十分	七十七度

赤道經度	北界緯度	南界緯度
二十二度	七十度	七十七度二十分
二十二度	七十度	七十七度四十分
二十四度	七十度十分	七十八度十分
二十五度	七十度三十分	七十八度十分
二十六度	七十一度	七十八度十五分
二十七度	七十一度二十分	七十八度十五分

二十八度	七十一度五十分	七十八度十五分
二十九度	七十三度五分	七十八度十五分
三十度	七十三度四十分	七十八度十五分
三十一度	七十三度五十分	七十八度十分
三十二度	七十四度	七十八度五分
三十三度	七十四度	七十七度四十分
三十四度	七十四度十分	七十七度十五分
三十五度	七十四度五十分	七十六度十五分

夾白下氣赤道經緯度表

赤道經度	北界緯度	南界緯度
六十四度五十分	六十九度十分	七十度
六十六度	六十六度五十分	七十二度三十分
六十七度	六十六度五十分	七十二度

赤道經度	河中北上界之緯	河中北下界之緯	河中南上界之緯	河中南下界之緯
六十八度	六十八度五十分	七十度	七十度五十分	七十二度二十分
六十九度	六十七度	七十度	七十一度三十分	七十二度三十分
七十度	六十七度四十分	七十度三十分	七十一度三十分	七十二度四十五分
七十一度	六十七度五十五分	七十度四十分	七十二度	七十三度

七十二度	六十八度	七十一度十分	七十二度十五分	七十三度十分
七十三度	六十八度十分	七十一度二十分	七十二度二十分	七十三度十五分
七十四度	六十八度十分	七十一度三十分	七十二度二十分	七十三度二十分
七十五度	六十八度十分	七十一度三十分	七十二度三十五分	七十三度二十分
七十六度	六十八度十五分	七十一度三十一分	七十二度三十分	七十三度二十分
七十七度	六十八度二十分	七十一度三十分	七十二度三十分	七十三度二十五分
七十八度	六十八度三十分	七十一度三十五分	七十二度三十五分	七十三度三十分
七十九度	六十八度五十分	七十一度三十分	七十一度三十五分	七十三度三十分
八十度	六十九度	七十一度三十分	七十一度三十五分	七十三度四十分

赤道緯度	河中北上界之緯	河中北下界之緯	河中南上界之緯	河中南下界之緯
八十一度	六十九度	七十一度四十分	七十二度四十分	七十二度四十五分
八十二度	六十九度十分	七十一度四十五分	七十二度四十分	七十三度五十五分
八十三度	六十九度二十分	七十一度五十五分	七十二度四十五分	七十四度
八十四度	六十九度二十五分	七十一度五十五分	七十二度四十五分	七十四度十分
八十五度	六十九度三十五分	七十二度	七十二度五十五分	七十四度十五分
八十六度	六十九度四十分	七十一度五十五分	七十二度五十五分	七十四度二十五分
八十七度	六十九度四十分	七十二度	七十二度五十五分	七十四度三十分
八十八度	六十九度三十分	七十二度五分	七十二度五十分	七十四度三十分

八十九度　六十九度二十五分　七十度二十分　七十三度五十分　七十四度三十分

赤道經度	北界緯度	南界緯度
九十度	六十九度十五分	七十四度三十分
九十一度	六十九度十分	七十四度三十分
九十二度	六十九度	七十四度二十分
九十三度	六十九度	七十四度五分
九十四度	六十九度二十分	七十三度五十分
九十五度	六十九度五十分	七十三度三十分
九十六度	七十度三十分	七十二度五十分

赤道經度

九十六度三十分

北界緯度

七十一度

南界緯度

七十一度五十分

諸儀象弁言

諸儀有作之法有用之法有安之法并有所爲堅固與其輕重之理爲數甚繁有若河漢而無極雖累牘莫盡也故非繪圖以明之而又從而推廣之則何以得其解邪今諸儀既各詳其說矣迺復繪之以圖而附編于末蓋欲令凡之論說者無不可索于形似而證之也然且說之所未及者而圖無不及之又所以補說之所未及苟因是而循跡而起悟焉則神明固不出乎矩矱之中矣奘諸書之有圖者多綴于其說之下以爲覩其文即尋其象不勞翻閱也而不知文有繁簡圖有参差使序列而共處于一篇之中則必交互汗漫未有能快于目者也故此編也說自爲一類而圖又自爲一類不相混也然讀某說而有不得于心者檢某圖而即得之又未始不相貫焉且六儀之外又廣之以各器各法者何蓋一以明諸儀之綱領而釋前篇所引輕重學之諸理一以反覆明夫諸儀之合法隨地隨時用之而無不宜也蓋測天之儀有定于一處而不移者如在于觀象臺者是也亦有可攜而隨身以便用者如左天下各省凡所以測交食節氣日之出入晝夜之長短各地不同者是也有陸路所用而定者有水次所用而懸者有測天測地測水測氣測山嶽之高雲之近遠氣之輕重寒熱燥溼諸類各有所測之儀而其所爲作與用之法于是乎備已

時

大清康熙甲寅歲日躔娵訾之次治理曆法極西南懷仁識

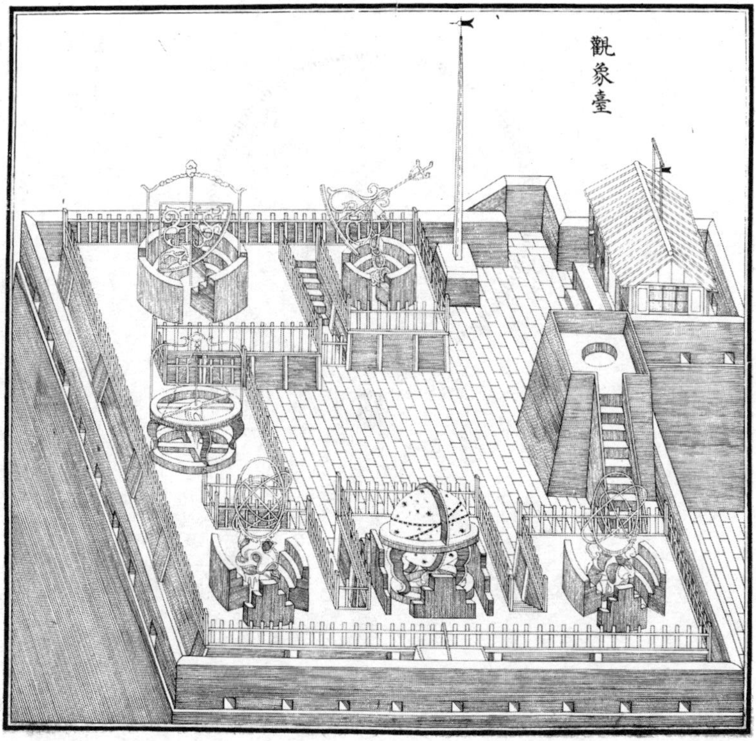
觀象臺

第一圖
黃道儀

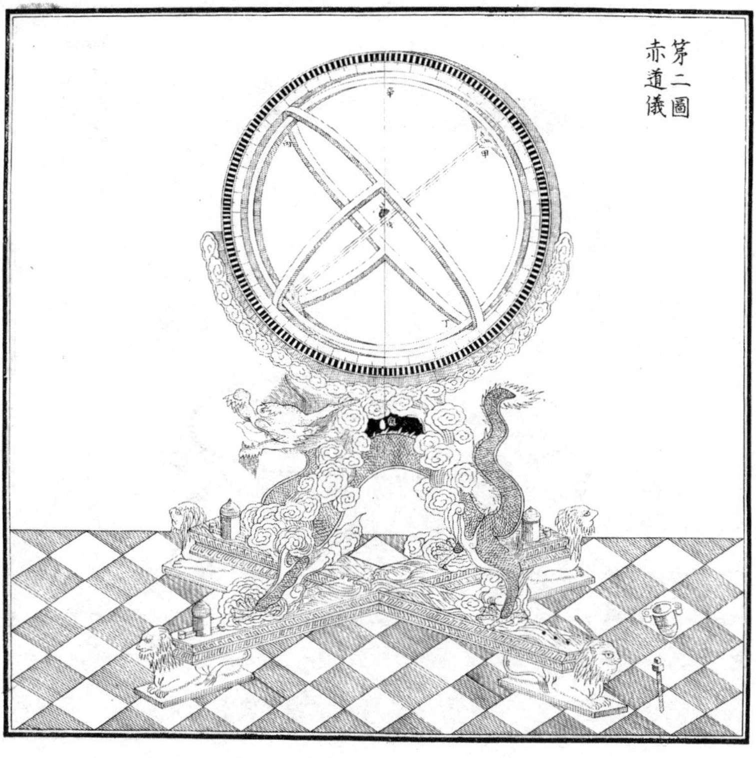
第二圖
赤道儀

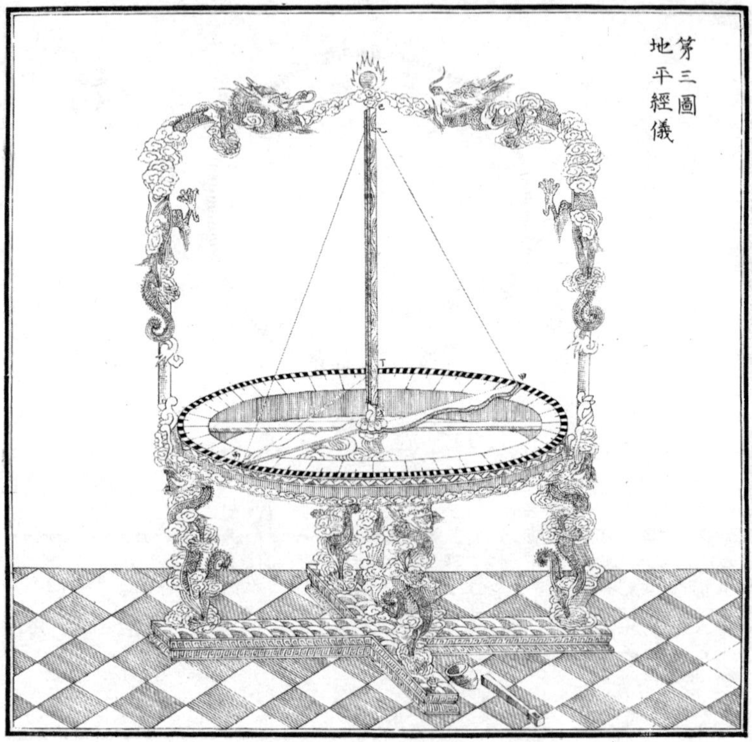

第三圖
地平經儀

苐四圖
象限儀

第五圖
紀限儀

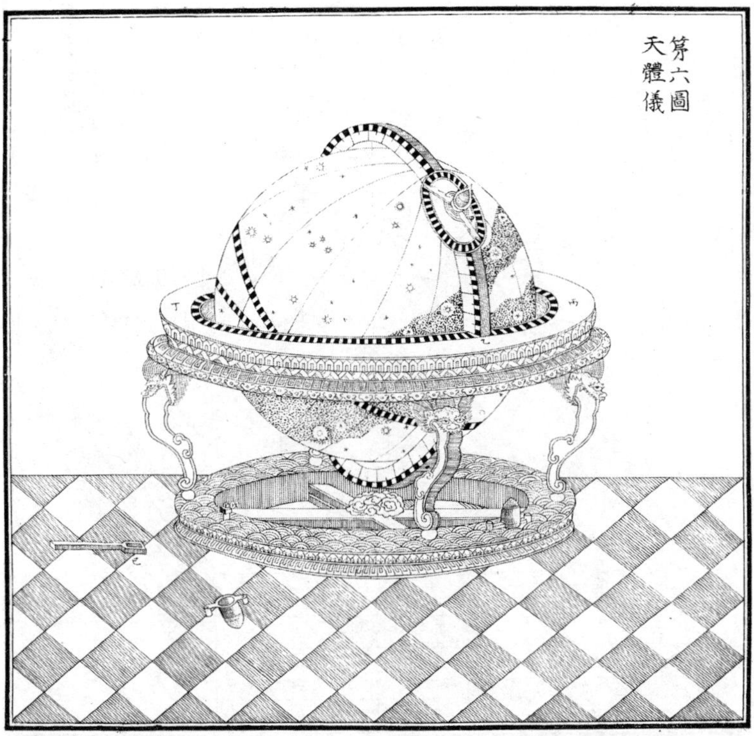

第六圖
天體儀

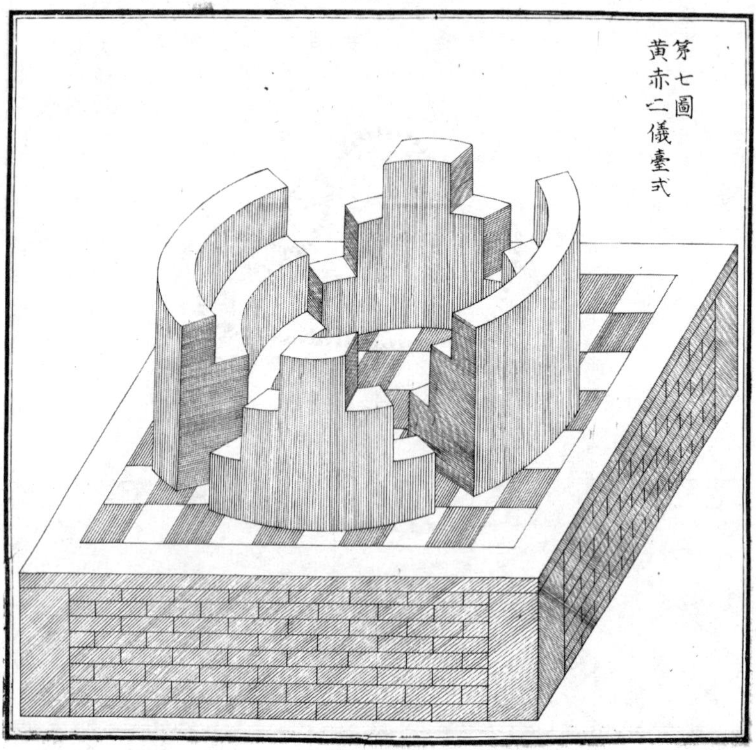
第七圖
黄赤二儀臺式

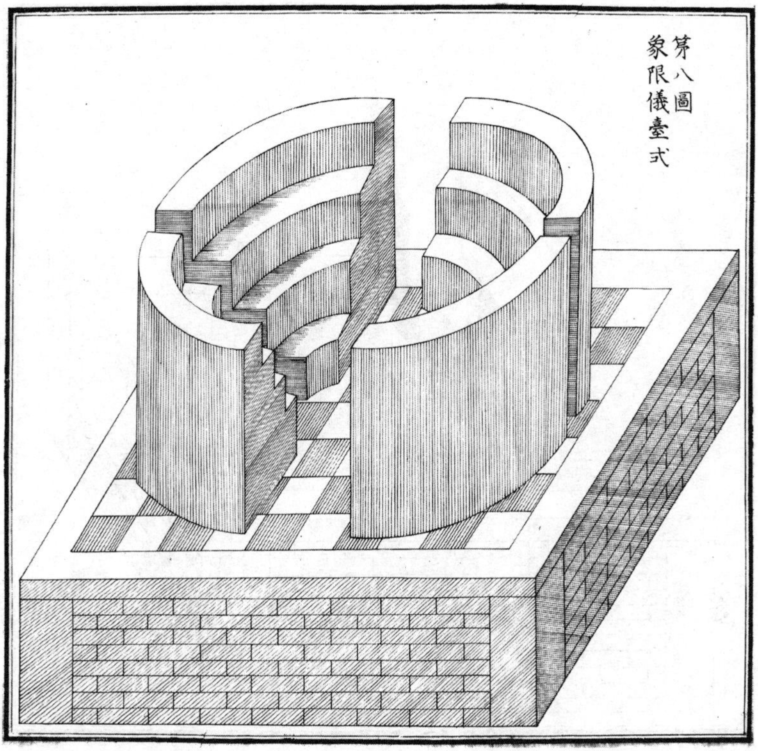
第八圖
象限儀臺式

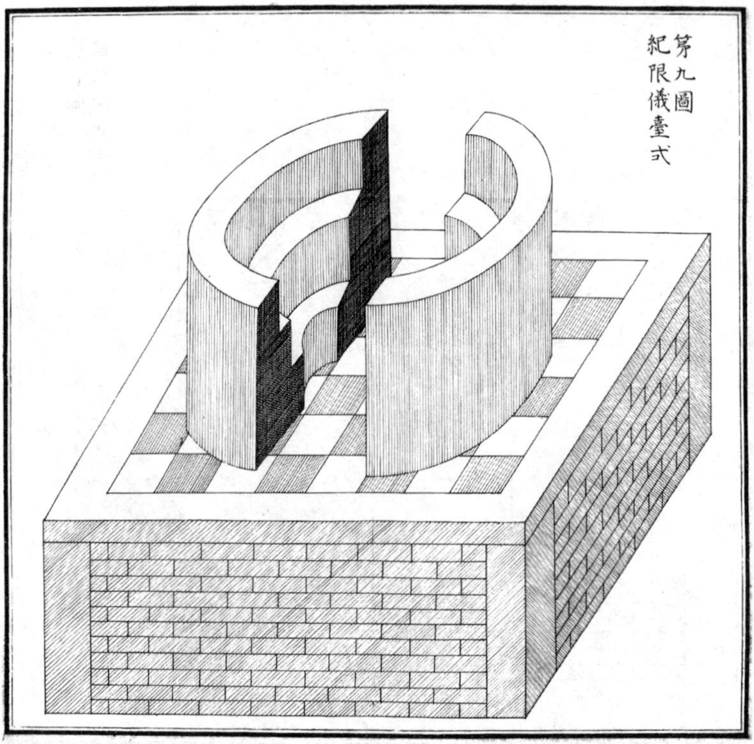

第九圖 紀限儀臺式

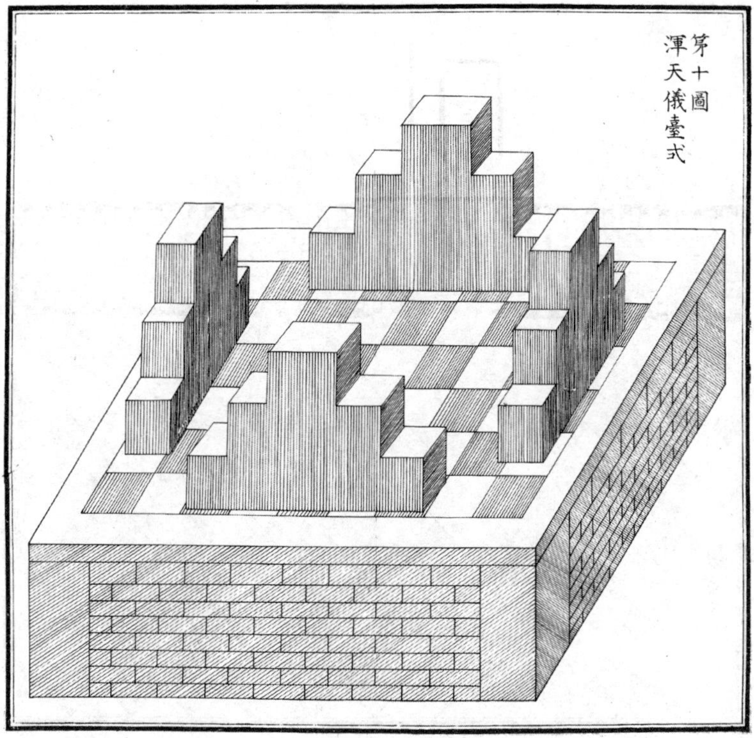

第十圖
渾天儀臺式

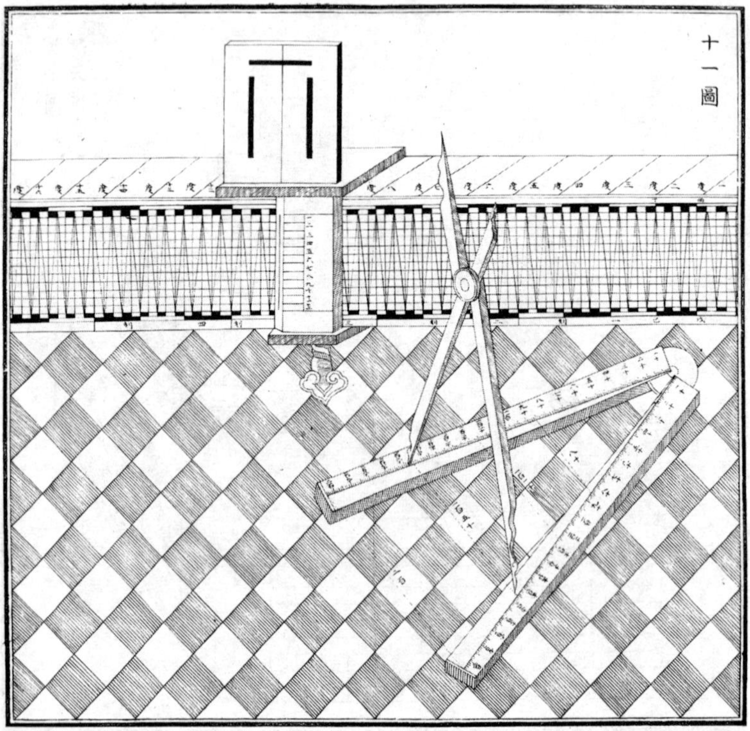

十一圖

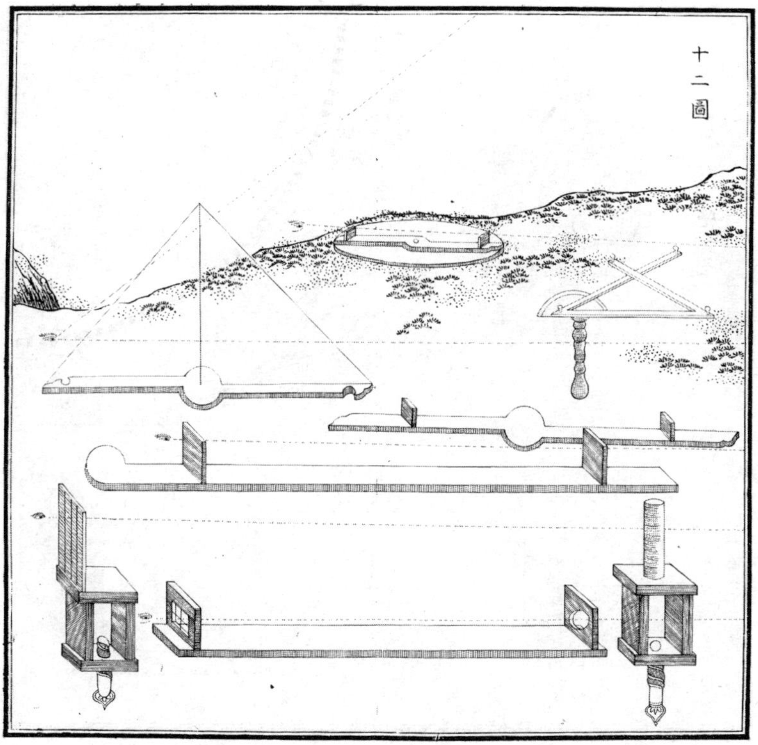
十二圖

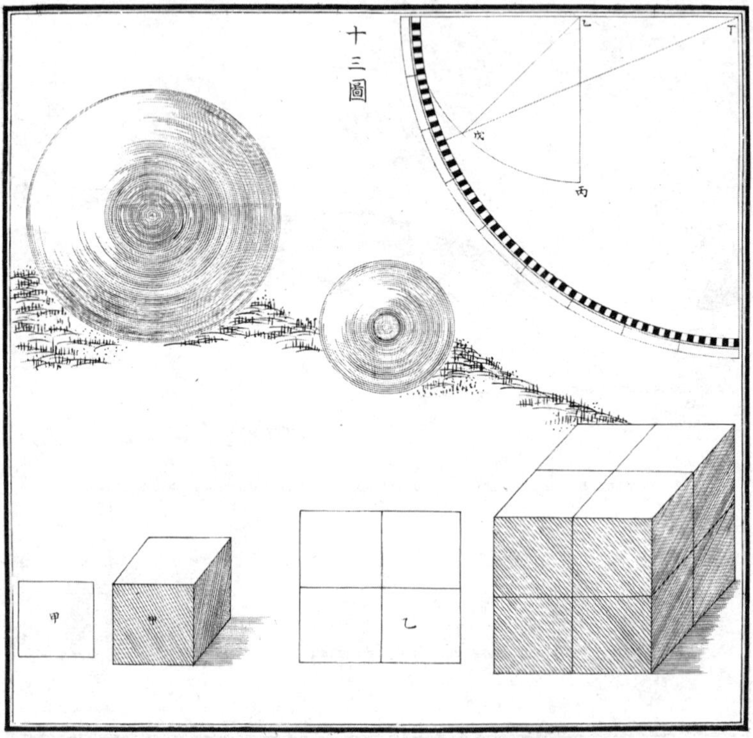
十三圖
乙
丁
戊
丙
甲
甲
乙

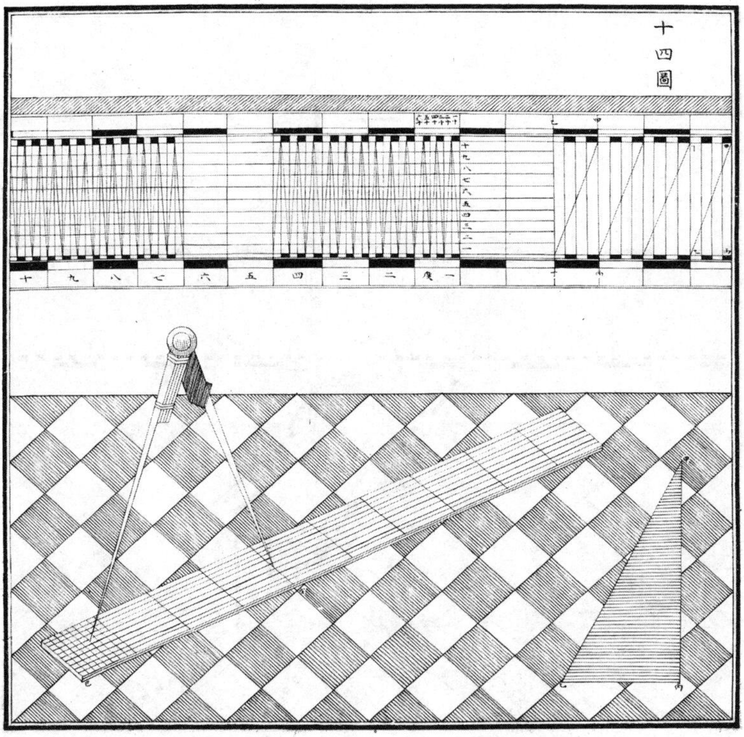
十四圖

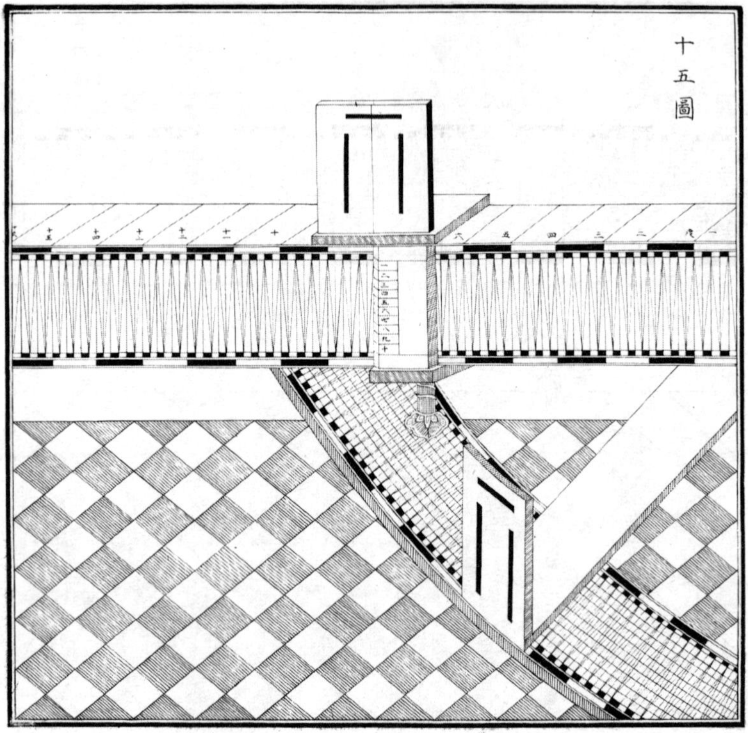

十五圖

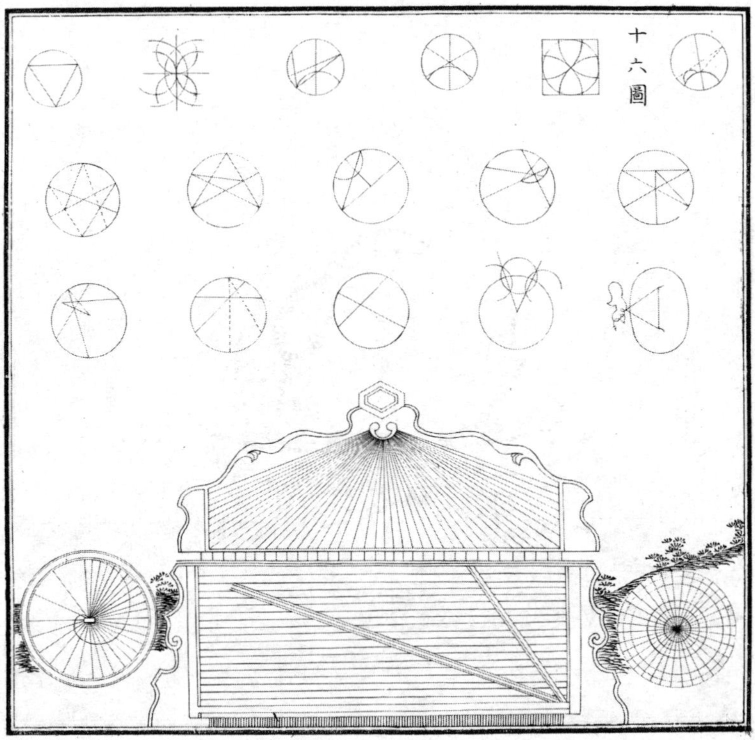
十六圖

十七圖

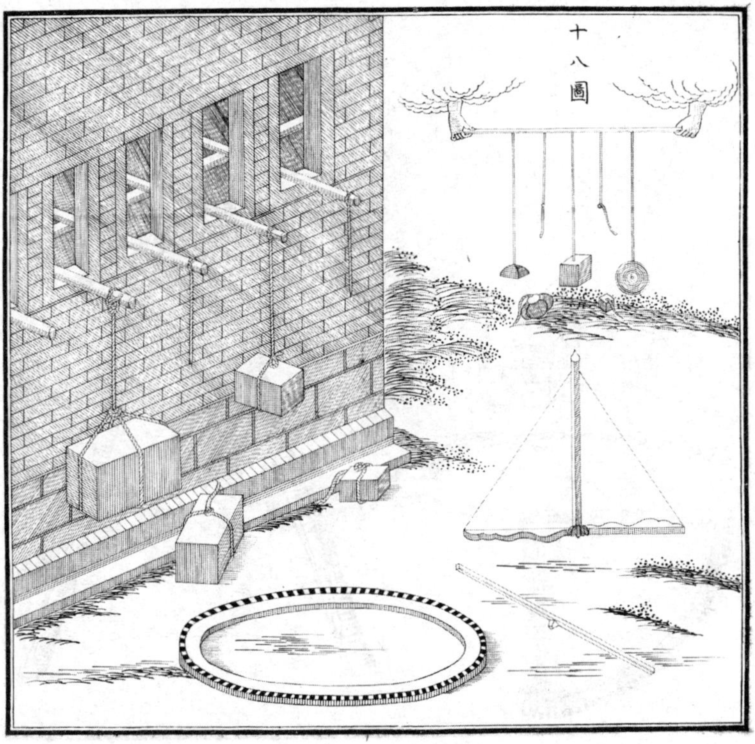
十八圖

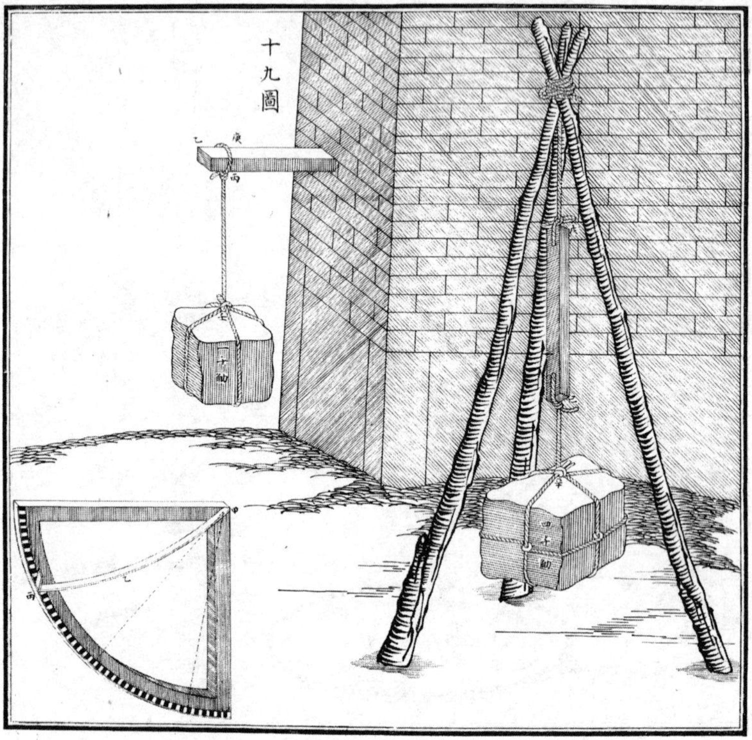
十九圖
乙
庚
丙

二十圖

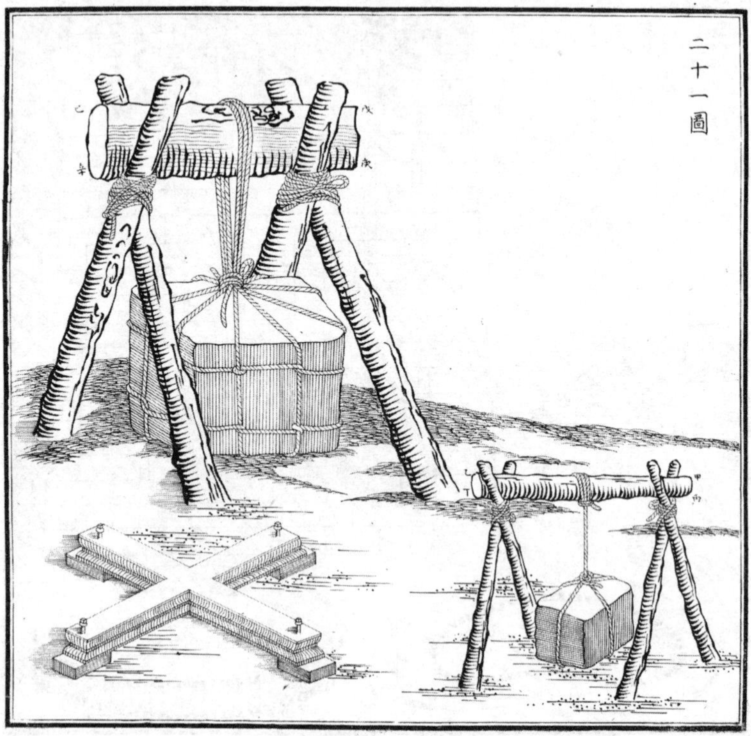

二十一圖

二十二圖

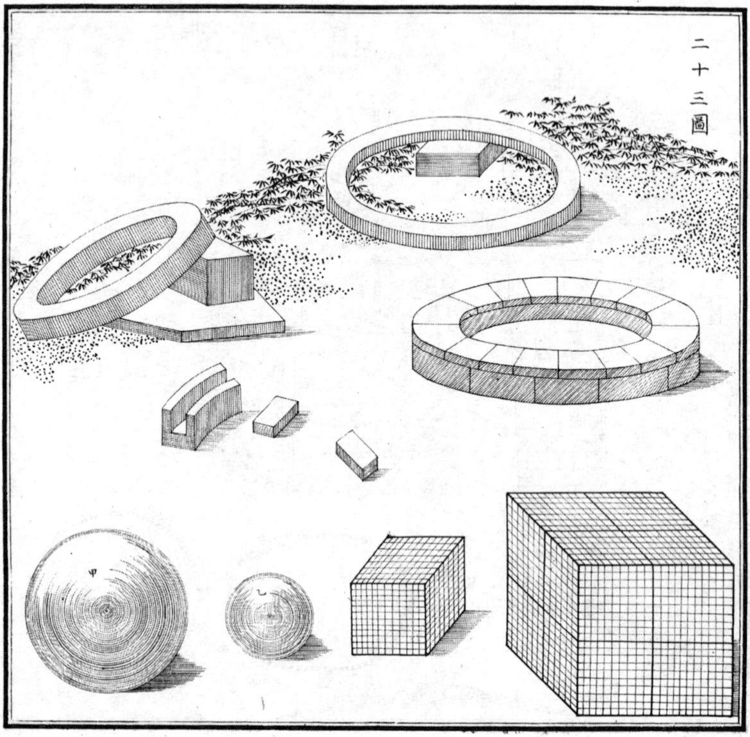
二十三圖

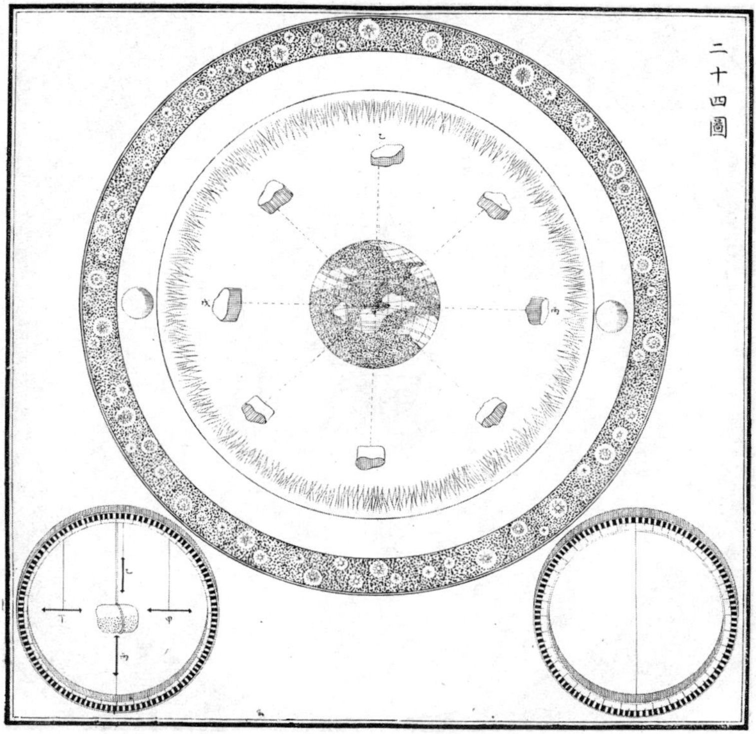
二十四圖

二十五圖

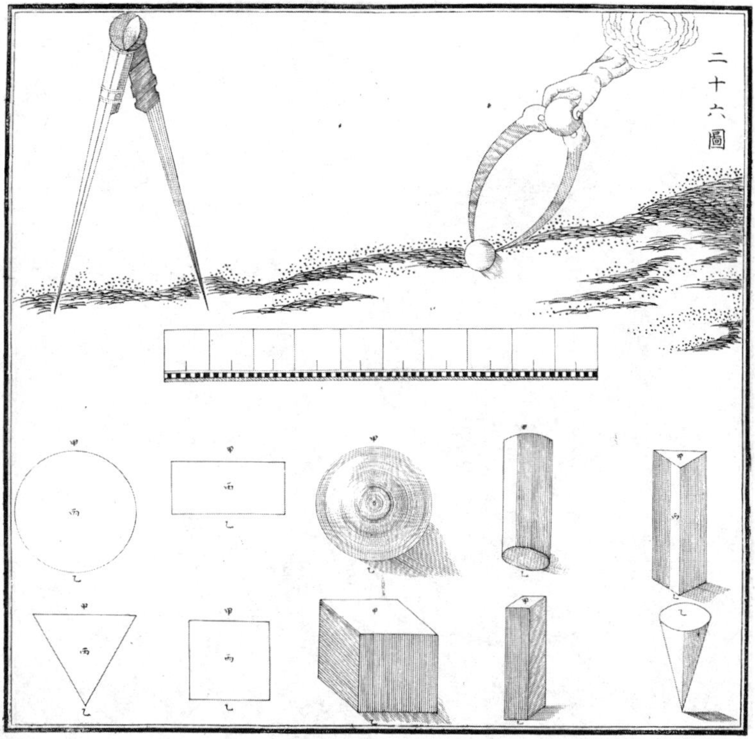
二十六圖
甲
丙
乙
甲
丙
乙
甲
乙
甲
乙
甲
丙
乙
甲
丙
乙
甲
丙
乙
甲
甲
乙
甲
乙
乙

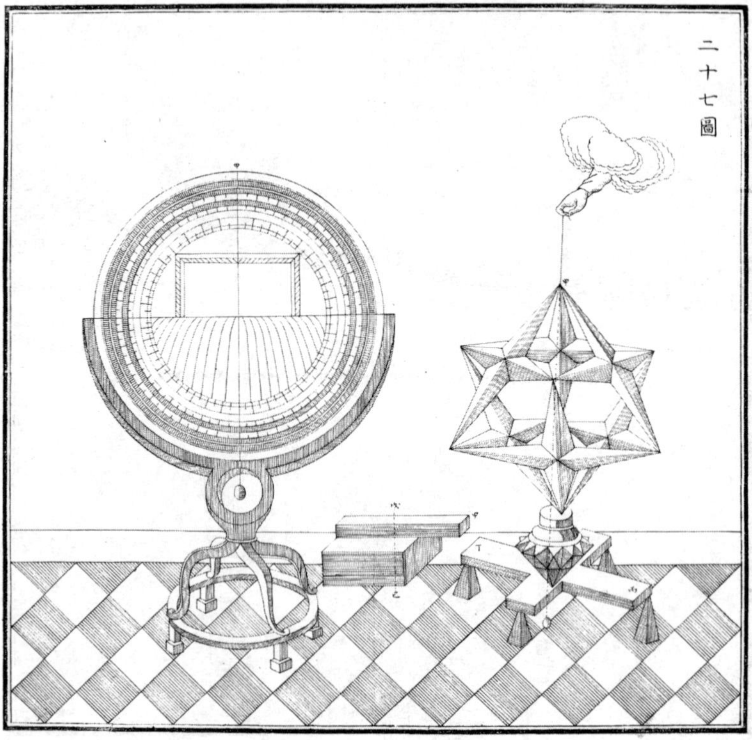

二十七圖

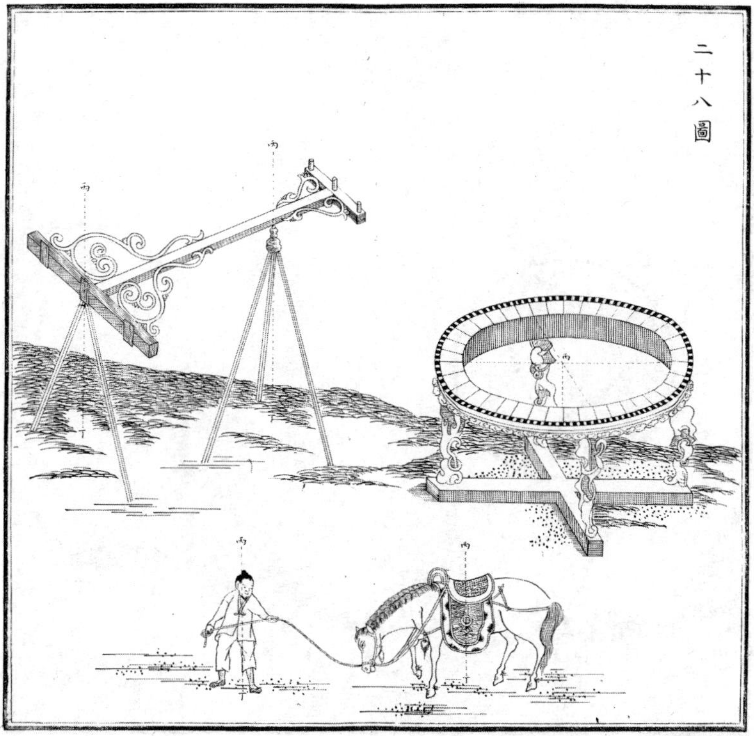

二十八圖

三十圖
三十一圖
二十九圖

三十三圖
三十二圖

三十四圖

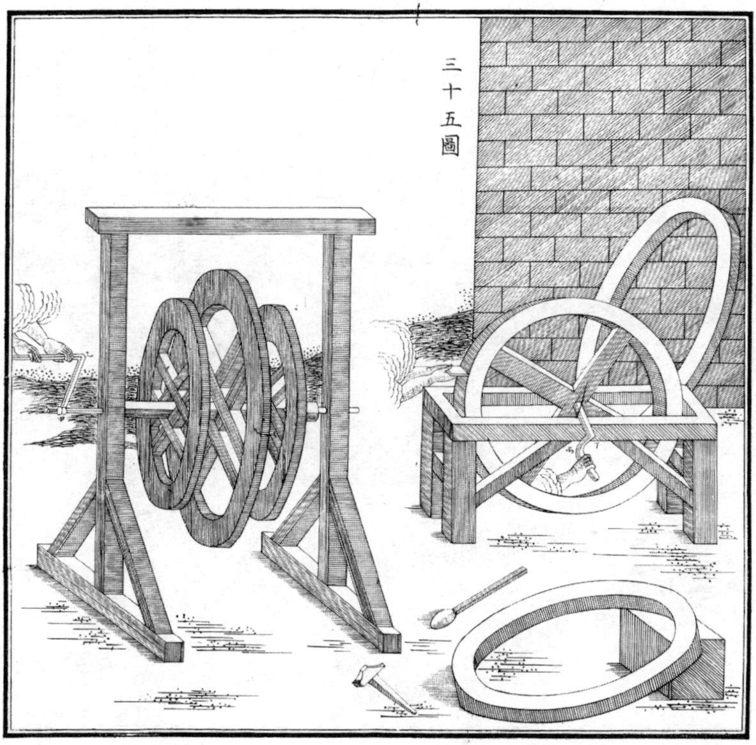
三十五圖

三十六圖

三十七圖

三十八圖

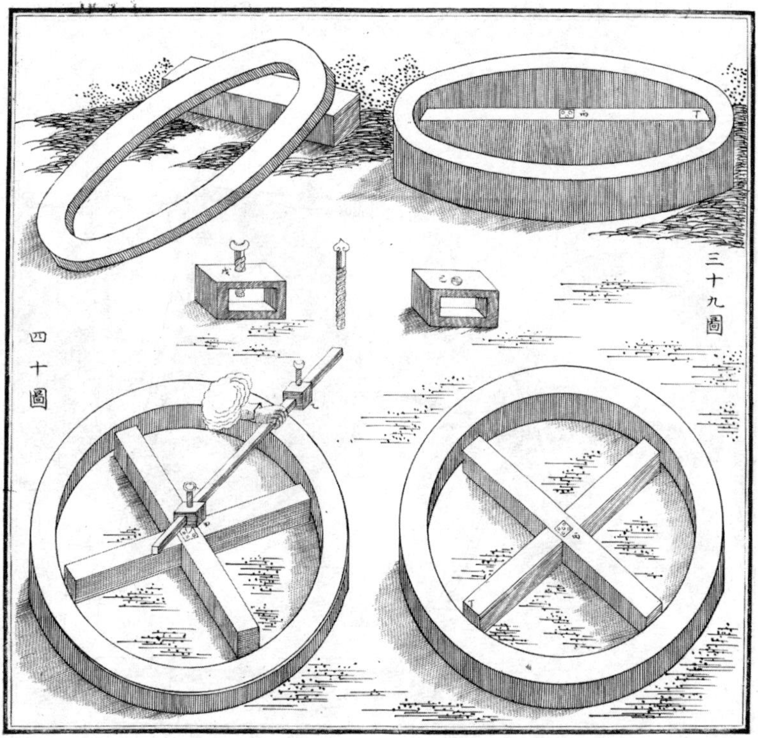
三十九圖
四十圖

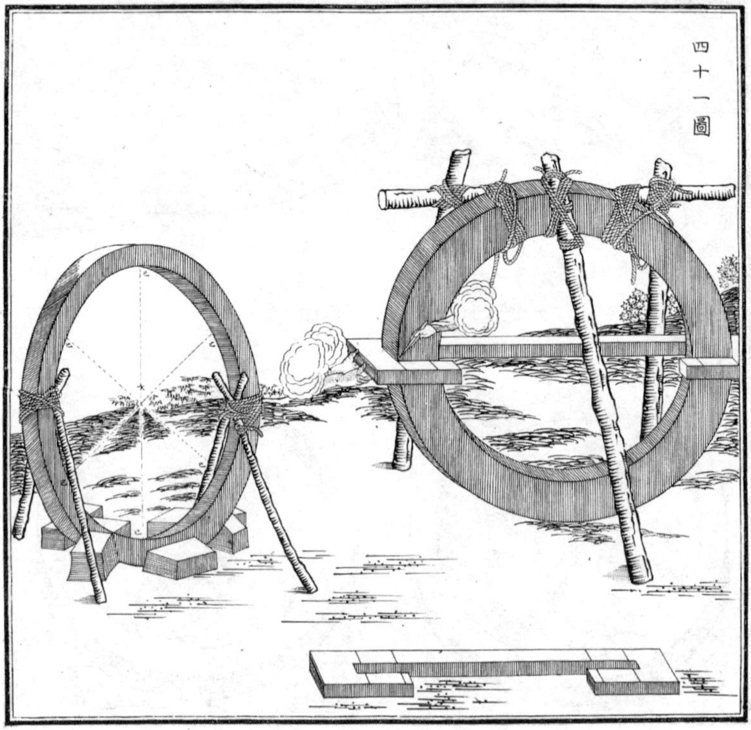
四十一圖

四十二圖

四十三圖

四十四圖

四十五圖

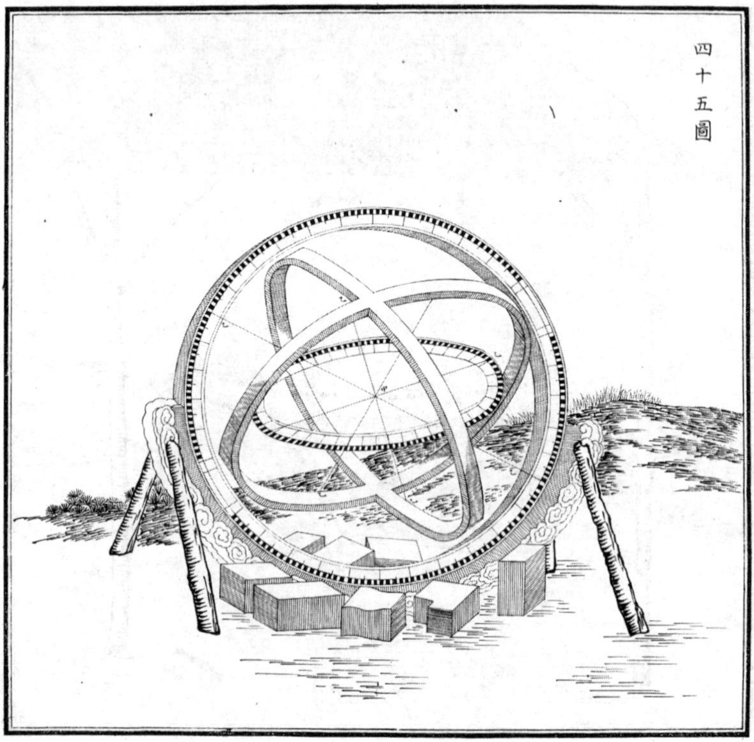

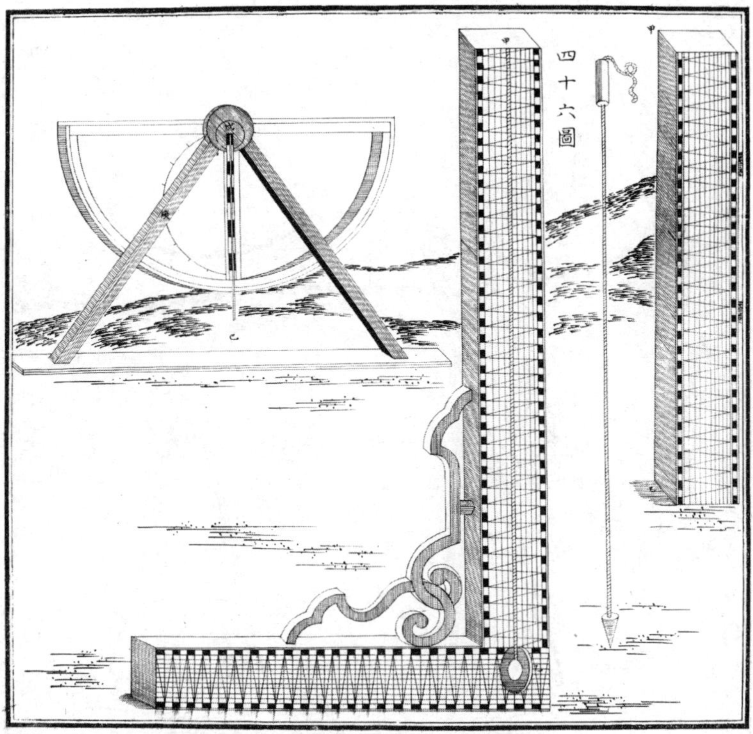
四十六圖

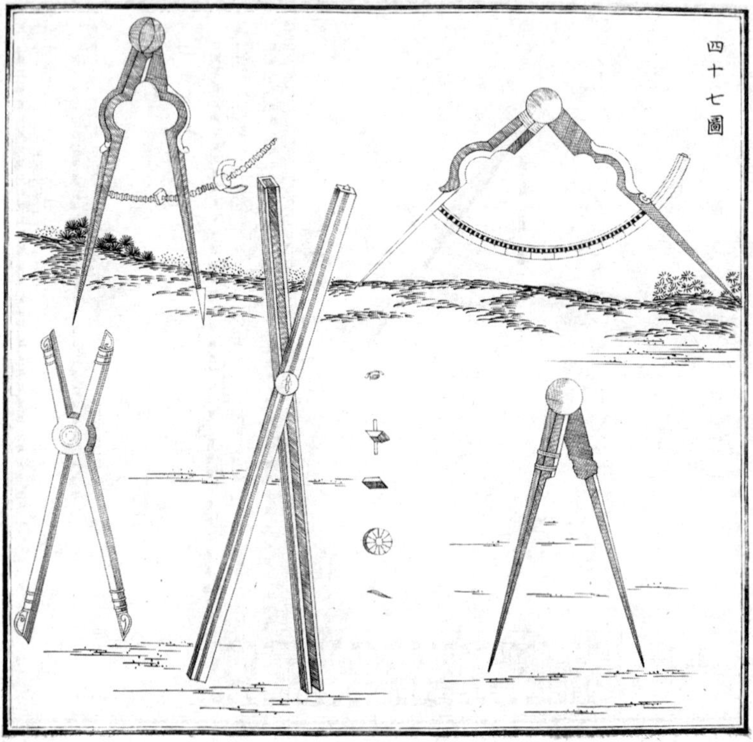
四十七圖

四十八圖

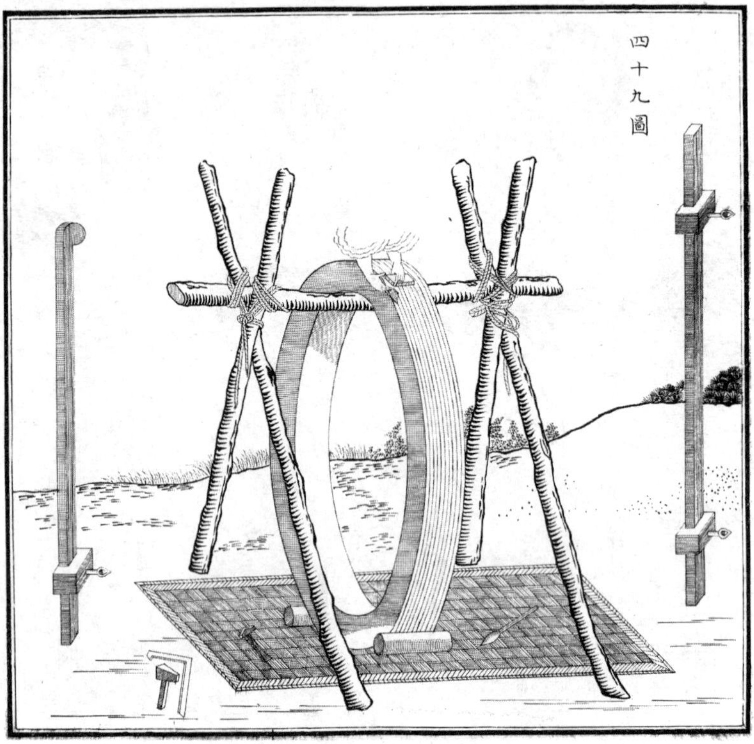
四十九圖

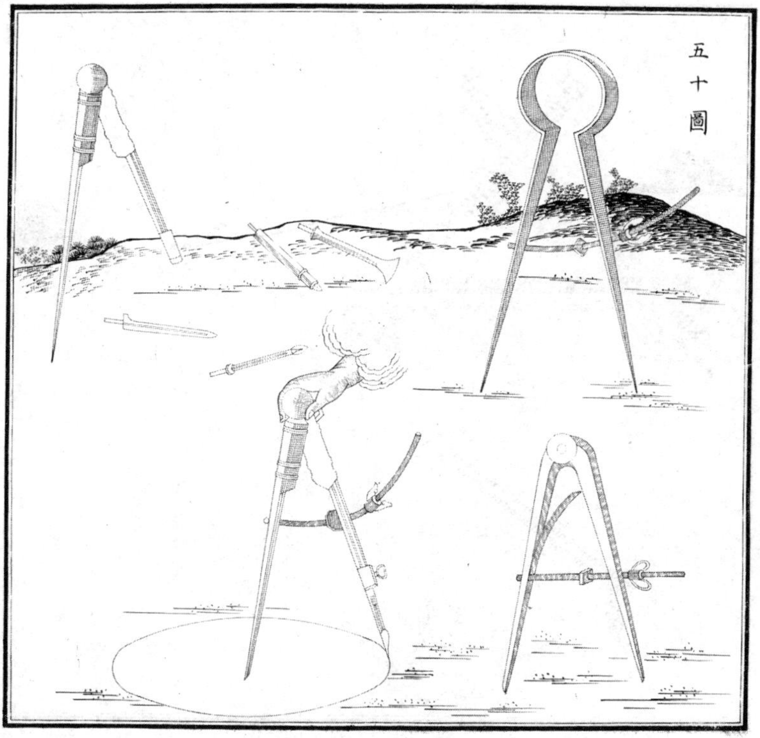
五十圖

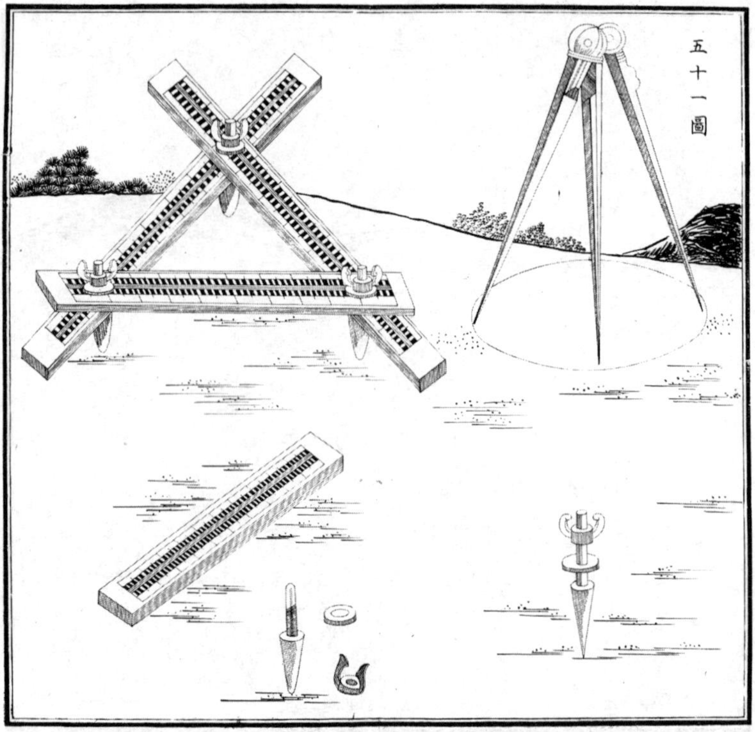
五十一圖

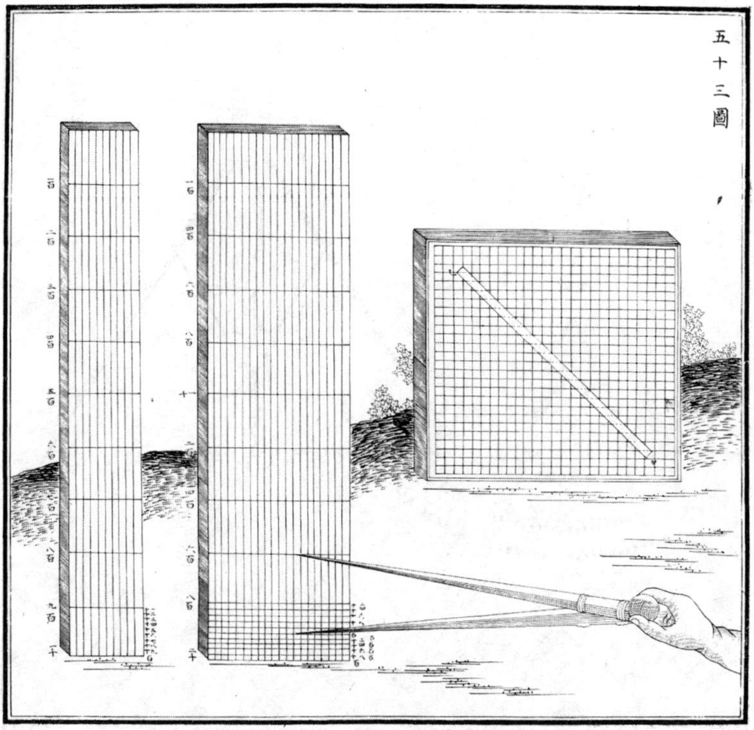
五十三圖

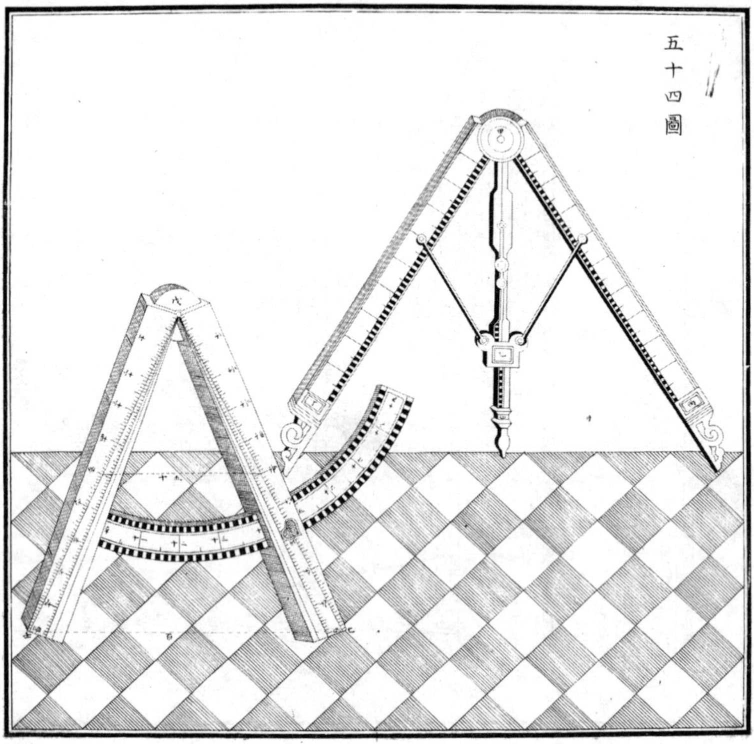

五十四圖

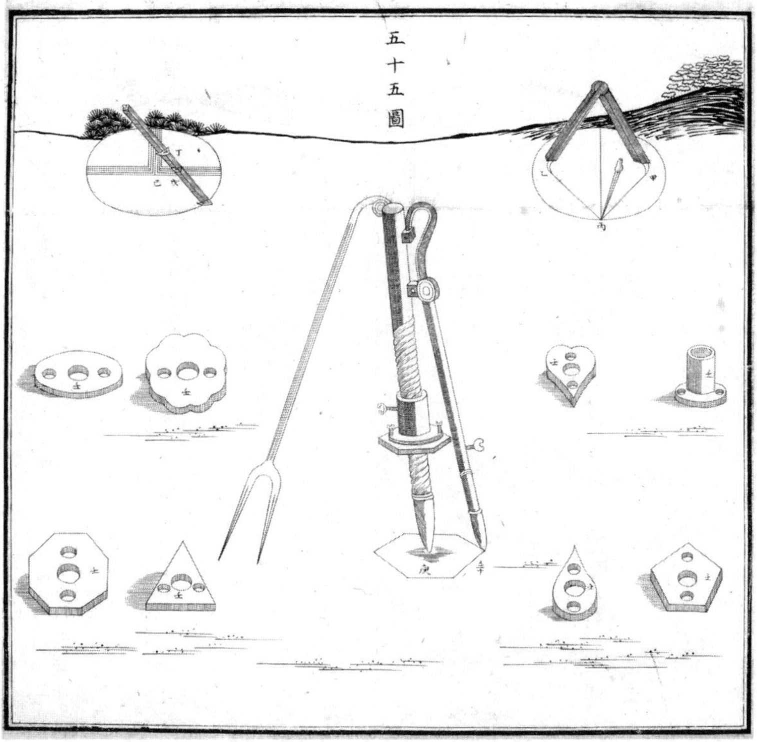
五十五圖
丁
戊
己
乙
甲
丙
庚
辛

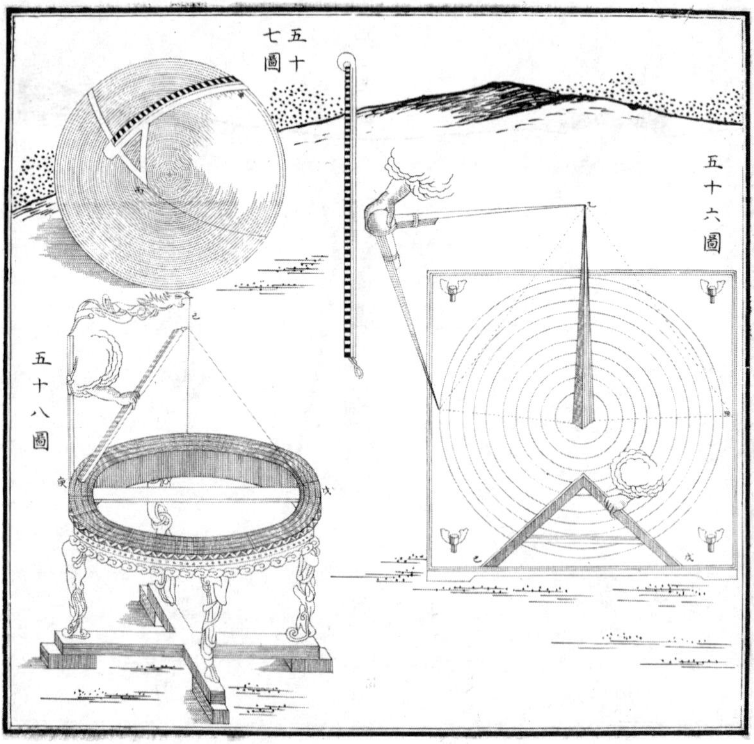
五十七圖
五十六圖
五十八圖

五十九圖

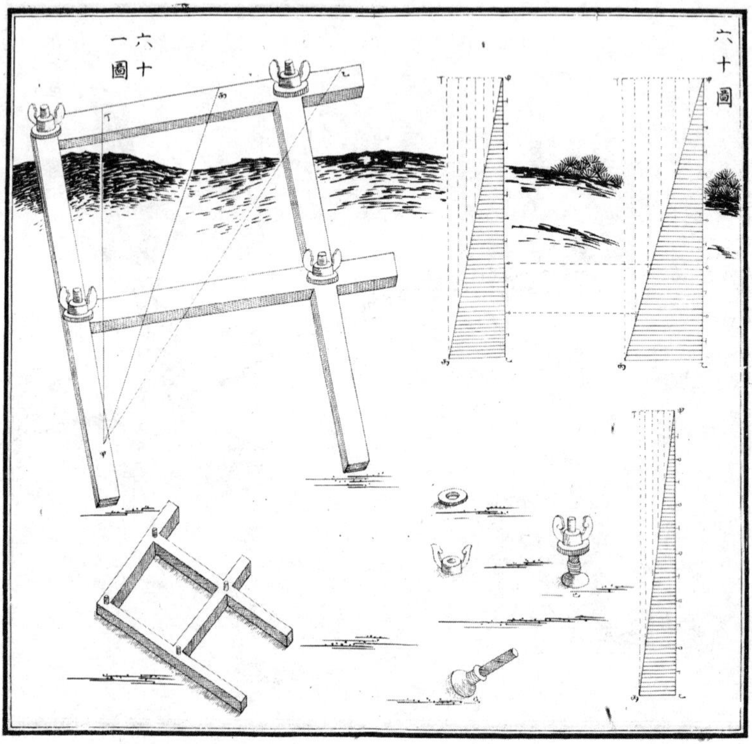
六十一圖
六十圖

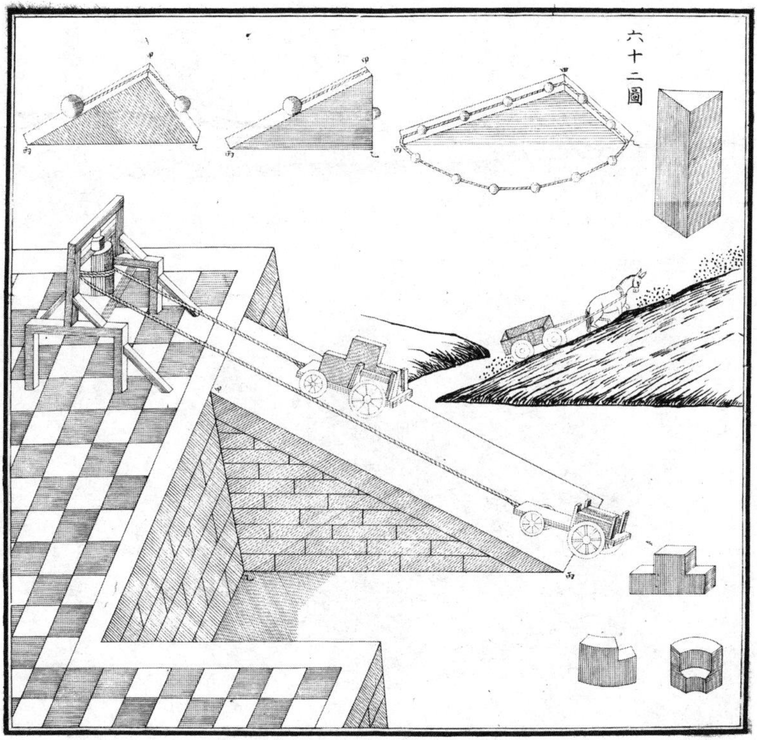

六十二圖

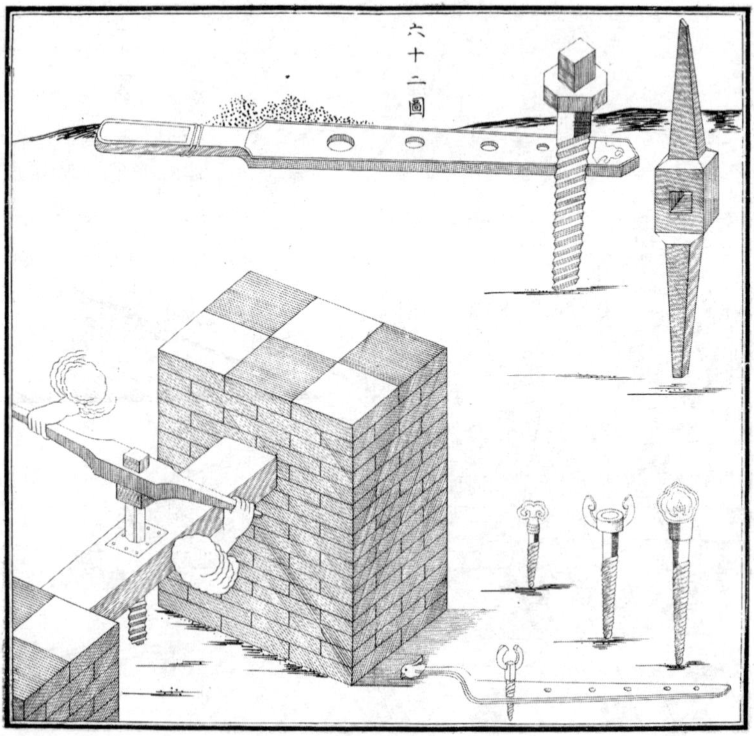
六十二圖

六十三圖

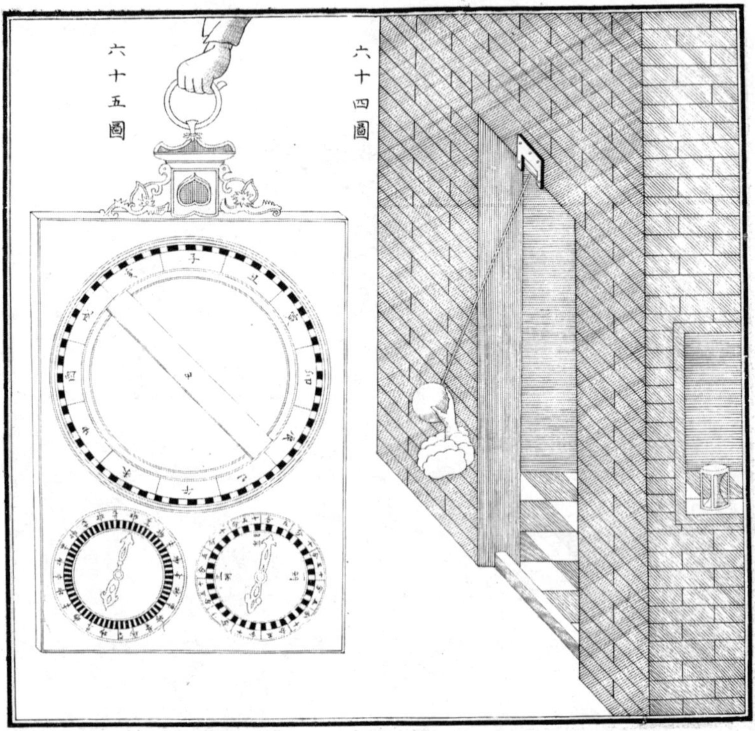
六十四圖
六十五圖

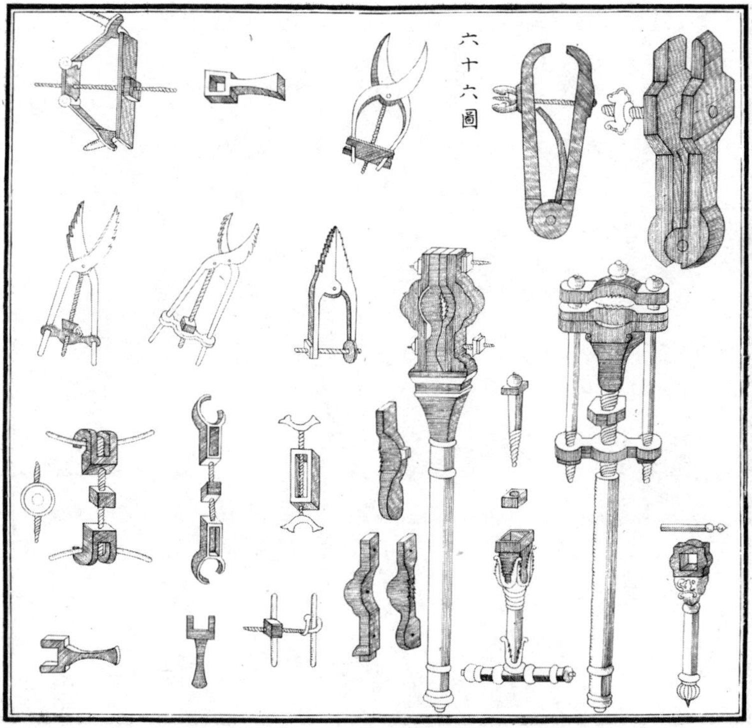
六十六圖

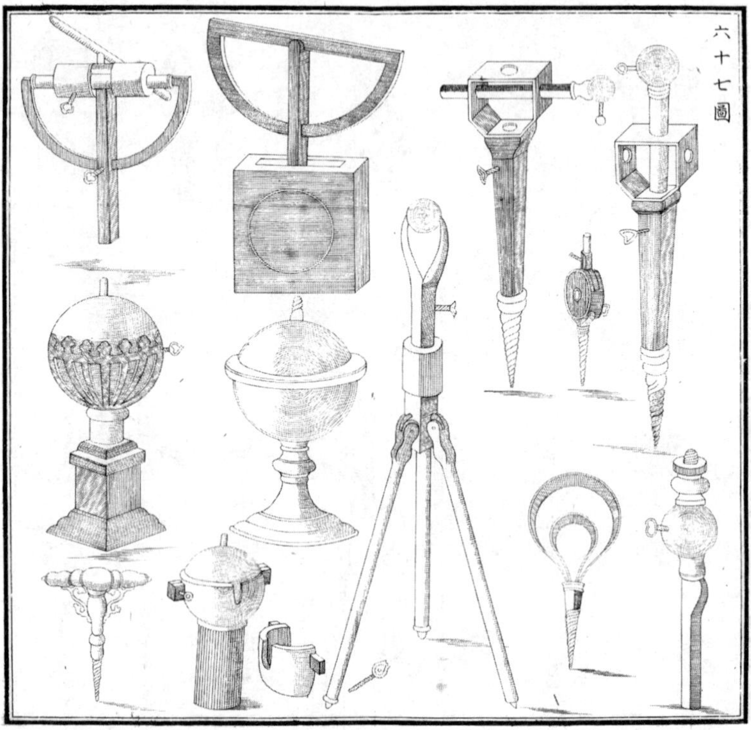
六十七圖

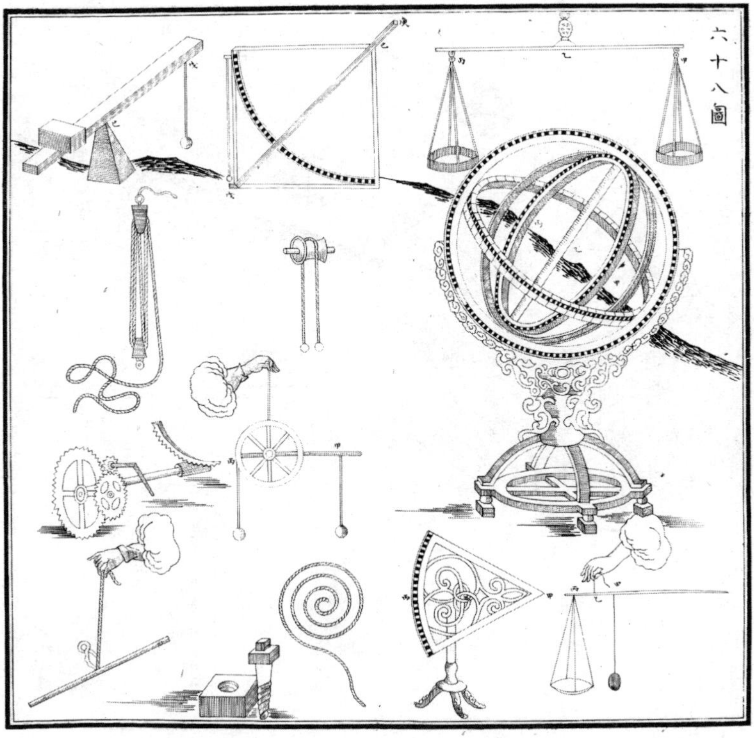
六十八圖

六十九圖

七十圖

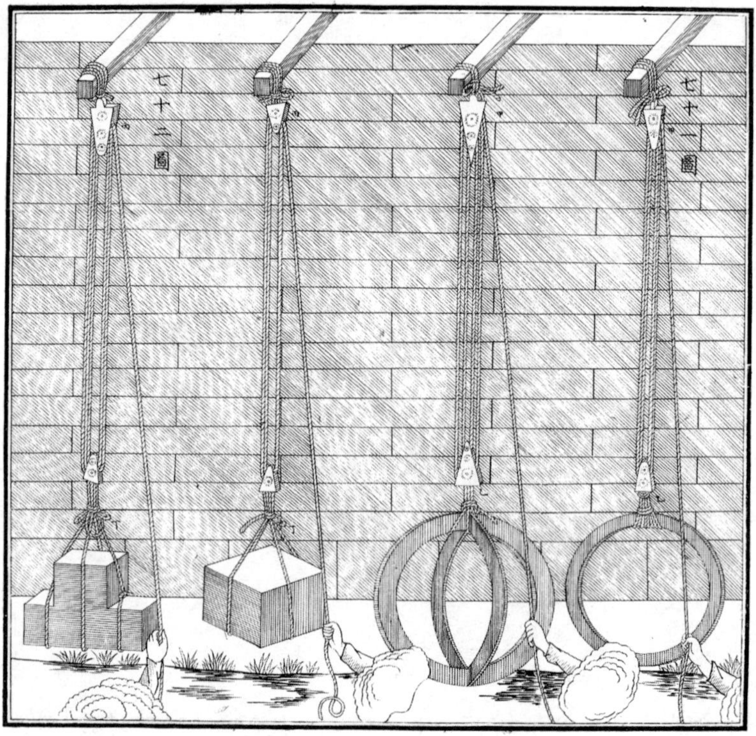
七十二圖
七十一圖

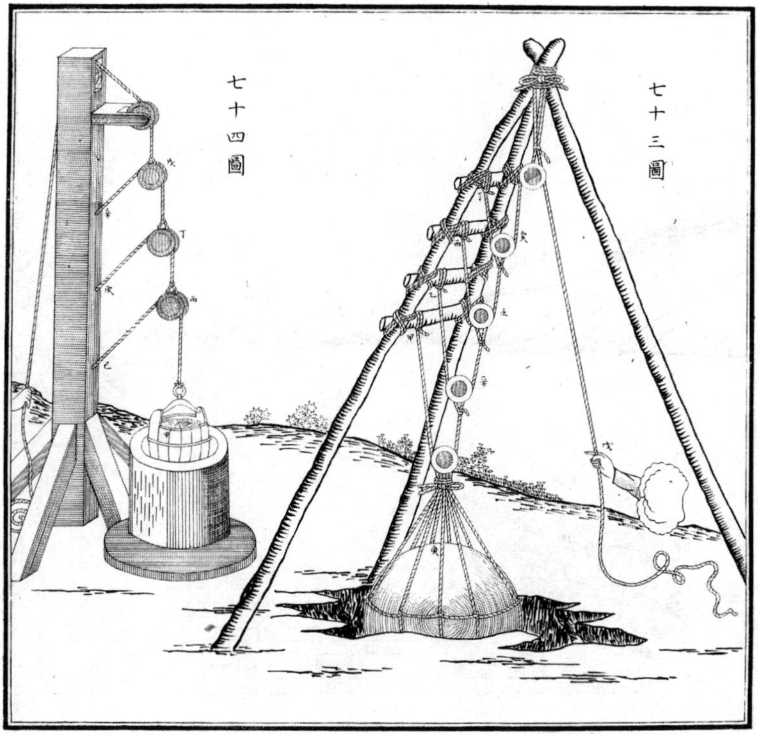
七十四圖
七十三圖

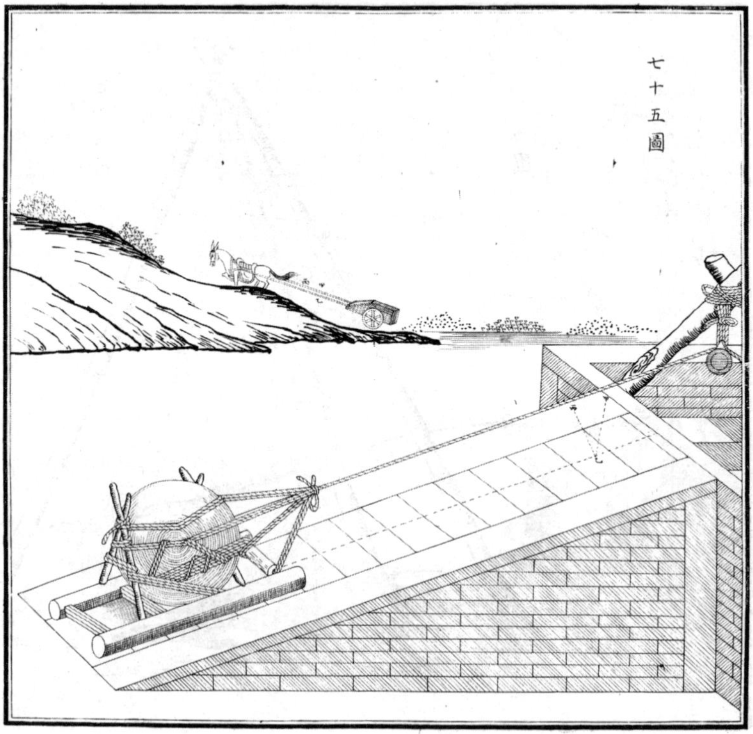
七十五圖

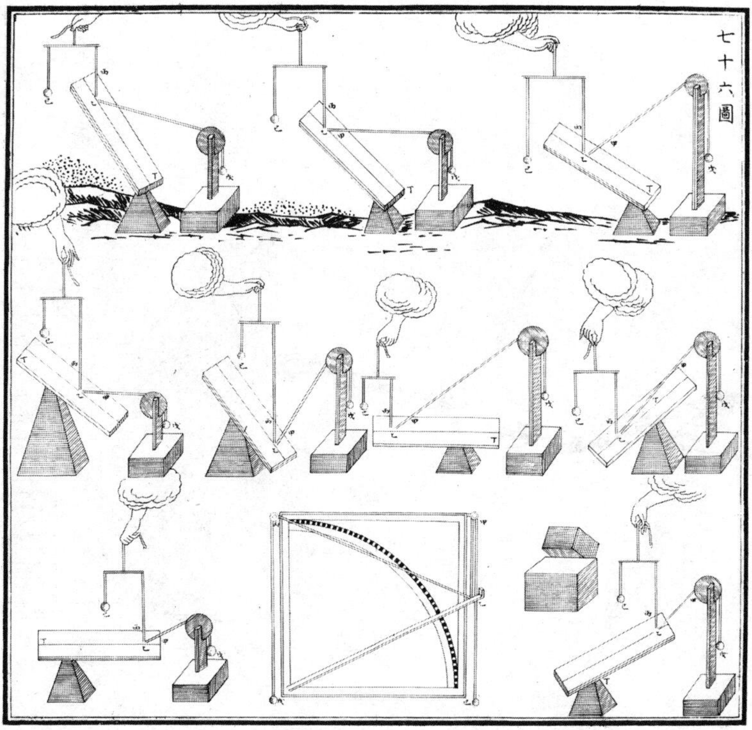

七十六圖

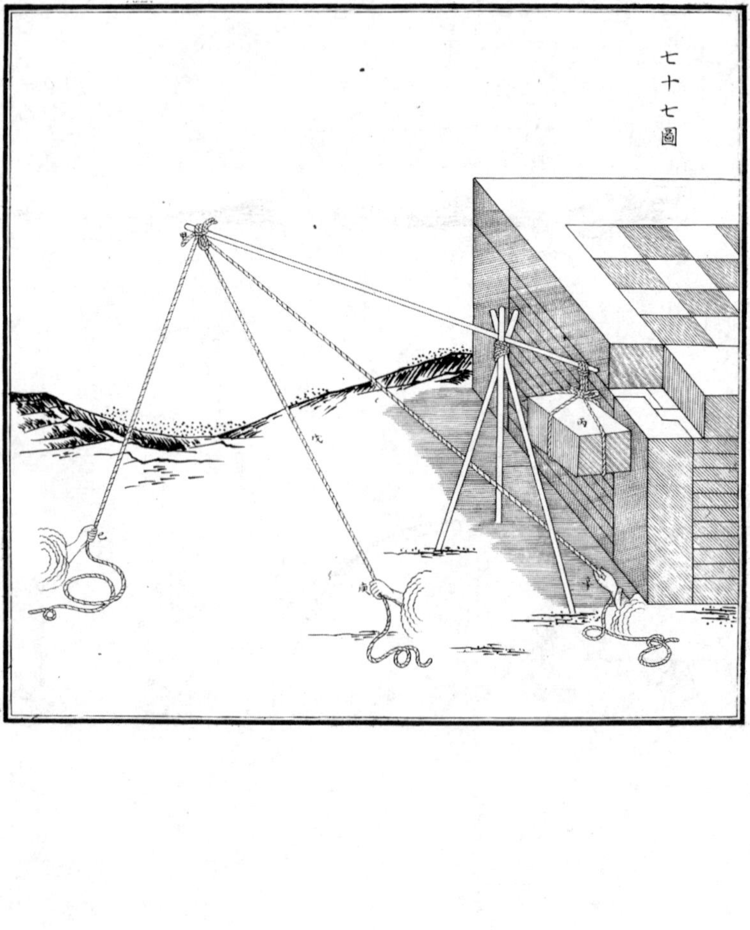

七十七圖

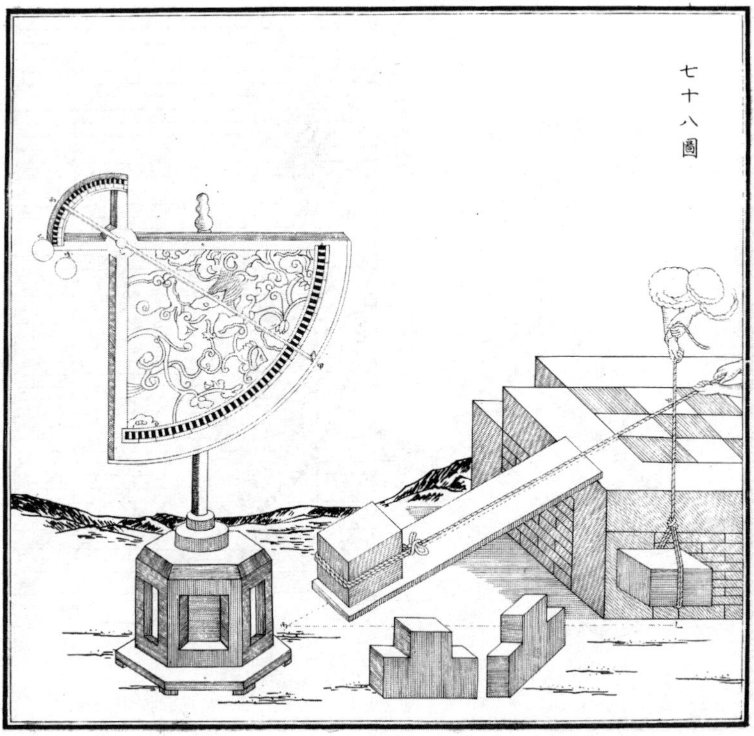
七十八圖

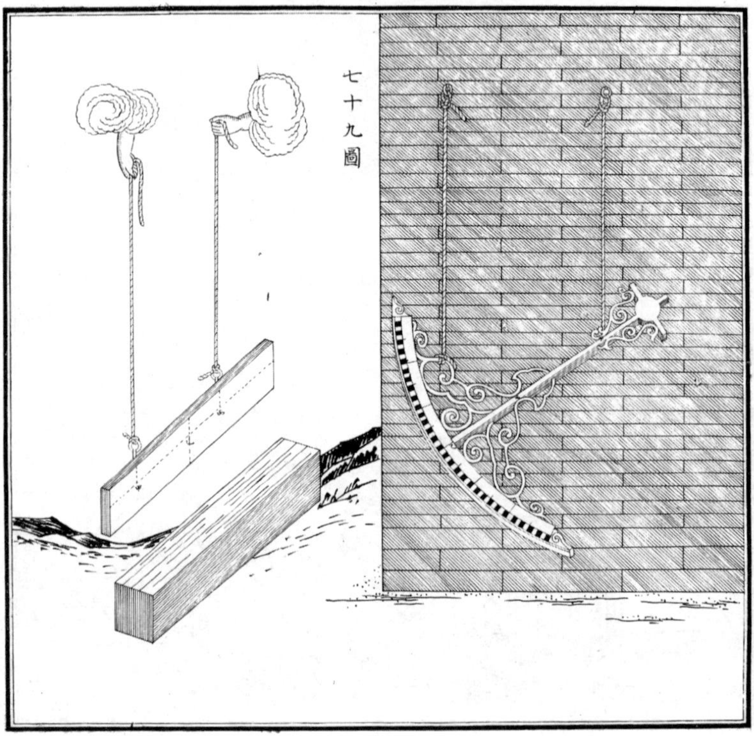
七十九圖

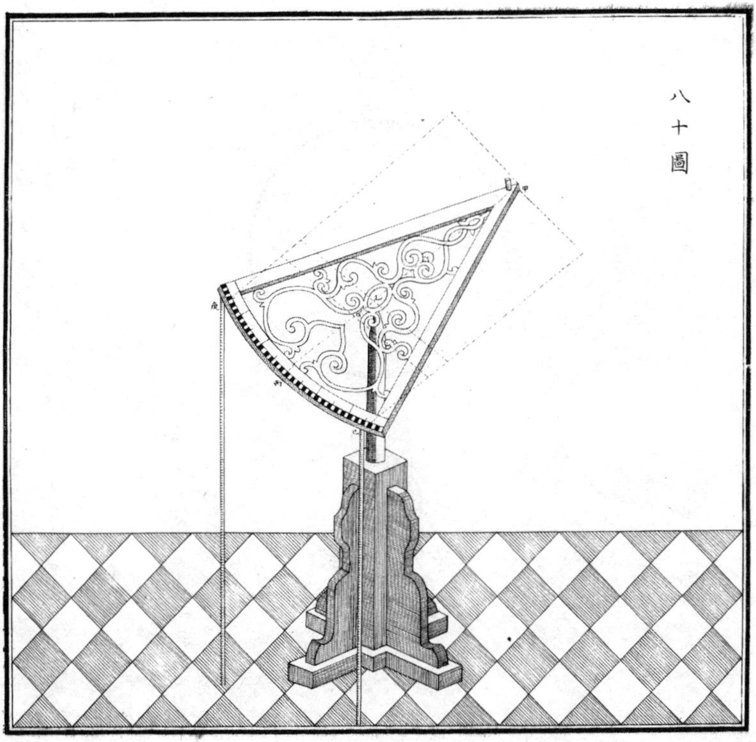

八十圖

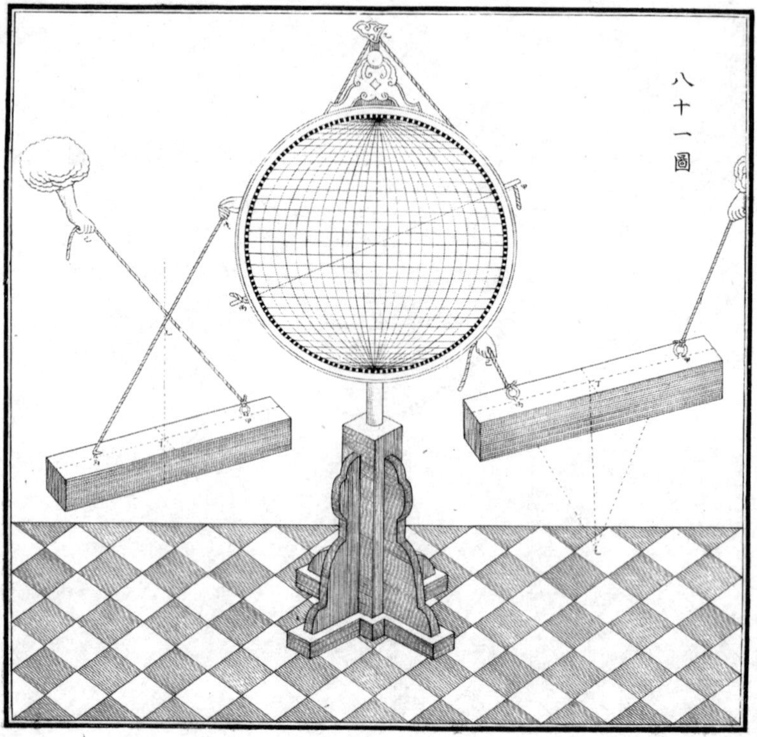
八十一圖

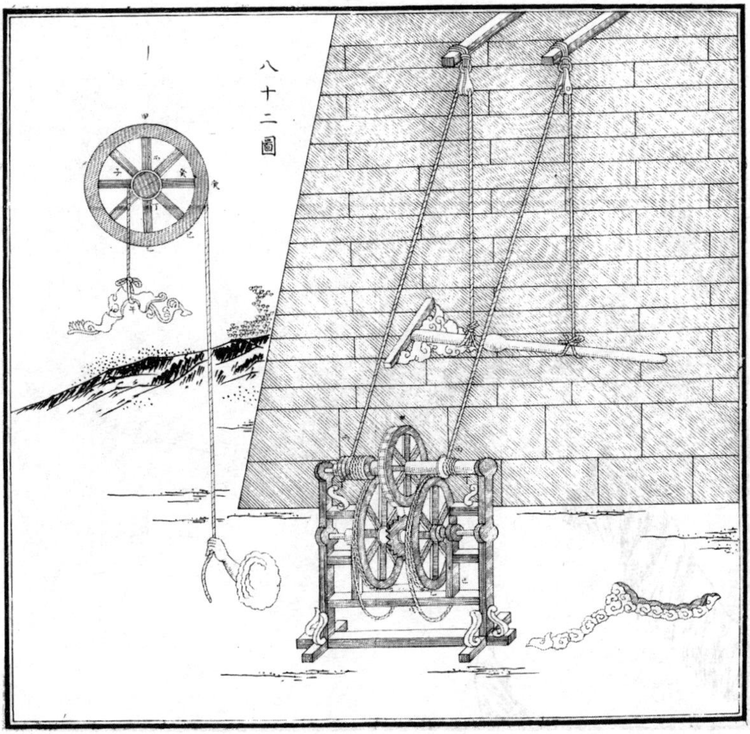
八十二圖

八十三圖

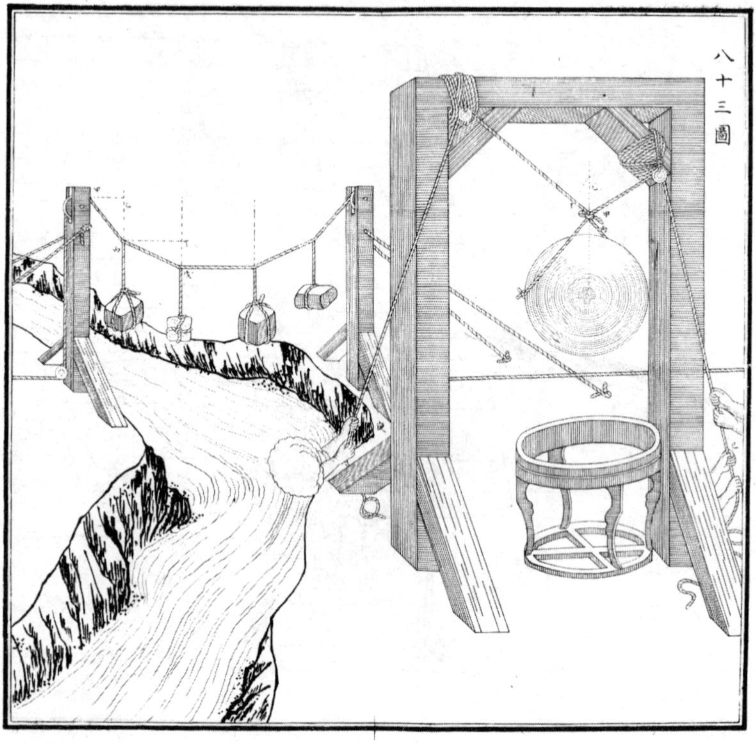

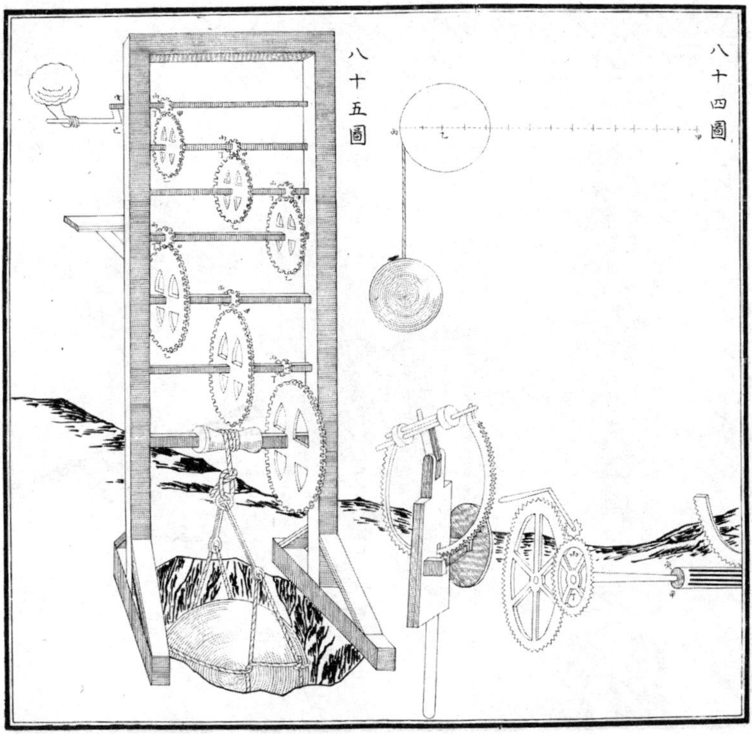
八十四圖
八十五圖

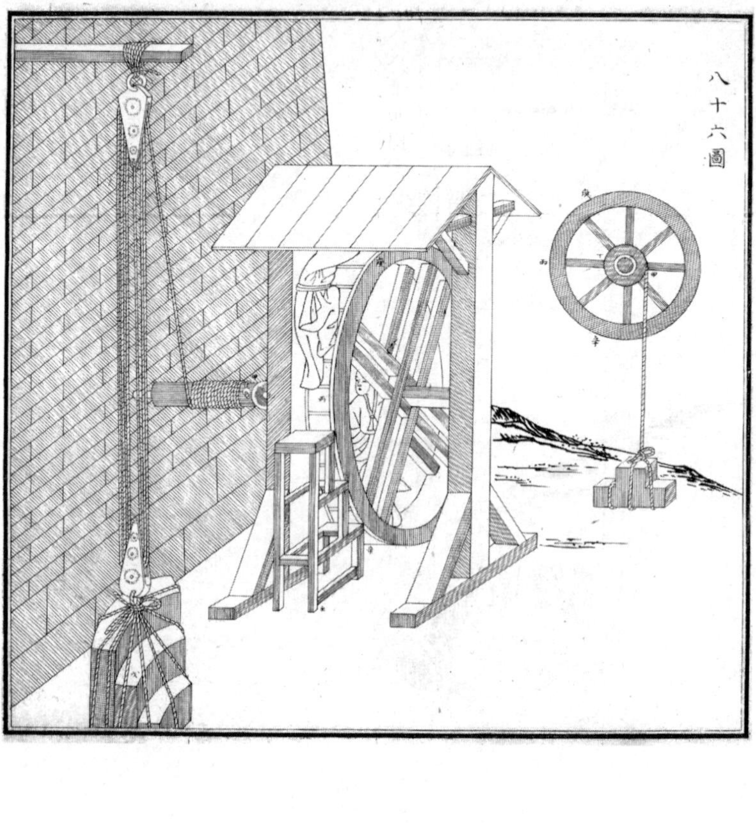
八十六圖

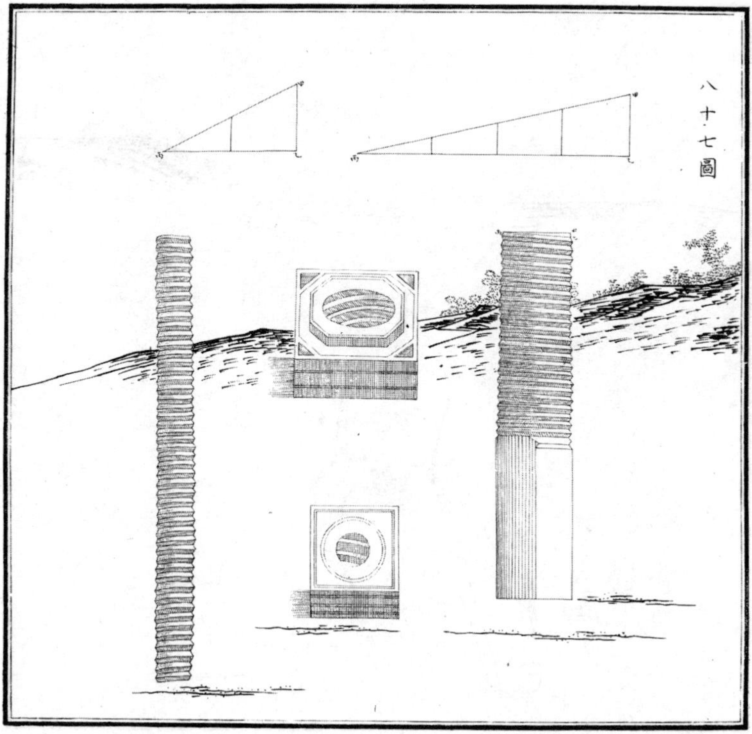

八十七圖

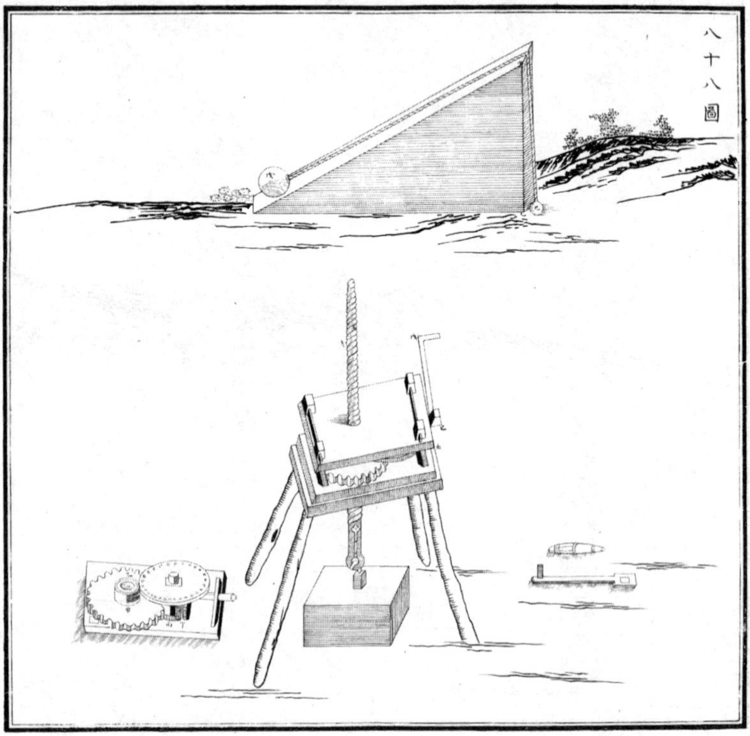
八十八圖

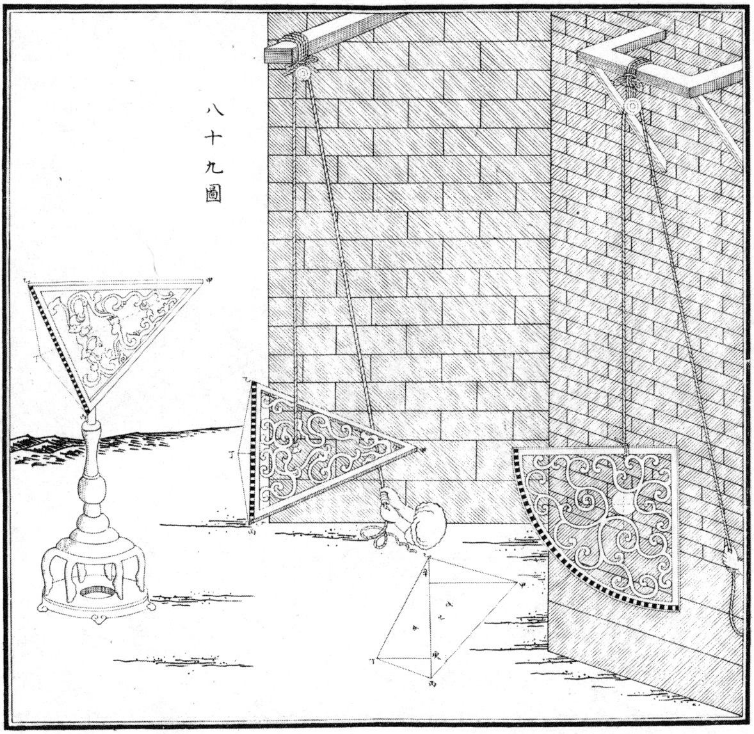
八十九圖

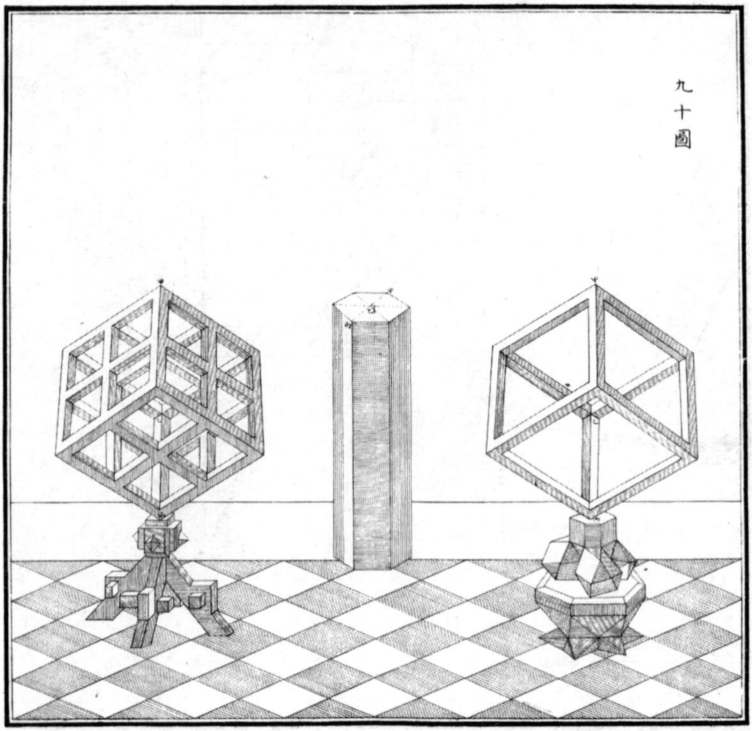

九十圖

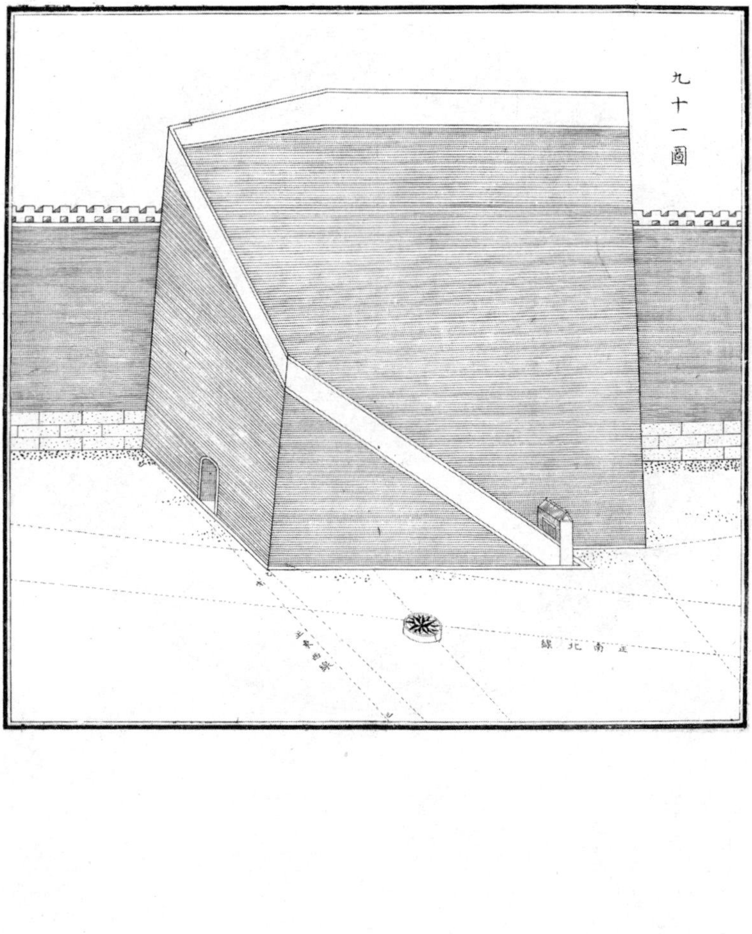

九十一圖

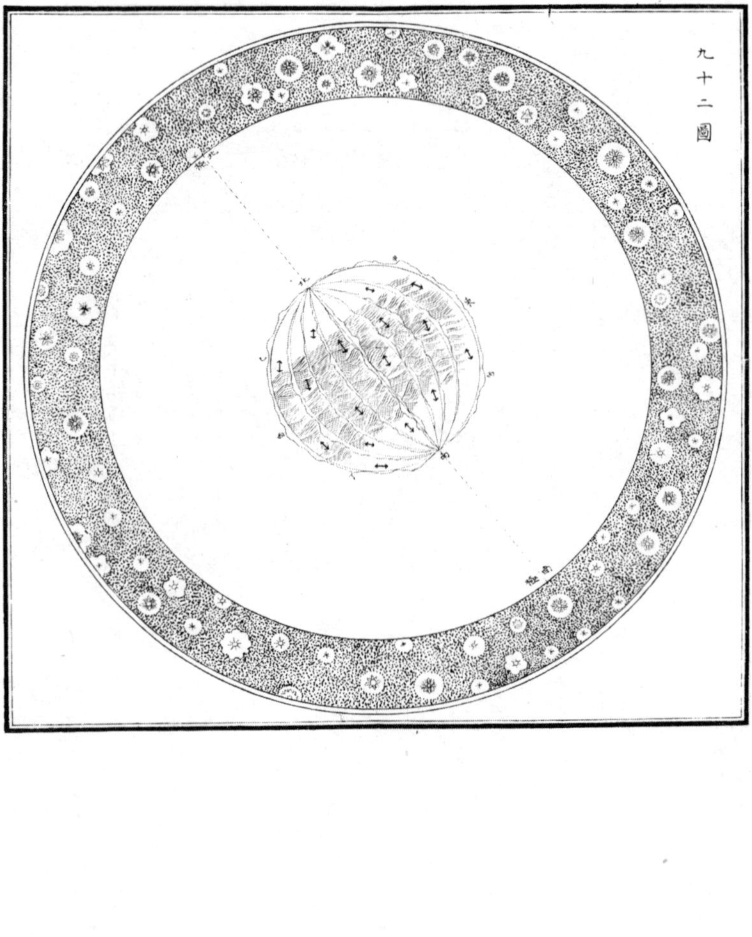

九十二圖

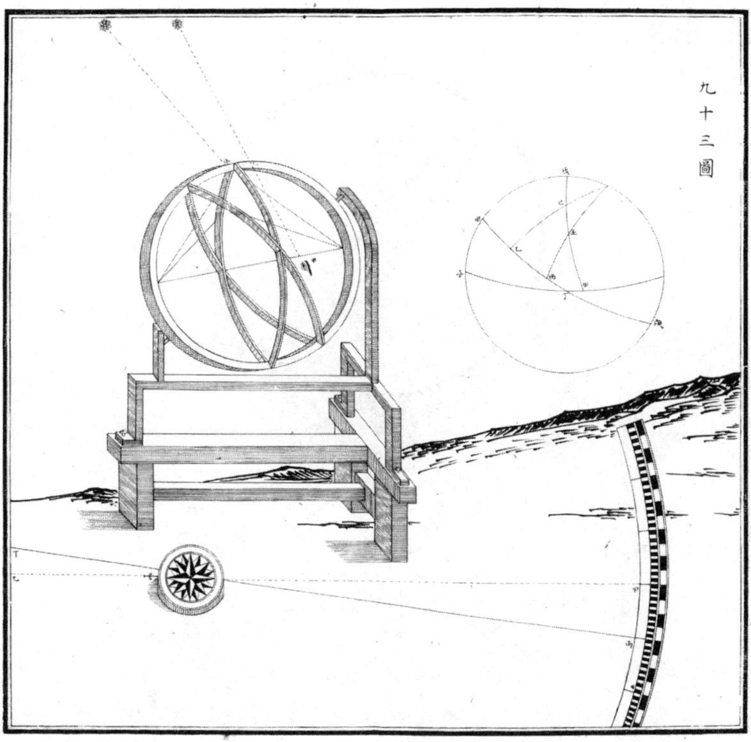
九十三圖

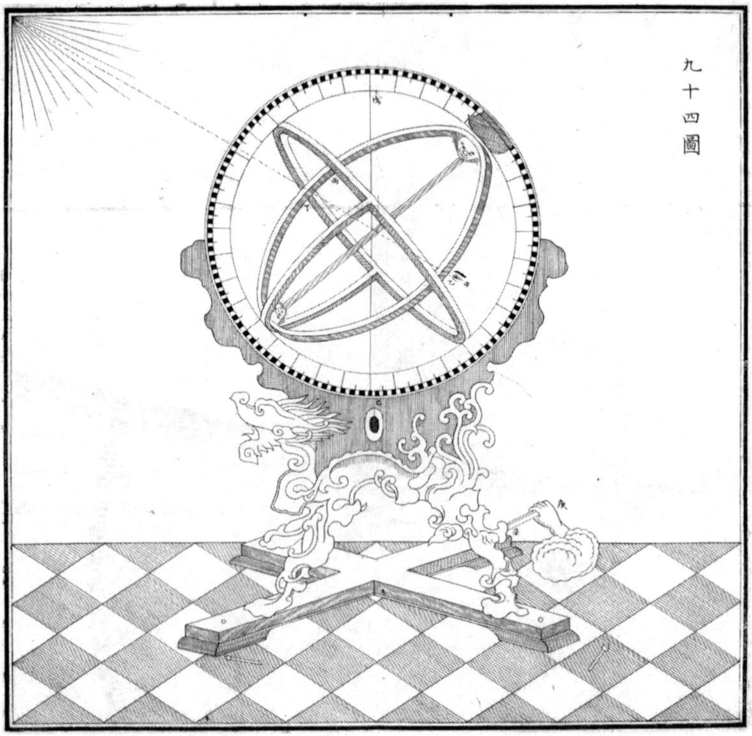

九十四圖

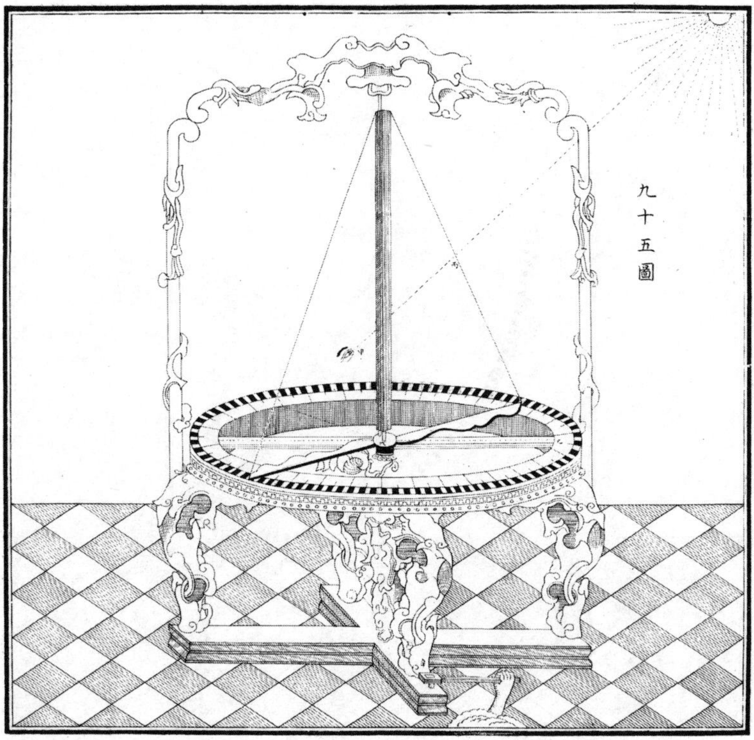
九十五圖

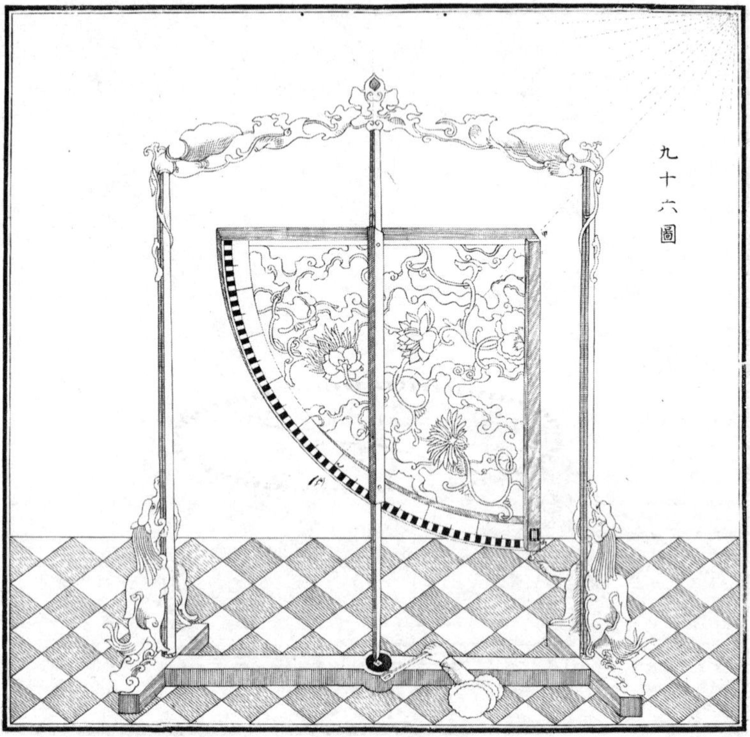

九十六圖

九十七圖

九十八圖

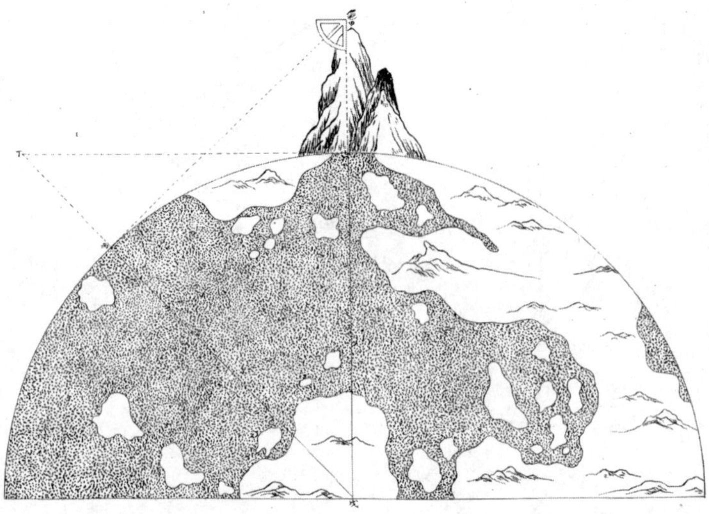

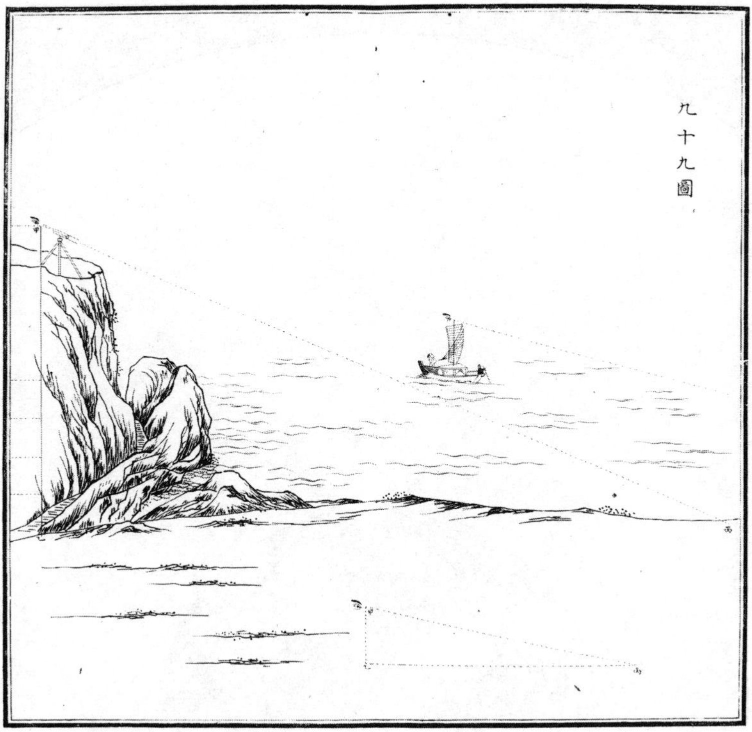
九十九圖

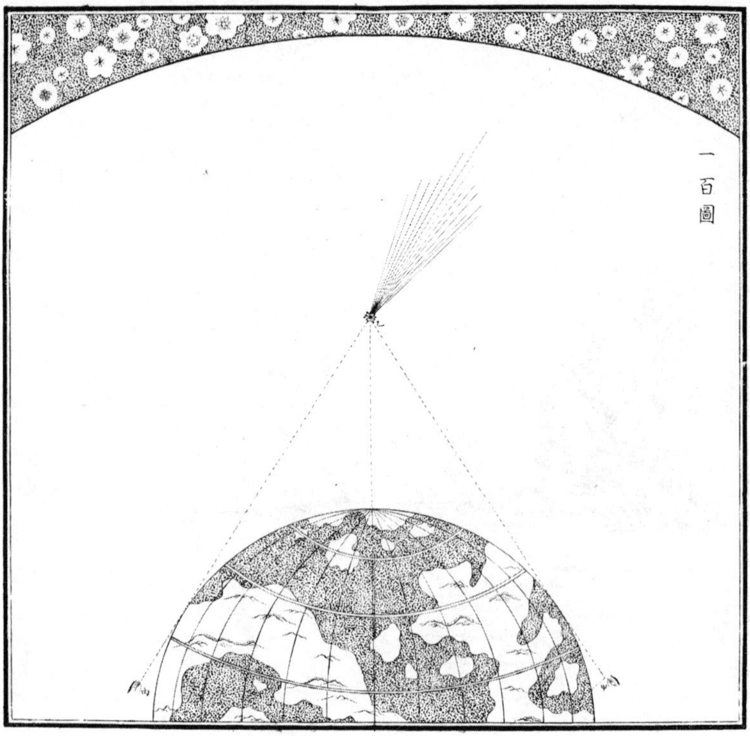
一百圖

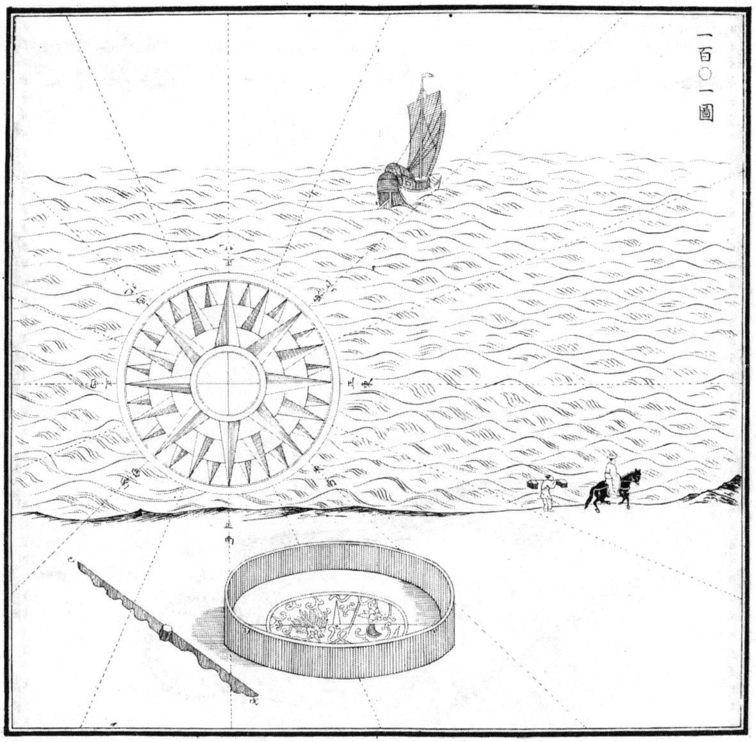

一百〇一圖

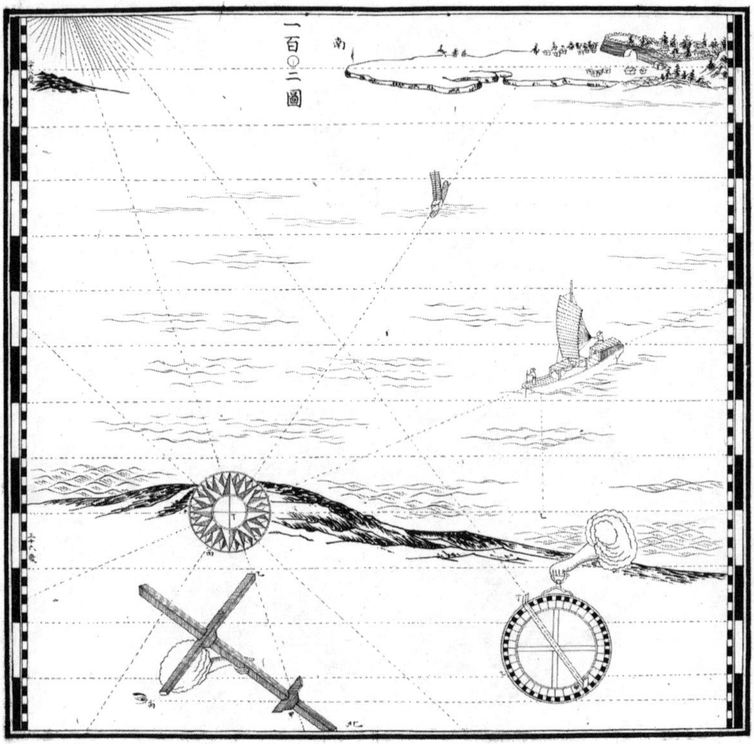
一百〇二圖
南

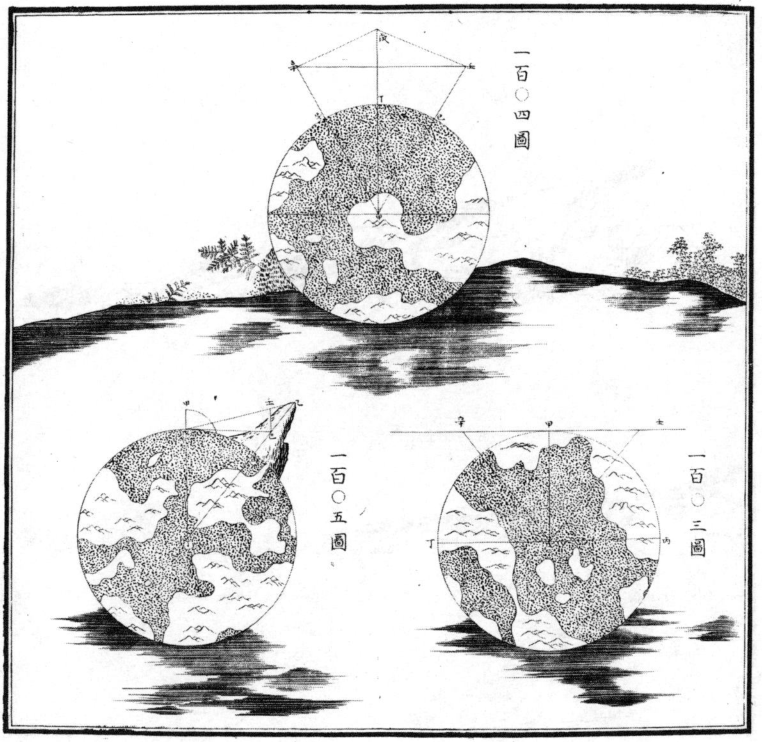
一百〇四圖
一百〇五圖
一百〇三圖

一百〇六圖

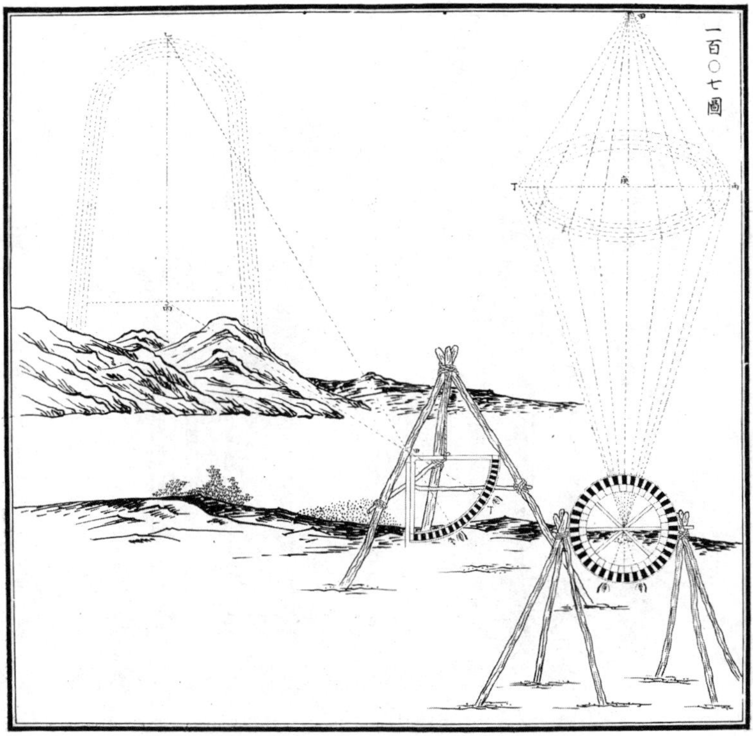
一百〇七圖

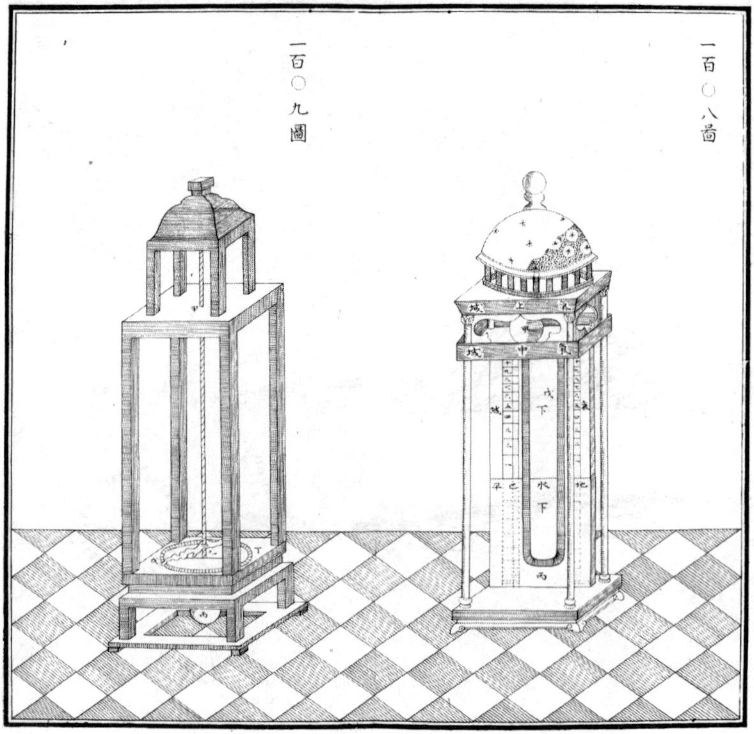

一百〇八圖

一百〇九圖

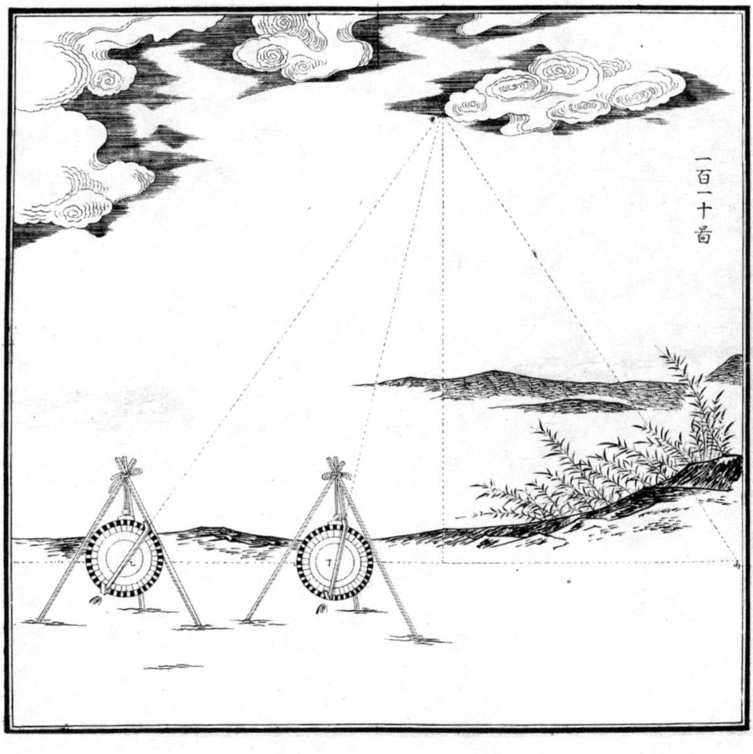
一百一十高

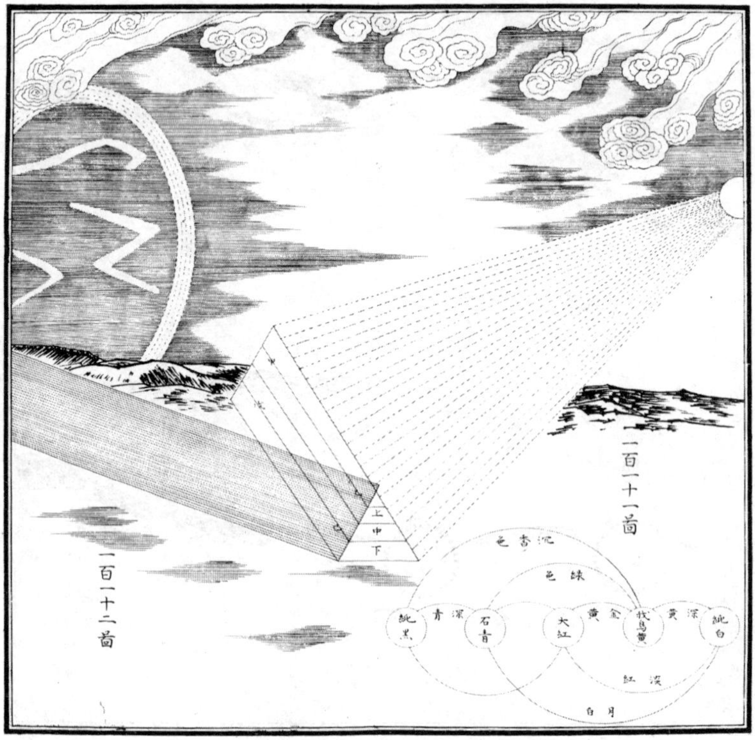
一百一十一圖
上
中
下
沉香色
綠色
純黑
深青
石青
大紅
金黃
牧鳥黃
深黃
純白
深紅
月白
一百一十二圖

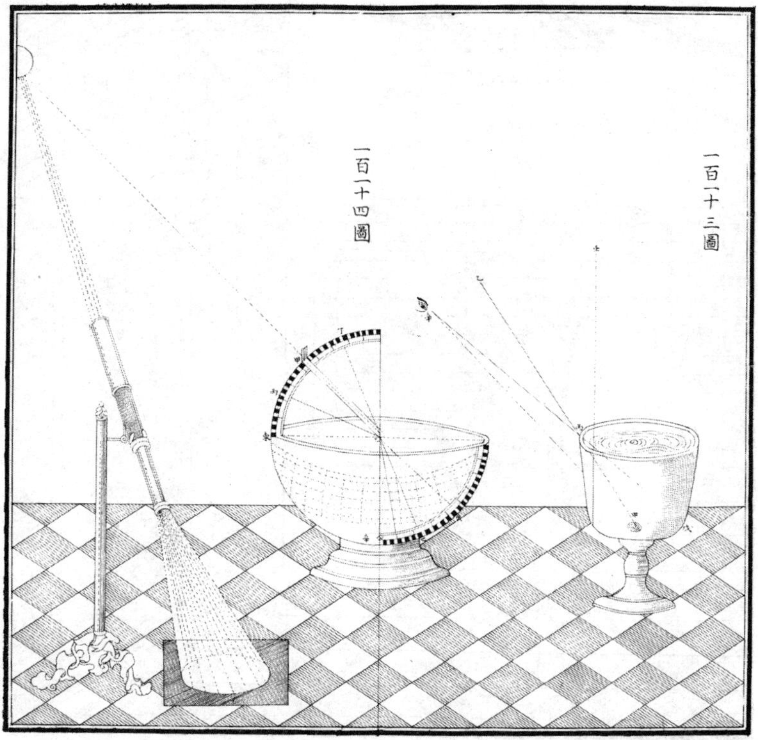
一百一十四圖
一百一十三圖

一百一十五圖

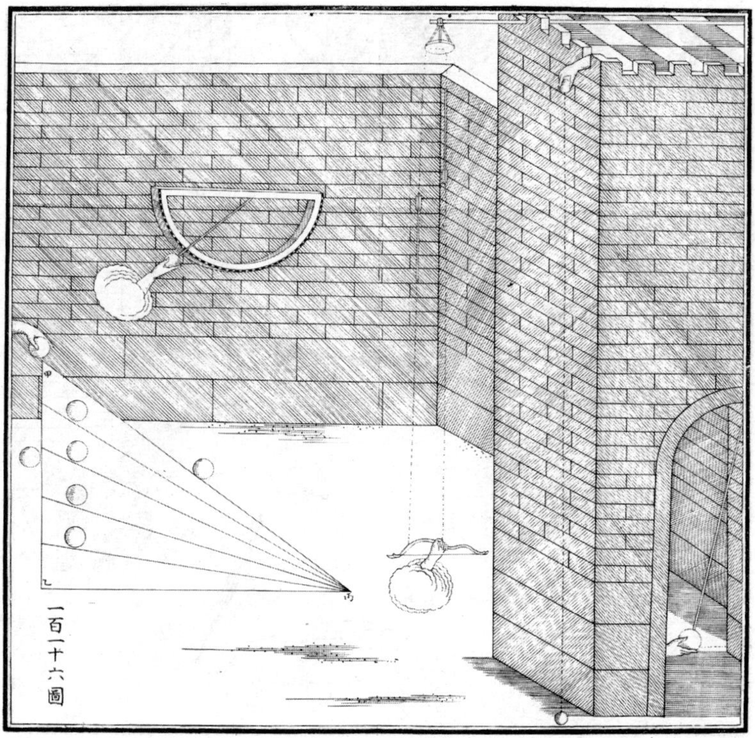

一百一十六圖

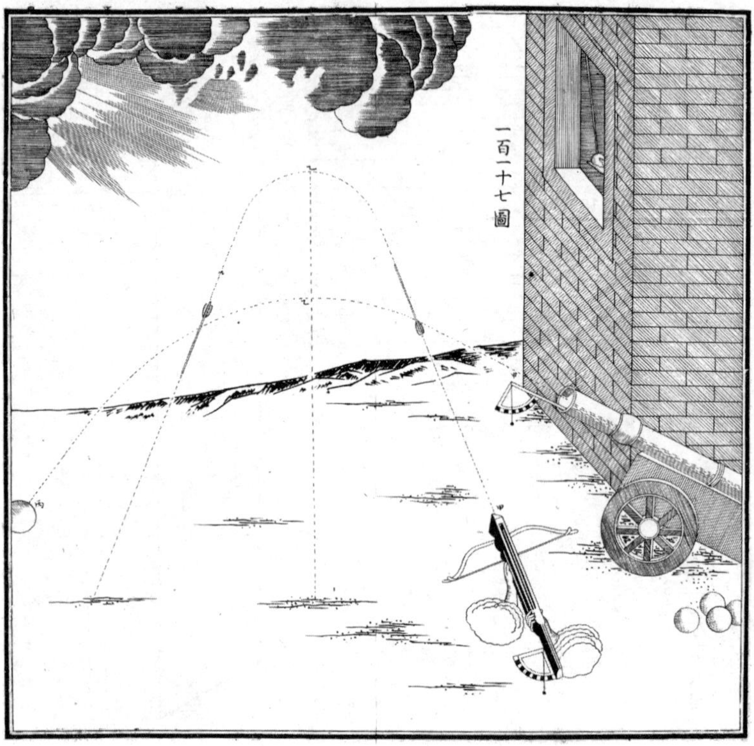

一百一十七圖